« ET MOI JE VOUS DIS... » MA VÉRITÉ

Jacques Médecin

« ET MOI JE VOUS DIS... » MA VÉRITÉ

Entretiens avec

Henri-Christian Giraud

Michel Lafon/Éditions de la Table Ronde

A mon père qui sait, d'où il nous voit, qu'il n'a jamais eu à rougir de moi;
A ma mère, modèle des vertus chrétiennes;
Aux Niçois qui savent que je n'ai jamais failli à l'honneur;
A Claude;
A Ilene, qui bravement traversa l'enfer socialiste à mes côtés;
A Martine, Anne-Laure, Shawn et Bastien, mon actuelle descendance;
A mes merveilleux amis uruguayens Anne-Marie, Ariel, Germano, Javier, Marisol, Nicolas...
... Et à tous ceux que j'aime.

PROLOGUE

Point de partage des eaux entre le Rio de la Plata et l'océan Atlantique, Punta del Este a un faux air de Manhattan avec ses gratte-ciel orgueilleux et un brin dérisoires. Par chance, les magnifiques villas qui débordent largement sur ses flancs boisés lui constituent une superbanlieue au charme parfaitement définissable : celui de l'argent.

Saint-Tropez a B.B. et sa tarte : la célèbre tropézienne. Coqueluche des foules argentines qui font passer en été sa population de 10 000 à 250 000 âmes, Punta del Este a aussi sa spécialité : les fameuses Punta Colas. De l'avis des amateurs, la station balnéaire uruguayenne est en effet l'endroit du monde où l'on relève au mètre carré le plus grand nombre de jolies paires de fesses...

C'est ainsi.

Et je peux en témoigner à mon tour : j'y ai vu de véritables œuvres d'art. Alignées comme à la parade sur le sable, ou perchées tout en haut de longues jambes prolongées par des talons aiguilles comme on n'en fait plus dans nos contrées unisexes, elles sont – parole d'homme ! – beaucoup plus expressives que bien des visages.

De quoi donner le tournis à un derviche tourneur !

Eh bien, Punta del Este, cette sorte de Nice de l'Amérique latine, compte depuis peu une spécialité supplémentaire qui – à en croire les gazettes locales – ajoute encore à sa notoriété.

Je veux parler, bien entendu, de Jacques Médecin.

En vingt ans de carrière journalistique, aussi curieux que cela puisse paraître, je n'avais jamais (hormis le temps d'une poignée de main lors d'une réception) rencontré Jacques Médecin. Cela ne me permettait cependant pas de dire que je ne le connaissais pas. A force d'avoir de ses nouvelles, chaque semaine, par *le Canard Enchaîné*, son personnage m'était devenu plus familier que mon voisin de palier.

Au point que je croyais tout savoir de lui.

Aussi, lorsque Alain Lefèbvre et Michel Lafon, respectivement P.-D.G. des Éditions de La Table Ronde et P.-D.G. des Éditions Michel Lafon, m'ont proposé de faire un livre d'entretiens avec l'ex-maire de Nice, n'ai-je pas manifesté, je dois le dire, un enthousiasme débordant. Soyons clair : non parce que le personnage sent le soufre ; son casier judiciaire était encore vierge et, ne l'aurait-il pas été, quel journaliste refuserait de rencontrer le Diable si celui-ci se mettait soudain à accorder des interviews ? Mais plutôt et tout simplement par manque de véritable intérêt pour celui – même si des bruits persistants du côté des Impôts ou de la Chancellerie venaient périodiquement aiguiser notre curiosité – pour celui, donc, que tout nous portait à considérer comme un *has been*...

Dois-je préciser qu'à l'époque on ne parlait pas encore de mandat d'arrêt international ?

Je ne me décidais toujours pas à accepter l'invitation de mes éditeurs réunis, leur proposant même, ils m'en sont témoins, d'autres noms d'interviewers possibles, jusqu'au jour où je me suis réveillé avec la curiosité de rencontrer non le trop connu maire de Nice mais l'exilé du bout du monde, le paria. Pour faire bref : non l'homme qu'il était, mais l'épave qu'il était forcément devenu.

Le goût du sang en quelque sorte...

Que celui qui n'a jamais souhaité la mort du trapéziste me jette la première pierre !

Donc, je suis parti pour Punta del Este.

Je ne sais pas si c'est l'âge ou les coups, mais Jacques Médecin ressemble de plus en plus à Brassens. Au moins pour ce qui est de la gueule et de la voix, basse et sonore (le Sétois me le pardonne mais je jurerais que le Niçois chante plus juste que lui), car pour le corps, même s'il s'agit d'un gabarit semblable, Brassens tenait du bûcheron dont il avait la démarche lente tandis que Médecin a le pas souple et nerveux. Il y a de l'animal chez cet homme.

Du carnassier qui a encore de belles proies devant lui.

Et qui se donnera tout le temps de les dévorer.

Sur ce plan-là, autant l'avouer tout de suite car le lecteur s'en rendra vite compte, moi qui croyais trouver un fuyard à bout de souffle, un paumé à bout de course, j'en ai été pour mes frais.

J'ai eu tout le temps de l'observer au cours de nos entretiens en plein air : Jacques Médecin est perpétuellement aux aguets de la vie. Il remarque tout, voit tout, vibre à tout et de tout. Pour lui manifestement, « tout palpite » comme dit le poète. Rien de ce qui est humain au sens le plus prosaïque du terme ne le laisse indifférent. Et parce que c'est un être passionné, tout devient naturellement objet de passion.

Et donc occasion de bêtises.

Il en avoue ici quelques-unes et elles sont de taille. Mais le moins que l'on puisse dire est qu'il n'en éprouve pas un remords évident.

Que la Justice condamne s'il y a lieu.

En ces temps consensuels d'hommes interchangeables, celui-ci, c'est vrai, n'est pas ordinaire. Quant à l'aimer, c'est bien sûr autre chose! Il faut d'abord, sans doute, apprendre à le supporter, lui et sa fougue, lui et sa vitalité, lui et sa folie...

« Je suis une force qui va! » proclame le Hernani de Victor Hugo. Jacques Médecin lui aussi « va ». Où ça? A le voir évoluer sur son nouveau territoire, usinant lui-même ses tee-shirts dans sa boutique du centre-ville ou arpentant la route côtière, prodiguant là un conseil, donnant ici un coup de main, j'ai bien ma petite idée...

Je vous fiche mon billet que ce diable d'homme finira par devenir un jour... maire de Punta del Este.

Henri-Christian GIRAUD

CHAPITRE PREMIER

FILS DE QUELQU'UN

– Quel effet cela fait-il de vendre des tee-shirts, pour un prétendu descendant des Médicis ?

– Je ne prétends rien! Ce sont des historiens qui m'ont prêté ces origines. En tout cas, une chose est sûre : le nom de Médecin est extrêmement rare. Il n'existe que deux familles portant ce patronyme, l'une à Nice, l'autre à Monaco, et elles ont la même origine.

A l'époque où Nice était un comté libre mais rattaché à la couronne de Savoie, certains jeunes allaient suivre leurs études à Paris ou Marseille et d'autres allaient les suivre à Turin.

En 1860, quand le comté de Nice fut rattaché à la France et que la langue française devint obligatoire pour tous, ceux qui avaient fait des études à Turin se trouvèrent handicapés; heureusement la principauté de Monaco garda les deux langues, française et italienne (jusqu'en 1911), si bien que beaucoup de ceux qui étaient de culture italienne y partirent pour pouvoir continuer leurs activités. C'est ce qui explique la fracture de la famille en deux branches, l'une à Monaco, l'autre à Nice.

Pour en revenir plus précisément à votre question, une chartiste qui s'est penchée sur les origines de ma famille dans les années trente a trouvé dans les archives de Turin une parenté entre mes ancêtres et le gouverneur de Nice, qui était un descendant de la famille Medici. C'était, je crois, un fils de Lorenzo le Magnifique qui est mort vers 1600 d'un accident de cheval dans la montée du château de Nice, et dont la famille aurait, par la suite, francisé le nom. Il est vrai qu'on trouve parmi mes ancêtres des patronymes comme Magna, qui veut dire la grande, ou Magnus, qui veut dire le grand, noms qui furent portés dans la famille Medici.

Un autre historien, un Niçois qui s'appelait Louis Capatti si j'ai bonne mémoire, a également affirmé cette parenté avec les Medici. Il disait que la forme de mes yeux, très soulignés de noir et un peu proéminents, était typique des portraits de la Renaissance qui représentent les membres de cette famille.

Bien sûr, ces deux explications – qui se recoupent – sont fondées sur des documents; mais ces documents, je ne les ai personnellement jamais eus entre les mains. Ils sont dans les archives de Nice qui sont conservées à Turin puisqu'elles n'ont pas été restituées à la France par les Italiens en 1860.

A la fin du XVIIIᵉ siècle, on trouve un Magnus Medici, qui a eu des fils, dont l'un s'appelait Magnat Médecin et habitait Saint-Jean-Cap-Ferrat, alors un lieu-dit de la commune de Villefranche.

Villefranche était une grande commune qui englobait Saint-Jean-Cap-Ferrat et Beaulieu. Les Médecin y possèdent des bateaux, des tartanes sur lesquelles ils se livrent au commerce de l'huile à Nice et Barcelone, qui est alors le grand port méditerranéen où s'échangent les huiles d'olive aussi bien grecques que nord-africaines. Les petits capitaines au long cours, propriétaires de tartanes, viennent jusqu'à Barcelone avec quinze, vingt, trente bidons d'huile. Ils les apportent sur le port où l'on fait des coupages savants que l'on exporte ensuite vers les pays du nord, à partir de cargos qui franchissent le détroit de Gibraltar.

Au retour, les cargos transportent du stockfisch. C'est de l'aiglefin boucané au soleil, qui a l'avantage de se conserver mieux encore que la morue car il n'a pas besoin de sel. Le poisson est revendu sur le port de Barcelone où les capitaines au long cours, du style de mes ancêtres, le récupèrent et le ramènent dans leur pays. C'est ainsi que ce poisson est consommé à peu près sur tous les rivages de la Méditerranée, mais singulièrement dans notre région où il constitue une sorte de plat national baptisé stockfisch sans doute en raison de la présence de nombreux Anglais.

Certains documents m'ont permis de connaître l'histoire de la *Sainte-Anne*, qui était la tartane du capitaine Paul Médecin (dit Paul Médecin-Savoyard). Son fils, Pierre Médecin, fut également capitaine au long cours sur la tartane baptisée *Les Ames du Purgatoire*.

– C'est lui qui fut maire de Villefranche ?

– Non, c'est son petit-fils Pierre Médecin, qui fut le dernier bailli royal désigné par le duc de Savoie. Il fut ensuite nommé syndic de Villefranche par Napoléon III, puis il fut élu maire après 1875, donc sous la République. Bref, il a été trois fois maire : maire royal, maire impérial et maire républicain de Villefranche. Son fils Alexandre Médecin était mon grand-père, le fils de mon grand-père, Jean Médecin, était mon père, et moi je suis moi !

– Parlons de votre père; quel homme était-il ?

– Mon père avait une nature particulièrement exubérante, fraternelle, humaine, drôle. Il était paillard, truculent, mais il appartenait à une génération à qui l'on avait enseigné à porter un masque. Né en 1890, il a été élevé par des professeurs qui avaient fait leurs propres études sous Napoléon III. On apprenait alors aux jeunes gens à avoir un comportement particulier à l'extérieur, un comportement en « société », comme on disait à l'époque, empreint d'une très grande rigueur, d'une dignité permanente. C'est ce qui fait que mon père apparaissait aux yeux des gens comme un homme extrêmement rigide, froid, hautain, quelquefois même un peu glacial. On l'appelait volontiers « le prince florentin » parce qu'il avait effectivement, il n'y a pas de doute, quelque chose de princier, de florentin. D'ailleurs, cela montre que le peuple peut retrouver spontanément des origines aristocratiques, si tant est que nos origines soient bien celles que nous a découvertes monsieur Capatti.

– *Et dans l'intimité ?*

– C'était un homme d'une grande tendresse, d'une grande affectivité, très émotif aussi, et je dois dire que dans un certain sens j'ai hérité de ce décalage entre l'homme privé et l'homme public, même si notre époque se veut « décontractée ». Ainsi, je suis, au fond de moi-même, très timide. Quand je dis cela aux gens, ça les fait hurler de rire. Mais c'est pourtant vrai. Bien sûr, la vie m'a beaucoup aguerri dans ce domaine, mais je reste un horrible sentimental, un tendre, alors que je passe pour une brute... Et mon père était aussi comme cela. Peut-être est-ce à son contact que j'ai attrapé ce genre de comportement.

– *Il a fait Verdun ?*

– Il a fait plus que Verdun. Il a fait toutes les joyeusetés de la guerre de 14-18. A Verdun, c'est son régiment, le 173e d'infanterie, qui a repris la cote 304. Mon père n'aimait pas beaucoup raconter ces choses, il ne se complaisait pas dans les récits guerriers ; au contraire, il essayait de les oublier... Mais longtemps après la guerre (puisque je suis né en 1928), je me souviens d'avoir vu défiler à la maison des dizaines de ses anciens camarades de tranchée. Généralement des gens humbles et simples, qui avaient trouvé en mon père un homme de justice.

Mon père était avocat. Quand il est parti pour la guerre, il venait de terminer ses études de droit. Bien qu'appelé avec la classe 1910 il n'est parti qu'avec la 1913, car il était sursitaire. Mais en 1914, après une année sous les drapeaux, la loi dite de un an a été portée à deux ans. Il a donc rempilé. Et puis, au mois d'août, on l'a expédié sur le front, Verdun et tout le reste. Et à la fin des hostilités avec l'Allemagne, il a été envoyé au Maroc où il a encore fait deux années de guerre du Rif. Ce n'est qu'en 1920 qu'il est rentré à Nice.

Donc, sept ans de bons et loyaux services. Comme il le disait souvent, sept ans fonctionnaire de la République, puis retour chez lui avec la Légion d'honneur et une prime de démobilisation de dix francs. Car il fut de ces rares députés qui ont refusé la garantie de l'emploi pour les fonctionnaires, ce crime contre la nation commis le jour où l'on a déclaré que les fonctionnaires étaient intouchables. Pour un serviteur de l'État, la garantie de l'emploi, c'est le contraire même de la mission de service qui doit être la sienne. Je sais qu'en disant cela je vais choquer beaucoup de gens, mais de toute façon je n'ai pas l'intention de plaire! Et puisque je ne forme pas le projet de me représenter à quelque élection que ce soit, peu m'importe!

Pour en revenir à Verdun, mon père est en effet monté à l'assaut de la cote 304 à la tête de sa compagnie. Sur les deux ou trois cents hommes, seulement dix-huit sont revenus indemnes. Tous les autres ont été tués ou blessés. Dix-huit survivants! Mais la cote 304 a été enlevée et le général Pétain a décoré mon père de la Légion d'honneur sur le front des troupes. Il avait vingt-six ans et sa citation figure au livre d'or de la bataille de Verdun.

Un jour je suis allé visiter cette cote 304, parce que cela m'avait un peu obsédé. Lorsque j'ai découvert qu'il s'agissait d'un monticule de quelques dizaines de mètres de hauteur seulement, et que c'était pour ça que des centaines et des centaines de jeunes gens étaient morts, j'ai été terrifié. Ces jeunes hommes étaient des géniteurs en puissance. Ils avaient vingt ans et ils portaient en eux les semences d'une génération entière... La France ne s'est jamais véritablement remise de cette perte.

J'ai appris par beaucoup de ses camarades de combat que mon père s'était montré à cette occasion d'un courage exceptionnel. Ce type de courage est sans doute, je dirais... passablement « exalté », parce que quand on monte à l'assaut dans la mitraille, je suppose qu'on doit être dans un état second, dans une espèce d'ivresse qui vous porte.

Mais je me suis aperçu que mon père avait montré une autre forme de courage, en défendant des militaires qui sont passés devant le conseil de guerre : il a ainsi sauvé la vie de dizaines et de dizaines d'hommes. Notamment celle d'un garçon assez extraordinaire qui s'appelait Nervi, dont le fils Paul est un ami. Accusé d'être un « traînard », Nervi a été sauvé par mon père du peloton d'exécution, et à partir de cette date il s'est attaché à lui comme un chien. Lorsque mon père a été envoyé au Maroc, Nervi l'a suivi. Mon père avait été, alors, nommé à la tête d'un régiment de « Joyeux », c'est-à-dire de repris de justice condamnés à des peines légères et qui assuraient leur rachat en partant à la guerre.

– *Quel grade avait-il?*

– Capitaine, mais Lyautey lui avait donné un commandement de colonel puisqu'il était à la tête d'un régiment. Parti simple caporal en 14, il est devenu capitaine en ramassant successivement la vareuse du caporal-chef, puis celle du sergent, puis celle du sergent-chef, de l'adjudant, de l'adjudant-chef, du sous-lieutenant, du lieutenant et enfin du capitaine, parce que les autres gradés se faisaient tuer et qu'il fallait bien que quelqu'un commande. Il avait pour l'armée, pour les soldats, les vrais, beaucoup de respect. Respect qu'il m'a transmis.

Dans mon enfance, ma chambre était tapissée d'uniformes militaires. Mon ambition était d'être chasseur d'Afrique, car j'admirais cet uniforme scintillant, extraordinaire! Bien entendu, je vivais en pensée avec Henri de Bournazel et tous les autres héros de ce genre. Ils peuplaient mon univers.

Pour en revenir à ce brave Nervi, il s'était laissé un peu corrompre au contact des Joyeux. Rentré à Nice, car c'était aussi un Niçois, il a pris le mauvais chemin et on l'a envoyé à Cayenne. Il y risquait la mort et c'est mon père qui l'en a tiré après sept ou huit ans de bagne. Quand il est rentré Nervi s'est marié à Nice, enfin assagi (parce que le bagne assagissait les hommes), et il a eu un fils qui, par la suite, est d'ailleurs devenu un employé municipal, travailleur, brave et fidèle : un de ces supporters que m'enviaient mes adversaires et qu'ils ne sauront jamais obtenir parce qu'ils s'imaginent qu'on les achète. Or moi, mes supporters, ils m'étaient attachés viscéralement, pas par le portefeuille. Il y avait des liens, des liens affectifs entre nous.

– Avocat, votre père devient conseiller municipal de Nice puis il est élu maire en 1928. Mais il est élu d'une façon peu banale...

– Pour constituer sa liste, le père Gauthier, le maire de l'époque, a fait appel, bien sûr, aux anciens combattants qui étaient tous jeunes ! Ils avaient la trentaine ! Et parmi ces anciens combattants brillants il y avait Jean Médecin, décoré de la Légion d'honneur à vingt-six ans sur le champ de bataille par le général Pétain et promu officier à trente ans par le général Lyautey. Officier de la Légion d'honneur à trente ans, c'était une rareté ! Précisons à ce sujet que mon père a toujours refusé la promotion automatique, sans cela il serait mort grand-croix. Il avait gagné sa Légion d'honneur au front : il n'a pas voulu de galons administratifs...

En 1960, il a refusé la croix de commandeur que de Gaulle avait apportée avec lui le jour où il est venu célébrer le centième anniversaire du rattachement du comté de Nice à la France. Cette croix de commandeur ne fut cependant pas perdue pour tout le monde, puisque c'est Pierre-Jean Moatti qui en hérita.

Monsieur Moatti était l'inamovible préfet de Nice depuis de longues années. Il avait fait la cour aux socialistes pour s'installer, puis la cour aux gaullistes pour demeurer. Il était devenu plus gaulliste que de Gaulle et avait entretenu des relations particulièrement amicales avec monsieur Foccart, dont la mère est morte à Nice dans des conditions de pauvreté qui ne faisaient pas honneur à son fils.

Moatti était une espèce de foutriquet d'un mètre cinquante-cinq, hissé sur des talonnettes pour se grandir. Il s'habillait d'ailleurs de façon très spéciale, portant sur son uniforme de préfet (blanc en été, noir en hiver) des galons dorés sur ses pantalons, ce qui n'a jamais existé! Pas plus que le rang de feuilles de chêne ou de laurier supplémentaire sur sa casquette...

Portant au bout de ses doigts la Légion d'honneur dont il ne savait que faire, de Gaulle a fini par la passer au cou de Moatti, pour lequel il avait le plus grand mépris.

– Qu'est-ce que c'est que ce général mexicain? avait-il demandé à son entourage lorsqu'il l'avait vu pour la première fois dans son uniforme bariolé.

Un jour, Moatti a fait une méchanceté à Pierre Ziller, député U.N.R. de Grasse, un authentique résistant doublé d'un homme de grande qualité, et ce dernier a fini par avoir le scalp préfectoral. Exit Moatti!

Mon père, donc, revenu en 1920 bardé d'honneurs et ayant commandé un régiment composé essentiellement de Corses, mais également de Niçois qui l'avaient vu au combat et savaient quel homme il était, avait de nombreux supporters dans la ville. Et lorsqu'il a été élu, il y eut des pressions formidables de la part des anciens combattants qui dirent à Pierre Gauthier : « Vous ne pouvez pas ne pas en faire un adjoint. » C'est ainsi que mon père est devenu adjoint à l'Instruction publique. Il a d'ailleurs immédiatement fait valoir ses talents en dotant les écoles de Nice d'équipements nouveaux : ainsi, chaque établissement s'est enrichi dès 1925 d'un cabinet médical et d'un cabinet dentaire qui, je crois, n'ont été rendus obligatoires dans les règlements de l'Éducation nationale qu'en 1972-73. Avant cette date, j'ai moi-même réalisé des écoles comme cela. Précisons que la partie cabinet médical et cabinet dentaire n'était pas subventionnée...

En 1927, Pierre Gauthier, le maire de Nice, meurt. Il est remplacé par son premier adjoint Alexandre Mari, avocat, un homme d'une profonde culture et d'une grande distinction que mon père admirait beaucoup. Sa veuve est morte il y a trois ou quatre ans, à l'âge de cent deux ans. Je me rappelle avoir fêté son centenaire et lui avoir remis la médaille d'or de la Ville de Nice. Elle avait toujours une vivacité intellectuelle surprenante!

En 1928, Alexandre Mari tente sa chance aux élections du conseil général mais il est battu d'une voix dans le canton principal de la ville de Nice. Battu d'une voix seulement, il se retire en disant : « Je n'ai plus la confiance niçoise, je démissionne. » On était en novembre et il fallait donc élire un nouveau maire. Mon père a dit alors à la plupart des conseillers municipaux qui se chamaillaient :

– Écoutez, puisqu'on ne peut pas se mettre d'accord entre nous, il faut retourner devant les électeurs.

Ils ont tous démissionné et mon père a essayé de constituer une liste autour de lui ; mais les vieux kroumirs, les vieux grognards ont refusé, bien entendu, de se laisser mener par un petit jeune de trente-huit ans (à l'époque, à trente-huit ans, on était un gamin). Alors mon père a décidé de présenter une liste de vingt-sept noms (c'était le nombre de conseillers municipaux) et comme rien ne s'y opposait dans la loi française, il a écrit vingt-sept fois le nom de « Jean Médecin » ; et le 2 décembre 1928, jour de son anniversaire, il a été élu vingt-sept fois.

Cela ne faisait cependant qu'un élu, pas un conseil municipal ! Aussi le 9 décembre a-t-il présenté une liste de vingt-six autres noms, qui est passée haut la main.

Quand je regarde aujourd'hui les argumentaires qui étaient alors utilisés, quand je relis les journaux, quand je revois les affiches de ce temps-là, je me rends compte qu'aujourd'hui on fait de la politique aseptisée, de la politique pour « petits danseurs mondains », pour « marquis »... A l'époque, c'était de la politique de « lutteurs ». On se disait des vérités (et des contre-vérités d'ailleurs), on s'empoignait.

Aujourd'hui, c'est de la plaisanterie. Après la Libération, j'ai connu les derniers lutteurs lorsque les communistes armés jusqu'aux dents nous tiraient dessus la nuit pendant qu'on affichait pour mon père. Maintenant l'affichage se fait en plein jour et on en charge des sociétés d'affichage. On ne règle plus ses comptes entre hommes, on les fait régler par la justice. Dès qu'on fiche une claque à un afficheur, celui-ci trouve quatre témoins et s'en va déposer plainte auprès du procureur. Nous, quand un afficheur prenait une claque, nous en rendions deux en retour. Et moi, il m'est arrivé de prendre un coup de poing dans la figure mais j'en ai rendu cinq! C'est tout. Et c'était terminé! Et le type qui s'était pris cinq coups de poing n'allait pas voir le procureur de la République : il les a encaissés; il a pris ça comme un homme, mais les hommes ont aujourd'hui tendance à disparaître...

Mon père est resté maire jusqu'en 1942. Je tiens à préciser tout de suite que l'on a colporté sur son compte des calomnies sans aucun fondement. Elles ont d'autant moins de fondement que certains adversaires qui les ont répandues sont eux-mêmes loin d'être blanc-bleu, comme je vous le démontrerai.

– *Expliquez-vous maintenant.*

– En 1938, mon père avait été élu sénateur des Alpes-Maritimes. En juillet 1940, lorsqu'il se rend à Vichy, il fait ce que font tous les députés et les sénateurs présents : il vote les pleins pouvoirs au Maréchal. A la fin de la guerre, l'histoire a été tordue à la manière gaullo-communiste de façon honteuse! On sait pourtant que les sabotages entrepris dès le début de la guerre par les communistes ont fait que nos soldats n'avaient même pas les cartouches qui convenaient à leurs fusils! Et les Français savent très bien qu'à l'époque, vu le piètre état de notre armée, la grande majorité du peuple était favorable aux pleins pouvoirs du Maréchal pour arrêter le déferlement des troupes allemandes sur la France, pour essayer de sauver ce qui pouvait être sauvé de notre armée et ne pas accroître le nombre des prisonniers qui était déjà impressionnant.

Donc, mon père a voté les pleins pouvoirs au Maréchal, ce qui d'ailleurs – soit dit en passant – a évité à la France d'être placée sous la houlette d'un *Gauleiter* (chef de district) et de connaître ce qu'ont connu des pays comme la Tchécoslovaquie ou la Hollande, lesquels ont été littéralement broyés par leurs *Gauleiters*. Rien que pour cela, on devrait élever une statue au maréchal Pétain dans chaque village. Enfin, cela viendra peut-être.

Quoi qu'il en soit, moi qui, même enfant, ai vécu cette époque-là de façon très lucide parce que la politique est entrée très vite dans ma tête, j'ai pu me rendre compte qu'il n'y avait aucun moyen de faire autrement.

Quand il est rentré de Vichy, mon père a, dans un premier temps, continué d'assumer ses fonctions de maire de Nice comme par le passé. Lorsque les restrictions sont arrivées, il a monté le service des cartes alimentaires, le service de l'aide aux prisonniers, enfin toute une série de services qui étaient rendus nécessaires par la situation. Et bien entendu, il a donné des cartes d'alimentation à certaines familles juives qui n'étaient pas originaires de Nice mais qui venaient se réfugier en zone libre, ou à certains groupes de résistance qui étaient des groupements de droite à l'époque; parce que la Résistance n'était pas de gauche au début, contrairement à ce que la légende a voulu accréditer. A l'époque, la gauche communiste était encore en train de flirter avec le nazisme, il ne faut pas l'oublier...

Je rappelle pour mémoire que la famille d'Estienne d'Orves est niçoise et – que je sache – Honoré d'Estienne d'Orves, qui est tout de même un des premiers résistants français à avoir sacrifié sa vie pour son pays, n'était pas de gauche...

Quoi qu'il en soit, un beau jour, au début de l'année 41, s'est posée la question de la réorganisation administrative par Vichy. Or mon père avait de bonnes relations avec Pierre Laval.

– *Pourquoi ?*

– Parce que mon père avait été, comme lui, membre du Parti Social Français avant la guerre. Le Parti Social Français, c'était un groupuscule de centre-droit de la Chambre des députés qui se voulait conservateur en ce qui concernait les grands principes mais qui était quand même progressiste, ou « progressif », en ce qui concernait l'organisation sociale.

En 1941, donc, Laval a dit à tous les maires français : « Les maires seront nommés par Vichy. »

Il les a convoqués les uns après les autres, et là je sais qu'un cas de conscience s'est posé pour mon père qui ne tenait pas à être nommé par Vichy. Il sentait déjà, en effet, que Vichy était enclin à la collaboration. Il a donc hésité et j'ai personnellement assisté à la visite que lui a rendue l'évêque de Nice, Mgr Paul Rémond, un type extraordinaire qui a sauvé des milliers de juifs, ils le savent et lui en rendent hommage. Mgr Paul Rémond a dit à mon père devant moi, ne pensant pas que l'enfant que j'étais pourrait s'en souvenir un jour :

– Médecin, vous ne pouvez pas passer la main à un autre! Si vous n'acceptez pas de rester maire de Nice, Vichy va nommer un larbin qui sera à sa botte et nous allons perdre tout ce que nous avons obtenu grâce à vous : les cartes d'alimentation, les fausses cartes d'identité, les certificats de résidence, les certificats d'indigence, etc., qui nous permettent de faire vivre la résistance. Vous n'avez pas le droit de refuser.

Mon père était très troublé. Une partie de ses amis lui disait qu'il fallait accepter, une autre l'incitait à refuser. Et en fait, c'est un peu en tant que directeur de conscience qu'il avait sollicité l'avis de Mgr Rémond. Celui-ci lui ayant dit « il faut accepter », cela l'a finalement décidé à rester en poste selon les conditions imposées.

A partir du moment où mon père avait été nommé par Vichy, il fallait qu'il ait une crédibilité aux yeux du gouvernement de l'époque. Aussi, lorsque Darnand est venu à Nice, mon père a été obligé d'assister à son meeting.

D'autant que Darnand était niçois! Si mon père n'avait pas été présent, on l'aurait aussitôt destitué. Mon père a donc été impliqué dans deux ou trois manifestations de ce genre qui se sont déroulées à Nice.

En revanche il a organisé l'extraordinaire fête de Jeanne d'Arc en mai 1941. Défilé gigantesque de boy-scouts, infirmières, bonnes d'enfants, chantiers de jeunesse, etc., qui montra aux Italiens, qui l'avaient occupée depuis juin 40, la volonté qu'avait Nice de rester française. Nice s'était pavoisée en tricolore depuis les sommets des collines jusqu'à la vieille ville, où les femmes avaient teint des draps en bleu et en rouge pour les pendre dans la rue; Nice était devenue une espèce d'énorme chose bleu-blanc-rouge. D'ailleurs Raoul Dufy, qui était à l'époque là-bas, a peint un tableau appelé *14 juillet à Nice* qui n'a jamais été autre chose que la fête de Jeanne d'Arc de la fin mai 1941. Du reste, la célébration du 14 juillet et celle du 11 novembre étaient interdites en ce temps-là, puisque l'une de ces fêtes était républicaine et l'autre anti-allemande.

Mon père et les autorités religieuses de la ville avaient pris prétexte de la fête de Jeanne d'Arc pour monter une véritable manifestation patriotique. Et cette fête, pour tous ceux qui l'ont vécue, est restée un souvenir absolument inoubliable.

Signalons qu'à l'époque, les Italiens qui nous occupaient s'étaient infiltrés à Nice grâce aux éléments du fascio qui y étaient actifs depuis longtemps. Certains ont prétendu que parmi les supporters du fascio, il y avait un avocat de Nice qui s'appelait Jacques Cotta...

– Et c'est vrai?

– Bof... Après, monsieur Cotta est devenu résistant. En tout cas il avait les certificats afférents...

Monsieur Cotta fut ensuite socialiste. Et il se trouve que ce sont les amis et les successeurs de monsieur Cotta qui accablent mon père dans les petites revues à tirage confidentiel, et qui se permettent de contester les mérites d'un homme dont la vie a été marquée à tout instant par un courage absolument irréprochable, pour ne pas dire par une réelle témérité.

En 1942, mon père a d'ailleurs payé ce courage de sa propre liberté. Les Italiens ayant fini par se rendre compte que leur principal adversaire, leur principal opposant dans la ville de Nice était Jean Médecin, ils l'ont placé en résidence surveillée. Il est donc parti chez sa sœur en Avignon, plus précisément dans l'île de la Bartelasse, où je l'ai d'ailleurs suivi. Mon père a témoigné, en la circonstance, d'une grande capacité d'adaptation, dont j'ai hérité. C'est ce qui me permet aujourd'hui, dans la situation où je me trouve, de ne pas souffrir du tout d'un changement radical d'environnement et d'activités.

Pour l'heure, mon père était réduit à une inactivité complète, sauf qu'il m'avait sur les bras, puisque des trois enfants qui l'accompagnaient j'étais le seul en âge véritablement scolaire. Alors mon père est devenu mon précepteur. J'avais treize ans, mon jeune frère six, ma sœur trois.

Je suis un peu allé au collège d'Avignon, certes, mais cela posait des problèmes de transport considérables car il n'y avait plus de voitures, plus d'autobus, plus rien...

Au début 1943, les Italiens ont exigé que mon père vive plus près de leur zone d'influence, et ils lui ont imposé de résider dans les Basses-Alpes (aujourd'hui Alpes-de-Haute-Provence). Alors nous sommes revenus dans les Basses-Alpes, à Annot exactement, où un brave homme qui était le directeur technique de l'imprimerie de *l'Éclaireur*, Marius Ardoin, possédait une petite maisonnette sympathique sur le bord d'un torrent. Il l'a mise à la disposition de mon père. Le torrent s'appelle le Vaïre et la maison aussi. C'était une maisonnette de bon ouvrier sorti du rang, une maisonnette toute simple.

Mon père y a passé ses journées, plus précepteur que jamais car le lycée le plus proche était à Digne et, pour m'y rendre, j'étais obligé de partir à 4 heures du matin d'Annot pour prendre le train qui me menait à Digne à 7 h 45. Il me restait encore à courir de la gare jusqu'au lycée où j'étais demi-pensionnaire. Un jour, en rentrant, je me suis mis à vomir : j'étais victime d'un empoisonnement parce que ce que l'on nous donnait à manger était ignoble. J'ai été malade toute la nuit, j'ai vomi vingt-cinq fois, j'ai eu une diarrhée épouvantable, j'ai frisé l'ictère du foie! Je n'ai été sauvé que grâce à la présence de mon oncle Pierre, le frère aîné de mon père, qui était médecin et qui m'a fabriqué, avec les quatre morceaux de sucre restant dans la maison, un sirop d'éther pour arriver à calmer mes vomissements.

Malgré cet épisode un peu douloureux, j'ai vécu à ce moment-là une période assez extraordinaire. Et puis, un jour de mai 1944, juste avant le débarquement allié, les miliciens ont fait irruption à Annot. Ils se sont emparés de mon père et l'ont brutalisé en public. Mon père a eu le sang-froid de ne pas réagir, de ne pas bouger, parce qu'il était devant trois mitraillettes qui ne demandaient qu'à partir. Il a été conduit aux nouvelles prisons, à Nice, où il est resté pendant un certain temps... Puis, il a été envoyé au fort Atri à Belfort. Il y est resté jusqu'au printemps 1945 et, quand l'avance des Alliés a permis de débloquer la poche de Belfort, il en a profité pour s'enfuir au moment où les Allemands étaient en train de faire un tri des prisonniers.

Une partie de ces prisonniers fut envoyée sur Bergen-Belsen où ils sont morts à peu près tous, notamment l'ami de mon père, Charles Buchet, qui était rédacteur en chef de *l'Éclaireur du Sud-Est* et dont on a dit également beaucoup de mal, parce que *l'Éclaireur* avait continué d'exister pendant la guerre pour les mêmes raisons que mon père avait continué d'être maire. Voilà ce qu'étaient les règlements de comptes sordides à la Libération! On a accablé ce pauvre Charles Buchet alors qu'il était mort en captivité, laissant quatre fils à sa femme, quatre fils qui sont mes amis, mes amis d'enfance et pour lesquels j'ai beaucoup d'affection.

Mon père, lui, avait réussi à s'enfuir. Il n'a pas été repris grâce à un forgeron de Dôle que j'ai connu plus tard, car il venait chaque année me rendre visite avec sa femme. Je suis allé voir la maison où mon père s'était caché. Le forgeron avait véritablement transformé sa forge en une espèce de traboule intérieure ; il y avait deux ou trois portes qui ouvraient sur des couloirs dissimulés, et des fausses portes, et des panneaux qui coulissaient, de quoi faire passer des hommes vers les forêts du Jura qui communiquaient avec la Suisse.

C'est d'ailleurs par une de ces forêts que mon père a été dirigé vers la frontière helvétique. En Suisse, il a été pris en charge par un agent de l'Intelligence Service qui l'a emmené jusqu'à Annemasse. Annemasse venait en effet d'être libérée et, de là, mon père est parti sur la route, balluchon sur le dos. Quelques années plus tard, il m'a confié que cela avait été l'instant de sa vie où il s'était senti le plus libre, le plus détaché, parce qu'il avait eu en prison le sentiment qu'il ne reverrait plus sa famille. Il s'était quasiment habitué à l'idée que les siens auraient à se débrouiller sans lui. Il m'a dit exactement :

– J'ai eu le plus grand sentiment de liberté de ma vie, je me suis senti un homme léger, prêt à tout, capable de recommencer sa vie à zéro dans n'importe quel domaine.

Je me suis souvenu de ses paroles le jour où j'ai abandonné mon poste de maire de Nice. Je me suis dit : « Ton père, à cinquante-quatre ou cinquante-cinq ans, balluchon sur le dos, amaigri, a lui aussi connu ce genre de situation ; et il a fait face... »

– La commission d'épuration l'a déclaré inéligible. Pourquoi ?

– Parce qu'il avait voté les pleins pouvoirs au maréchal Pétain, uniquement pour cela.

– Était-il abattu ?

– Non. Sa réaction a été, bien entendu, de se dire que toutes ces lois étaient des lois d'exception, fabriquées à

Alger sous la pression des communistes qui, une fois de plus, donnaient la mesure de leur duplicité, puisque ayant été au départ les collaborateurs de l'Allemagne nazie, ils avaient été emprisonnés par le gouvernement hérité du Front Populaire au moment où le parlement avait voté les pleins pouvoirs au Maréchal.

Ces communistes collaborateurs avaient été mis en résidence surveillée à Alger, mais l'Algérie se libérant, les voilà par un tour de passe-passe devenus à leur tour des libérateurs avec de Gaulle et accomplissant leur tâche de communistes dans le gouvernement d'Alger dès avril 1944. Vous le savez mieux que moi, vous qui avez écrit sur le sujet *! Si on met aujourd'hui en parallèle les décrets du gouvernement d'Alger avec ce qui s'est passé dans les démocraties populaires, on s'aperçoit que les communistes avaient littéralement inoculé au droit de ce gouvernement leurs substances toxiques. Ce sont eux qui ont été à l'origine du pourrissement de la fonction publique et des mœurs politiques françaises. Car l'état d'esprit qui règne sur la France depuis cette époque, ce goût du cafardage, de la dénonciation, de la suspicion permanente, c'est la marque même du léninisme. Et cela, on le doit au gouvernement d'Alger!

Pendant qu'ils étaient dans ce gouvernement, les communistes ont donc édicté les règles de leur jeu, et dans les règles de leur jeu il était dit que les gens qui avaient voté les pleins pouvoirs au maréchal Pétain devaient être poursuivis et châtiés cruellement. Eux, les communistes, étaient tranquilles. Ils ne risquaient pas d'avoir voté les pleins pouvoirs au Maréchal puisqu'ils étaient à l'époque en prison pour faits de collaboration avec l'Allemagne. Mais cela, on ne le souligne jamais...

Mon père est donc passé devant la commission d'épuration, avec je ne sais combien d'autres parlementaires dans le même cas que lui. Il a bénéficié de témoignages tout à fait remarquables de la part de personnalités diverses –

* N.d.E. : Henri-Christian Giraud est en effet le petit-fils du général Giraud. Il est aussi l'auteur d'un livre intitulé *De Gaulle et les communistes* paru récemment aux éditions Albin Michel.

notamment Mgr Rémond, qui était considéré à juste titre comme un très grand résistant. Et de bien d'autres témoignages encore, tels que ceux des anciens combattants qui avaient été de grands patriotes et qui avaient pu le juger, et enfin ceux d'un bon nombre de personnes qu'il avait sauvées des griffes de l'occupant, y compris des juifs.

– *Et votre mère, qui est-elle?*

– Ma mère est une femme merveilleuse, qui a donné la mesure de son courage et de son amour maternel pendant cette terrible période où mon père a été arrêté et déporté, où il n'y avait pas beaucoup d'argent à la maison et où il fallait faire beaucoup de sacrifices. J'ai d'elle une photographie prise à ce moment-là. Quand je compare ma mère d'aujourd'hui, à quatre-vingt-quatorze ans, replète, rondouillarde et bien portante, avec ce qu'elle était dans ces années terribles, je peux mesurer les sacrifices qu'elle a consentis.

Elle est la fille d'un immigré né en 1850 en royaume de Westphalie, vingt-deux ans avant l'unité de l'Allemagne. Il n'était donc pas allemand et le disait toujours haut et fort. Il avait fait ses études à l'école hôtelière de Münster et avait quitté la Westphalie pour faire un stage à l'hôtel Excelsior de Rome.

Là, il avait montré de grandes qualités professionnelles et s'était rapidement retrouvé directeur de réception à vingt-deux ans. Il avait mis quelques sous de côté et sa famille, sans être riche, avait quelque argent. Il est arrivé à convaincre ses parents de l'aider et il a misé sur l'avenir touristique de Nice. Il a acheté en banlieue, rue Alphonse-Karr, un petit hôtel, la pension Millet. Comme il était extrêmement travailleur et très entreprenant, il est arrivé à faire de cette petite affaire un établissement connu et apprécié. Un jour, une famille princière russe a déboulé chez lui. Et il a compris que s'il jouait les familles russes il arriverait à avoir une clientèle formidable, parce qu'une seule famille russe lui remplissait déjà vingt ou trente chambres. Alors il s'est endetté auprès des banques et il a fait de sa pension un hôtel véritable : le Palace Hôtel.

Mon grand-père, qui se levait à trois heures du matin et faisait lui-même son marché, entendit un jour dire que le meilleur boucher de la ville était un certain Magnico, qui tenait boutique sur la colline des Baumettes à Nice. Comme il n'en était pas à une cavalcade près, il s'est donc rendu chez Magnico. Magnico était un homme épanoui dans une très belle boucherie ayant pignon sur rue. Il disposait – cela se voyait à l'œil nu – d'une belle aisance, mais il avait surtout une fille ravissante! Elle faisait ses études chez les Fidèles Compagnes de Jésus, qui possédaient alors sur la Promenade des Anglais, à l'emplacement du Negresco, un domaine de quatre hectares. Elles ont dû le vendre quand le petit père Combes les a foutues à la porte de la France. Ce quadrilatère qui va du mur de la Villa Masséna au boulevard Gambetta, et de la Promenade des Anglais jusqu'à la rue de France, a été vendu quarante mille francs...

L'acheteur, monsieur Negrescu, qui était roumain, voulait appeler son hôtel le Negrescu. Mais quelques Français lui ont fait apparaître que Negresco sonnerait mieux : il a donc transformé le U en O. Pour la petite histoire encore, Joséphine Baker a refusé de descendre dans cet hôtel car, venant des États-Unis et ne parlant pas le français, elle avait pensé que Negresco voulait dire qu'il s'agissait d'un hôtel réservé aux Nègres...

Celle qui allait devenir ma grand-mère, Marie Magnico, la fidèle compagne de Jésus, était donc une demoiselle accomplie, bien élevée et d'une beauté rare. J'ai connu sur le tard cette femme merveilleuse qui recevait des hommages masculins permanents, courtois et distants selon le bon goût de l'époque. Les gens qui ont côtoyé ma grand-mère, des braves gens de la plaine du Var, des paysans chez qui mes grands-parents allaient acheter des légumes, disaient encore il y a peu :

– Madame Meyer! Ah! Quelle femme, madame Meyer!

Car mon grand-père s'appelait Meyer! C'est sans doute pour cela que les juifs ont voulu l'annexer. Mais il se serait appelé Mayer avec un « a », s'il avait été juif. Quant à l'extrême droite, dans les années 1936-38, elle a placardé des affiches contre mon père, accusant ma mère d'être juive.

C'est ce qui explique que je n'ai jamais eu beaucoup de sympathie pour l'extrême droite. Pour moi, la droite, c'est autre chose : c'est Mrs Thatcher ou Mr Major qui lui a succédé. Ma droite, c'est celle-là. Pas du tout les excités d'extrême droite... Mais enfin, excités pour excités, je préfère ceux d'extrême droite à ceux d'extrême gauche. Cela dit, il est bon qu'il y en ait qui exaltent un peu la vie politique, mais il n'est pas souhaitable qu'ils exercent le pouvoir...

Mon grand-père Meyer, qui s'appelait Wilhelm Meyer, se faisait appeler William car la guerre de 70 était encore proche et qu'il valait mieux qu'il n'y ait pas de confusion possible avec un Prussien. Pendant toute mon enfance, j'ai entendu dire que mon grand-père était alsacien parce qu'il avait quand même une pointe d'accent quand il parlait, bien qu'il parlât un français parfait. Il s'était, bien sûr, comme les immigrés de son époque, fait un devoir d'apprendre notre langue avant toute chose, alors que bien des immigrés d'aujourd'hui mettent au contraire un point d'honneur à la détruire. De surcroît mon grand-père était né protestant, mais il ne l'a jamais affiché parce qu'il avait compris que, vivant en pays catholique, ses enfants devraient être catholiques. Il a eu deux enfants : mon oncle Henri et ma mère. Mon oncle Henri est né sept ans avant ma mère, en 1890, et avait donc exactement l'âge de mon père. Appelé à la guerre de 14, il a eu le grand avantage d'avoir les poumons brûlés par l'ypérite : il en est mort en 1928, l'année de ma naissance. Et mon grand-père, qui avait élevé ce fils brillant pour être son successeur à la direction de l'hôtel, s'est retrouvé tout seul.

Pendant la guerre de 14, ma mère a été infirmière dans l'hôtel de son père, car c'était l'époque où les jeunes filles soignaient les blessés. L'hôtel avait été réquisitionné et servait d'hôpital sur la commune de Nice. Après la guerre, ma mère a vécu dans l'hôtel de son père où l'on donnait des réceptions et des bals... C'est à une réception pour les anciens militaires soignés dans l'hôpital que mon père a rencontré ma mère en 1922. Il lui a fait une cour assidue, et ils se sont mariés en décembre 23.

Ils ont eu un premier enfant, Alexandre, le 26 mars 1925, moi le 5 mai 28, puis il y a eu une interruption jusqu'à Pierre, qui a vu le jour le 1er octobre 35 ; et deux ans plus tard Geneviève est née, le 3 novembre 37.

Ma mère est une sainte femme. Elle a été une maîtresse de maison merveilleuse et une épouse extraordinaire pour mon père. Avant la guerre, elle a partagé sa vie mondaine. Mais depuis qu'elle a souffert les affres de l'Occupation, les restrictions, l'angoisse de la déportation de mon père, elle est un peu sous terre...

– Elle vit toujours ?

– Elle vit toujours. Elle se porte toujours bien.

– Elle vous manque ?

– Oui. C'est la seule personne de la famille qui me manque. Les autres, ils se démerdent, ils ont leurs activités, leurs raisons d'être... Ma sœur a quatre enfants, mon frère aîné est en Afrique avec les trois siens, mon jeune frère s'occupe d'opéra, il a lui-même deux enfants et des petits-enfants. Ils ont chacun une famille, ils n'ont pas besoin de moi. Ma mère non plus n'a pas besoin de moi. Dieu merci, ma sœur s'occupe d'elle. Mais enfin elle me manque, c'est certain.

– Venons-en à vous : quel enfant étiez-vous ? Et d'abord, comment avez-vous traversé la guerre ?

– Je l'ai traversée en prenant peut-être des risques, parce que j'étais, bien sûr, bercé de politique, imbibé de politique. Toutes les fois qu'un événement survenait, que ce soit l'invasion des Sudètes ou n'importe quoi de ce genre, les amis de mon père se précipitaient à la maison pour en parler. Dès que la guerre a pris la tournure que l'on sait, je me suis senti antinazi. Mais, en même temps, j'avais vu les nazis de près au cours d'un séjour en Allemagne, et j'avoue que lorsque je suis rentré en France, le 1er septembre 1939, j'ai tout d'un coup pris conscience du degré de déclin de la France par rapport à l'Allemagne. Élevé par un père qui, sans être cocardier, était quand même très profondément nationaliste, j'ai été tout de suite conduit à détester l'Occupation, à détester ceux qui faisaient du mal à mon pays. C'est vrai, j'ai pris des risques, peut-être inconscients... Mais je dois à la mise en résidence surveillée de mon père d'être encore de ce monde. Mes compagnons de résistance, notamment Francis Gallo et André Campan, eux, sont morts.

– *Mais quel âge aviez-vous?*

– J'avais douze ans en 1940. Et je distribuais la presse clandestine dans les boîtes aux lettres. Notre chef de résistance, Alphonse Lauron, nous apportait des paquets du journal *Combat* et nous les transportions dans nos cartables d'écolier. Les occupants ne pouvaient guère nous fouiller parce que, s'il avait fallu qu'ils fouillent tous les écoliers de Nice, ils y auraient passé des heures tous les jours. Nous allions distribuer la presse clandestine de maison en maison. Je sais que cet engagement est moins héroïque que celui de ceux qui ont capturé chaque jour un régiment d'Allemands, parfois deux... Cependant, tout gosses que nous étions, nous avons fait un travail peut-être modeste, mais qui faisait déjà partie de cette guerre psychologique dont on s'aperçoit aujourd'hui qu'elle est la guerre de l'avenir.

– *Est-il vrai que vous avez rejoint le maquis d'Auran?*

– Plus tard! Beaucoup plus tard, à l'époque de mes seize ans.

Avec mes amis Francis Gallo et André Campan, nous distribuions donc la presse clandestine pour l'équipe d'Alphonse Lauron et puis, un beau jour, ou plutôt un mauvais jour, mon père a été mis en résidence surveillée. J'ai donc quitté mes copains et pendant près d'un an je suis resté sans rien faire, car je ne connaissais personne en Avignon, je n'avais pas de filière. Je suis parti ensuite à Annot, dans les Basses-Alpes. Quand mon père a été arrêté, un officier allemand m'a demandé mon âge car je mesurais 1,82 m. Je lui ai répondu que j'avais seize ans. Et comme il ne voulait pas me croire, je lui ai sorti mon passeport sur lequel j'avais les tampons de mon séjour en Allemagne en 1939. Il m'a alors posé diverses questions auxquelles je lui ai répondu en allemand, car je parlais l'allemand comme le français, à l'époque.

Il m'a demandé pour terminer :

– Vous étiez dans un *Gymnasium*?

– Oui, le dimanche.

– Qu'est-ce que vous faisiez?

Je m'attendais à cette question.

– Le dimanche, je sortais avec les jeunes du *Gymnasium*.

– Mais alors, vous mettiez le brassard à croix gammée?

– Non, j'en étais dispensé.

– Ah, bon. Mais vous avez entendu chanter le *Horst Wessel Lied*?

– Oui.

– Alors, vous le connaissez?

– Oui.

Et il m'a laissé tranquille. Puis, au moment de son départ, il m'a dit :

– Vous, vous n'avez pas seize ans. Vous devriez être au travail obligatoire en Allemagne. Je vous reverrai.

Et il est parti en emportant mon passeport.

Le soir même, j'ai pris quelques affaires et j'ai rejoint le maquis d'Auran au-dessus d'Annot où j'ai vécu jusqu'à la libération de Nice, dix mois plus tard.

J'ai encore des amis du maquis où je m'occupais aussi de faire la cuisine, déjà! J'ai d'ailleurs vécu avec eux une expérience qu'un homme ne peut pas oublier : j'ai passé une semaine sans rien manger, ou presque. Nous n'avions rien reçu des Français libres qui généralement nous ravitaillaient en nous balançant des containers. On ne pouvait pas descendre non plus parce que les Allemands avaient encerclé le plateau. La seule chose que nous pouvions faire, c'était de faire bouillir des racines de végétaux dans de l'eau sans sel. Ça n'était pas mauvais, d'ailleurs. Après les avoir fait bouillir on mangeait ces végétaux, notamment les orties qui ont un très bon goût.

On a vécu comme cela exactement huit jours, sept plus un, et j'ai compris une chose : c'est que la faim est tolérable; on peut vivre en ayant faim. Mais ce qui est abominable, c'est la sensation intellectuelle de ne pas savoir combien de temps cela va durer... Si vous vous mettez au régime pendant dix jours, vous comptez les jours et vous vous dites : plus que trois jours, deux jours, un jour et allez hop, dès demain je vais me taper quelque chose. Mais, si vous êtes isolé de tout, sur un radeau au milieu de la mer, que vos provisions disparaissent et que vous ne savez pas quand vous serez sauvé ni si vous serez sauvé, ça, c'est atroce!

C'est une sensation qui dépasse la sensation physique parce que le manque physique de nourriture, je vous le répète, c'est supportable. D'ailleurs, au bout de deux jours, on ne se rend même plus compte qu'on a faim. Mais se dire « je vais mourir parce que je ne mange pas et il n'y a aucune raison pour que cela s'arrête », ça, c'est vraiment abominable.

– Cette aventure du maquis, cette expérience, cela a-t-il fait de vous un autre adolescent?

– Plus que ça! Le maquis, cela a finalement fait que je n'ai pas eu d'adolescence et que je suis passé directement du stade d'enfant à celui d'adulte. Quand la guerre a commencé, j'avais douze ans seulement, mais déjà une espèce de fascination pour la politique. Cette fascination, elle m'est venue dans la voiture de mon père à l'âge de dix ans. Mon père était venu me chercher avec sa Panhard-Levassor à la sortie du lycée de Nice, avec son ami Philippe Tiranty. Philippe Tiranty était un Niçois qui avait été l'ami de Leitz, l'inventeur du Leïca et qui, d'ailleurs, avait connu beaucoup d'aventures avec Leitz. Bref, c'était un excellent ami d'enfance de mon père.

Je m'installe donc dans la Panhard-Levassor, derrière, sur un strapontin (il y avait des strapontins basculants). Mon père était au fond à droite et Philippe Tiranty à gauche. A un moment, Philippe Tiranty dit à mon père :

– Et lui, comment travaille-t-il?

Et mon père répond :

– En dents de scie. Ce qui me rassure, parce que plutôt que d'être moyen en tout et donc d'être un homme moyen, il aura des côtés brillants et des côtés ignorants.

Alors Tiranty a dit :

– Ce n'est pas avec ça qu'on réussit ses examens.

Mon père lui a répondu :

– Lui, il y a un examen qu'il réussira sûrement, c'est celui du suffrage universel.

Il a dit cela et, pour moi, c'est comme si c'était hier : je peux même encore voir mon père dans un costume gris et portant panama (cela devait donc être au mois de juin-juillet, par là) et moi, j'étais dans un petit costume, en culotte courte, marron-beige clair.

J'ai aussitôt voulu savoir ce qu'était le suffrage universel et c'est ce jour-là que j'ai décidé que ma vie serait une vie politique.

– Quelles étaient les qualités que vous aviez et qui pouvaient faire penser cela à votre père ?

– Peut-être percevait-il chez moi une forme d'intelligence politique, parce que j'étais assez raisonneur mais en même temps assez accessible aux explications. Quand il m'expliquait quelque chose je l'emmagasinais, sans pour autant la tenir pour vraie, mais enfin j'enregistrais ce qu'il m'expliquait. Peut-être que mon père se rendait compte aussi que les gens m'aimaient bien. J'avais un bon contact, comme on dit.

Et puis j'avais une telle admiration pour lui ! Il le savait très bien. J'ai d'ailleurs toujours eu pour mon père la plus profonde des admirations. C'était un homme exceptionnel, vraiment exceptionnel. J'admirais, par exemple, ce courage un peu téméraire dont j'ai sans doute hérité et qui m'a valu tant de déboires. Parce que si j'avais été moins courageux, j'aurais été moins visé. Et si j'avais été moins visé, je serais encore maire de Nice. Je serais comme la plupart de ces maires invertébrés qui terminent leur trentième ou quarantième année de magistrature en ayant été l'ami de tout le monde, en ayant fait perdre tous les mandats possibles et imaginables à leur entourage, en ayant laissé les adversaires s'installer partout pour sauver, *in extremis,* et leur pâle image et leur siège à eux.

Eh bien moi, je ne m'appelle pas Chaban-Delmas. Il n'y a rien à faire, je ne me renierai pas. Je n'accepterai jamais un compromis et je sais que j'ai raison quand je vois aujourd'hui que Chaban, pour sauver son siège de maire de Bordeaux, a accepté toutes sortes de compromis mais qu'il a perdu la région, qu'il perdra le conseil général, qu'il va perdre le département et que pour finir il perdra la considération de ceux qui ont cru en lui. Et Chaban est loin d'être un cas isolé. Je l'ai cité vraiment au hasard. Moi, j'ai gagné la région, j'ai gagné le département et j'ai fait gagner la droite dans les départements voisins. Bref, j'ai fait exactement la carrière inverse ! Seulement, je n'ai pas eu de paix personnelle parce que mes adversaires ont pu concentrer leurs tirs sur moi, étant donné que j'étais le seul en France à faire ce que je faisais. Citez-m'en un autre, citez-m'en un seul ? Si, notez : maintenant, il y en a un ou deux qui pointent le nez à l'horizon. Il y a même quelques types pas mal dans le parlement français, mais...

– Lesquels ?

– Il y a Philippe de Villiers. Il y a aussi Éric Raoult qui a montré du courage en volant à mon secours quand tout le monde se taisait. Il y a aujourd'hui sept ou huit hommes qui commencent à se dire : « Après tout, merde! Pourquoi ne pas être comme Médecin, pourquoi se renier, pourquoi accepter des compromis? »

Moi, j'entendais des gens dire : « On va faire un bout de chemin avec les communistes... »

Quand je pense à Lecanuet qui disait, lorsqu'il était ministre de Giscard d'Estaing : « On va vider le programme socialiste de sa substance. » Comme si on l'avait élu pour appliquer un programme socialiste! Tous ces gens-là méritent des coups de pied au cul en place publique!

– Venons-en à l'après-guerre. A la Libération, vous reprenez le lycée. Vos études sont plutôt cahotiques, non?

– Mes études sont bizarres parce que je viens de traverser trois années pendant lesquelles je n'ai pas fréquenté l'école. J'ai surtout été, comme je vous l'ai dit, instruit par mon père. Mon père s'était remis au latin à cinquante-deux ans, y avait trouvé une joie extraordinaire et avait réussi à me la faire partager. J'étais devenu un latiniste fabuleux. Si bien que, quand j'ai eu comme sujet du baccalauréat *les Délices de Capoue,* j'ai remis ma copie vingt minutes après l'entrée en salle d'examen. Tous les copains ont cru que je remettais copie blanche, mais j'avais traduit *les Délices de Capoue* à la volée, comme ça, à toute allure.

L'année suivante, j'ai eu la meilleure note de la faculté d'Aix-Marseille en philosophie, et j'étais extraordinaire en sciences naturelles. Mais mon père était nul en mathématiques, et il m'avait communiqué sa nullité.

Tout ça pour vous dire que je suis arrivé au lycée, en 1945, avec des trous si épouvantables qu'un professeur, un homme merveilleux, l'excellent monsieur Musso, a dit à mon oncle Pierre (mon père était à Paris en train de se justifier de ce qu'il n'avait pas fait) :

– Jacques perd son temps au lycée. Il faut qu'il entre dans une boîte à bachot où il y a peu d'élèves et où les professeurs pourront s'occuper de lui. Ici il ne peut pas suivre, et comme il ne peut pas suivre il s'en fout, et comme il s'en fout il va traîner trois ans pour passer son bac.

Je suis donc entré dans une boîte à bachot, très sérieusement dirigée par Marcel Devienne, un de mes bons vieux amis, un garçon remarquable qui avait précisément monté cette boîte pour venir en aide à ceux que la guerre avait handicapés. Certes j'en faisais partie, mais pour faire un bref retour en arrière il y en avait deux qui avaient été plus handicapés que moi : c'étaient Francis Gallo et André Campan, carrément fusillés à Saint-Julien-de-Verdon par les Allemands. Saint-Julien-de-Verdon célèbre chaque année leur souvenir...

En boîte à bachot, je tente de rattraper mon retard. Mais j'échoue quand même en février et juin 46. Alors là, soudain, j'ai été pris d'une espèce de soif de connaissance et je me suis mis à travailler comme un fou.

J'ai eu une passion pour la géographie (qui ne m'a jamais quitté, d'ailleurs) et pour l'histoire naturelle. J'étais très bon en latin-français et en langues mais il me restait les maths, la géométrie et l'histoire. J'ai fait des efforts dans ces domaines-là et, en décembre, j'ai réussi sans difficulté aucune. Pourtant, je me souviens que j'étais si peu féru en histoire que je n'ai pas voulu m'y risquer et que j'ai choisi la géographie. Mais il n'y avait qu'un seul sujet en géographie : « La lutte contre l'eau en Hollande. » Et moi, la lutte contre l'eau en Hollande, je n'en savais pas grand-chose. J'avais appris bien sûr que les Hollandais avaient asséché les polders, mais cela n'avait pas fait l'objet d'un cours entier. Tout juste trois ou quatre phrases...

Je me suis dit : « C'est un test écrit. Nous sommes quelques centaines à composer par écrit dans une session destinée aux gens de la Résistance perturbés par la guerre. Si je me contente de mettre ce que je sais, je vais aligner trente mots maximum, et je vais avoir une note lamentable. Si en revanche je bidonne, je peux m'en sortir. »

Alors, je me suis mis à bidonner... Et j'ai donné la mesure de ce que pouvait être le cerveau d'un gosse de dix-sept ans fonctionnant à toute allure pour s'en sortir, pour gagner. Parce que pour moi, la vie, cela a toujours été de gagner. Je n'ai jamais pris le départ d'une course pour faire second. Si je me mets sur une ligne de départ, c'est pour finir premier. Si je fais troisième, eh bien, mon Dieu, tant pis pour moi. Mais je ne dis pas : « Je ne m'en suis pas mal tiré, j'ai quand même fait troisième. » Non, je dis : « Je m'en suis mal tiré, car je n'ai pas fait premier ».

J'avais donc cet esprit de gagneur et je me suis lancé dans un récit bidon qui d'ailleurs, plus tard, m'est revenu souvent en mémoire quand j'ai lu certains reportages dans la presse et certains livres de politique-fiction qui me sont consacrés.

J'ai commencé par faire un tableau très coloré de la lutte contre l'eau en Hollande, de la menace de l'eau et de la rupture volontaire des digues pour freiner l'avance allemande en 1940. Puis j'ai continué mon récit sur la nécessité de remonter immédiatement des digues parce que l'eau menaçait d'envahir tout le pays. Mais voilà : devant la difficulté de trouver du ciment pendant la guerre, les Hollandais ont dû se rabattre sur des digues en terre. Or les digues en terre, comme on ne savait pas très bien les faire en Hollande, c'est un ingénieur français, un certain Dupont, polytechnicien bien entendu, qui s'est rendu sur place et a réussi à introduire des nouvelles méthodes, des nouvelles techniques.

Je me suis lancé dans un récit épique sur Dupont et son équipe, l'ingénieur Dubois et l'ancien chef du génie Durand. Vingt pages!

Quand j'ai eu fini ce récit d'une précision mathématique, dates et heures à l'appui, je me suis dit : « De deux choses l'une, soit le prof veut tout vérifier et il lui faut un mois pour corriger ma copie et découvrir que j'ai beaucoup inventé, soit il se dit que je suis tombé sur le sujet de ma vie et que je lui en ai foutu plein la gueule. » Et j'ai pensé : « Il y a quatre-vingt-dix-neuf chances sur cent pour que la deuxième hypothèse soit la bonne. » Bien entendu, c'est exactement ce qui s'est passé. Je suis même persuadé que l'examinateur a pris des notes et que son cours suivant a été inspiré par ce qu'il a copié dans mon devoir.

Eh bien je vous le donne en mille, il y a deux ans, en 1989, les multiples et divers plumitifs de la socialie en folie sont allés jusqu'à m'accuser dans un de leurs délires anti-Médecin d'avoir fraudé à mon bac en bidonnant une copie de géo! Vous vous rendez compte? Ils sont allés me jeter cela à la figure en 1989, comme si c'était la pire des hontes que d'avoir fait ce que j'ai fait, alors qu'on tente tout ce qui est possible pour réussir un examen...

De mon temps, il n'était pas facile de frauder. Alors on inventait, on se débrouillait... Aujourd'hui, la fraude est une pratique courante et tout le monde trouve ça bien. Cela étant, ce qui compte dans la vie c'est de réussir, et un examen c'est, comme le nom l'indique, une façon d'examiner l'homme. Or on peut très bien examiner sa capacité à être inventif. L'intelligence, ce n'est pas nécessairement réciter B et A, BA, B et E, BE... Bon, passons! J'ai donc réussi mon bac brillamment et je suis rentré en philo.

Là, j'ai eu comme professeur monsieur Passeron. Passeron était un homme merveilleux, un jeune professeur marxiste-léniniste. Mon ami Cristofari me le rappelait encore il y a peut-être un an, les classes de philo avec Passeron étaient quelque chose d'explosif. D'entrée de jeu, il nous a provoqués par cette histoire qui donnait la victoire au matérialiste sur le spiritualiste : « Est-ce que Dieu est capable de fabriquer un poids qu'il ne peut pas soulever? » Et bien entendu, le spiritualiste ne sait pas quoi répondre parce que si Dieu n'est pas capable de fabriquer un poids qu'il ne peut pas soulever, c'est qu'il est impuissant.

Dans le silence, je me lève alors et je l'apostrophe :

– Avez-vous, un jour, réussi à définir l'infini?

– Non, me répond-il.

– Alors, lui dis-je, écrivez-le sur le tableau, monsieur, et moi je vous réponds que c'est dans l'infini du poids et dans l'infini du temps seulement que vous pouvez obtenir la réponse.

– Comment vous appelez-vous? me demande-t-il.
– Médecin.
– Eh bien, Médecin, ça va être intéressant, l'année avec vous.
– Oui, monsieur, parce que, si vous me le permettez, je voudrais faire entendre mon point de vue.
– Je vous le permets.

Et je suis resté debout, appuyé sur le dossier de mon banc, pendant tout le reste de la classe et, à la suite de ça, pendant toute l'année scolaire. Je ne me suis jamais assis en classe de philosophie. J'étais au premier rang, face à lui, et on se lançait des piques. Il continuait à faire passer son message matérialiste et moi je continuais à le contrer, il était ravi.

Il a été un des premiers professeurs à nous dire :

– Si vous voulez, si le débat vous intéresse, nous ne prendrons pas de récréation; et si vous ne prenez pas de récréation, je vous autorise à fumer dans la salle.

C'était extra! Un jour, à la fin de la classe, il m'a dit :

– Médecin, il faut que je vous voie tout de suite.

Le ton sur lequel il s'adressait à moi était inhabituel, c'était un ton sec, tranchant. Une fois les autres partis, il me dit :

– Excusez-moi de vous avoir parlé sur ce ton, comme si j'avais des reproches à vous faire. Mais voilà, après-demain, je vais parler de tel sujet et j'aimerais bien que vous m'asticotiez sur tel point.

Voilà qui donne une idée de ce qu'étaient nos relations et notre estime mutuelle.

Le jour du bac, je me souviens que j'ai eu comme sujet « l'attention : attention spontanée, attention réfléchie ». Je n'ai même pas fait de brouillon tant j'étais sûr de moi. J'en ai fait vingt-cinq pages! Je débordais d'idées. On était arrivés en salle d'examen vers huit heures; vers onze heures quarante-cinq, Passeron est entré dans la salle où je me trouvais. Il a circulé entre les tables puis, arrivé à ma hauteur, il a pris mes feuillets pour les lire. Quand il a eu fini, il m'a regardé, il m'a dit « Impec! », et il est parti.

Il était communiste de conviction, mais c'était un type qui considérait que Jacques Médecin était un bon élève de philosophie.

Évidemment, j'ai remporté mon baccalauréat grâce à ma composition de philo qui avait heureusement un coefficient trois ou quatre, je crois, car j'ai eu un demi-point en mathématiques et un quart de point en chimie. J'avais quand même pris soin de recopier la question de cours et d'amorcer un raisonnement. J'étais, bien sûr, tombé complètement à côté de la plaque, mais le professeur a vu que j'avais fait l'effort de réagir. A l'époque où j'ai passé le baccalauréat, un zéro pointé était meurtrier, c'est-à-dire que malgré mon 19,75 en philosophie, je pouvais être recalé si j'avais un zéro en maths.

– *Vous parliez déjà combien de langues ?*

– Trois : le français, l'allemand et l'italien. J'apprenais et j'ai appris l'anglais tout seul.

– *Et ce Passeron, l'avez-vous revu, après ?*

– Oui, je l'ai revu, et chaque fois avec émotion parce que c'était un type qui avait vraiment de fort belles qualités humaines. Il est mort très jeune, dans les années soixante. Je l'ai beaucoup regretté parce qu'au moment où ma vie prenait un tour un peu public, j'aurais aimé avoir un conseiller comme lui. Sur le plan idéologique, il avait mis de l'eau dans son vin : le communisme théorique lui semblait désormais vraiment très théorique et le communisme appliqué lui apparaissait comme un gigantesque échec.

– *Cette réussite en philo, cela vous a donné le goût des idées ?*

– Oui. J'ai la passion des idées. J'aime toujours Bergson : j'ai dû lire *le Rire* déjà quatre fois, et je le relirai certainement si Dieu me prête vie.

– Avez-vous eu envie, à l'époque, de faire une licence de philo ?

– J'ai eu plutôt l'idée de m'orienter vers la psychopathologie.

– La médecine vous tentait ?

– J'ai été très tenté de partir aux États-Unis pour faire des études de psychiatrie parce que, en France, on ne pouvait pas être psychiatre sans être au préalable médecin, tandis qu'aux États-Unis c'est possible.

L'été qui a suivi mon succès au baccalauréat, j'en ai profité pour bien nager et bien faire l'amour (parce que les filles ont toujours constitué pour moi l'essentiel de ma vie. Les femmes m'ont fait faire mille conneries, mais si demain je revenais sur terre, je voudrais en faire encore davantage) puis, à la fin de mes vacances, je suis parti pour Paris prendre un peu l'air de la Capitale. Mon ami Philippe Tiranty était très lié au célèbre docteur Paul, le grand médecin légiste de l'époque qui donnait des cours à la faculté de médecine de Paris. J'y suis allé mais je dois dire que, quand je me suis retrouvé parmi les carabins, cela m'a un peu dégoûté. Il y avait chez eux une espèce de complaisance dans le macabre qui n'était pas de mon goût.

En revanche, je dois dire que j'ai vécu avec eux pendant deux ou trois mois des tonus étonnants. J'ai appris toutes ces chansons d'étudiants que nos carabins d'aujourd'hui ne connaissent plus et qui étaient au second degré des chefs-d'œuvre d'humour et de truculence. On ne sait plus être rabelaisien à notre époque : quand je le suis un tant soit peu dans mes propos, les socialistes disent que je suis grossier. Ils ne savent plus faire la différence entre la paillardise et la grossièreté, comme on ne sait plus aujourd'hui faire la différence entre la pornographie et l'érotisme. Ici, à Punta del Este, on est dans le paradis de l'érotisme. Si nous descendons maintenant sur la plage pour voir les filles, on pique une fièvre à 40°. Mais il ne faut pas en déduire pour autant que l'on est au pays de la pornographie. Essayez de les serrer d'un peu près et vous verrez comment vous serez reçu... Les enseignants marxistes, en coupant les racines des jeunes générations, ont favorisé l'éclosion d'une forme de vulgarité malséante qui tient lieu de gauloiserie au niveau même de la culture d'État. Ce n'est pas moi qui aurais eu le mauvais goût de créer ou même d'adhérer au « Cube », dont le cri de ralliement était : « encubons-nous les uns les autres ». J'ignorais que certains, sous le toit du palais des congrès, avaient fabriqué cette « loge » parallèle, iconoclaste, blasphématoire et finalement médiocre dans son inspiration...

Revenons à notre sujet. J'ai donc vécu deux ou trois mois parmi les étudiants en médecine puis je suis revenu à Nice en me disant que je n'étais décidément pas fait pour ça. Il y avait un autre métier qui m'intéressait beaucoup : celui d'architecte. J'aime bien dessiner, j'aime bien peindre. Des peintures que je suis seul à voir : je ne tiens pas à imposer mes horreurs aux autres! Je suis en plus un figuratif. Je ne crache pas pour autant sur la peinture contemporaine, non figurative, mais je ne suis pas un excité des non-figuratifs, même si je les ai beaucoup aidés, ces salopards! On parlera certainement de monsieur Arman, plus tard...

J'ai donc beaucoup désiré être architecte mais à l'époque, à Nice, il n'y avait pas d'université. En outre, mon père ayant été privé de ses droits civiques pendant quelque temps, l'argent était rare à la maison. Il aurait été malvenu de demander qu'on me paie des études hors de Nice. Mes parents avaient beaucoup de revenus en immeubles mais les loyers n'avaient pas été payés pendant la guerre et le moratoire les a frappés.

De surcroît, il y a eu la loi sur la surface corrigée, une loi grotesque qui, d'ailleurs, m'a fait comprendre que les pays fédéraux sont appelés au succès contrairement aux pays centralisés comme la France.

La loi sur la surface corrigée a classé les immeubles

en différentes catégories : de luxe, moyens, etc. Les immeubles de luxe étaient notamment ceux dont les escaliers étaient en dalles de marbre. Venaient en deuxième lieu ceux dont les escaliers étaient en bois, et en troisième lieu ceux dont les escaliers étaient en ardoises. Or, chez nous, à Nice, les immeubles pauvres ont des escaliers en marbre parce que le marbre est un matériau bon marché, les immeubles moyens ont des escaliers en ardoises et les immeubles riches ont des escaliers en bois. On a vu ainsi des immeubles du vieux Nice qui croulaient sur eux-mêmes, qui étaient en torchis, être classés « *immeubles de luxe* » parce qu'ils avaient des escaliers de marbre!

Quoi qu'il en soit, mes parents ne roulaient pas sur l'or et j'ai eu la discrétion de ne pas leur demander de m'offrir des études en Amérique, pas plus qu'à Paris. J'ai donc dû me contenter de ce qui s'enseignait sur place. Or à Nice il y avait un institut de Lettres, mais qui était essentiellement orienté vers l'histoire et la géographie, et un institut d'études juridiques qui enseignait de façon excellente. Ce dernier était dirigé par un éminent professeur, Louis Trotabas, un homme remarquable qui a été persécuté parce qu'il avait été un admirateur du maréchal Pétain, et parce qu'il avait osé dire que sans lui la France eût été gouvernée par un *Gauleiter*.

Louis Trotabas a trouvé des défenseurs parmi les grands professeurs de droit parce que c'était une sommité du droit constitutionnel; et il a même été secouru par un autre Niçois, juif et prix Nobel de la paix, René Cassin.

Je me suis donc lancé dans le droit et je dois dire que j'y ai trouvé assez peu de plaisir. Ma seule joie, dans ces études, était d'avoir comme compagnon de banc une fille absolument ravissante dont le surnom était Puci. Tout le monde était amoureux d'elle, moi le premier, et je lui ai dit :

– Tu sais, cet été, on devrait faire quelque chose ensemble, on devrait partir quelque part.

C'était un amour tout à fait platonique, je tiens à le préciser. Il n'y avait pas de relations sexuelles à l'époque entre les étudiants. Puci me répond qu'il y a des voyages organisés à l'étranger par l'Alliance française. Nous remplissons donc des formulaires de l'Alliance française en indiquant en tête la Suède, en second la Norvège, en troisième le Danemark, et en quatrième l'Angleterre. Mais le jour où nous recevons nos feuilles de route, déception : Puci est envoyée en Suède et moi au Danemark. Inutile de dire que très rapidement les Danoises m'ont fait oublier Puci.

J'ai trouvé le Danemark tellement fabuleux et les filles du pays tellement belles que j'ai décidé d'y rester un peu plus longtemps que prévu. Les études de droit ne m'obsédaient pas, je vous l'ai dit. J'allais sur mes vingt ans. J'ai écrit à mon père pour lui dire que, finalement, j'avais trouvé un job comme porteur de bagages dans un aéroport et que je voulais tenter un peu l'aventure dans ce pays.

A l'époque le Danemark offrait des jobs aux étudiants, mais c'était déjà un pays socialiste où les syndicats faisaient la pluie et le beau temps. On ne pouvait trouver du travail en tant qu'étudiant que pour deux mois. Tous les deux mois, il fallait changer d'emploi. Alors de porteur de bagages je suis devenu fabricant de confitures dans une entreprise de la banlieue de Copenhague, puis balayeur et gardien en second du musée Carlsberg, puis j'ai vendu le *Berlinske Tidende* dans la rue, puis j'ai été serveur de restaurant chez Oscar Davidsen, puis professeur de français en cours particuliers. Enfin, je suis devenu décorateur dans un grand magasin sur la rue principale de Copenhague, le Strand. Décorateur est un bien grand mot car, si j'étais chargé de la décoration des vitrines, ce n'est pas moi qui la concevais. En réalité, je ne faisais que des raccords de peinture et j'exécutais ce que voulaient les décorateurs professionnels. J'ai travaillé dans ce magasin jusqu'au moment où l'armée française m'a demandé de la rejoindre en 1948. En quatorze mois de Danemark, j'ai appris le danois et je dois dire que les leçons de français que j'ai données m'ont apporté d'immenses satisfactions sur le plan sentimental... Car mes élèves avaient des mamans, et certaines de mes élèves l'étaient elles-mêmes aussi, si bien que quand je suis rentré je ne pesais pas lourd mais j'étais vraiment pleinement épanoui.

Bref, j'étais un jeune homme qui avait voulu « vivre sa vie ». Parce que comme je vous l'ai déjà dit, je n'ai pas eu d'adolescence. Lorsque j'ai participé à la défense du maquis d'Auran, j'ai tué des Allemands qui donnaient l'assaut. Le premier jour, je me suis dit que le type qui était en face de moi était un type qui avait une mère et un père comme moi, qui avait un petit peu plus que mon âge et qui ne demandait qu'une chose, c'était de retourner chez lui. Mais je me suis aussi dit que c'était lui ou moi. Cette expérience m'avait durci. J'arrivai à l'âge adulte comme quelqu'un qui n'a rien connu de joli. A l'époque du maquis, de temps en temps une fille passait. On se la refilait de l'un à l'autre et on lui donnait une pincée d'argent, c'était de la prostitution. Rien de très réjouissant pour un gars de dix-sept ans... Aussi, lorsque je me suis trouvé au Danemark et que j'ai pu jeter ma gourme à tous les vents sans avoir à délier ma bourse, si j'ose dire, j'ai trouvé qu'il y avait des joies dans la vie dont j'avais été privé.

– *De retour en France, qu'avez-vous fait ?*

– J'ai fait mes classes à Issy-les-Moulineaux, puis j'ai postulé comme interprète au deuxième bureau de l'Armée de l'Air. J'ai passé le concours à l'État-major interallié de Fontainebleau. J'ai eu une note excellente en allemand ainsi qu'une note excellente en anglais et je suis devenu aspirant-interprète. Affecté au deuxième bureau de l'Armée de l'Air en occupation en Allemagne, j'ai passé un temps d'armée tout à fait confortable en étant le traducteur des documents envoyés par les Américains pour constituer le carnet de silhouettes de l'aviation soviétique. Donc, on était alimentés par des espions qui nous envoyaient des descriptifs. Une de mes grandes réussites a été le dessin du Mig 16 que j'ai réalisé avec un garçon nommé Adam. Il était caporal-chef dessinateur et il a fini comme silhouettiste chez Simca-Talbot. Des éléments de description nous étaient aussi fournis par des attachés militaires français qui assistaient à des meetings aériens soviétiques.

Moi je déchiffrais les descriptions américaines, on y ajoutait les descriptions françaises, on échangeait les documents avec les différents postes et on refondait le tout. Le carnet de silhouettes des avions russes édité en 1949, c'est principalement le travail de Jacques Médecin et d'Adam. Et je n'oublierai jamais un merveilleux personnage, l'adjudant-chef Stephanopoulos, d'origine grecque comme son nom l'indique. Il parlait un anglais parfait, ayant été un héros de la Bataille d'Angleterre, mais il avait un caractère de cochon. Un jour, je lui dis :

– Mon adjudant-chef, vous devriez être capitaine.

– Médecin !

– Vous devriez être capitaine. Ce qui vous manque, c'est la psychologie. Vous ne connaissez rien à la psychologie. Faites-moi plaisir, achetez un bouquin.

Et comme j'avais encore tout cela dans ma tête, frais émoulu de mes années Passeron, je lui ai indiqué deux ou trois titres.

Quelques années plus tard, il m'a envoyé une lettre absolument adorable dans laquelle il m'annonçait qu'il était passé capitaine, je crois, ou lieutenant plein pot. Il me remerciait : « C'est à vous que je le dois car, en m'aidant à comprendre ce qu'était la psychologie, en me faisant faire l'effort de réfléchir sur moi-même, vous m'avez incité à évoluer. »

J'avais aussi des lieutenants d'origine martiniquaise qui m'ont inculqué la religion du punch : tous les soirs, à heure fixe, il fallait consommer le punch, que nous partagions d'ailleurs avec le colonel.

J'ai terminé mon temps d'armée comme contrôleur sur un autobus car il y avait des grèves insurrectionnelles en 1949. Ma classe a d'ailleurs dû faire deux mois d'armée supplémentaires. Quand j'ai été libéré et que je suis passé au bureau de la compagnie pour récupérer mes documents militaires, le capitaine m'a dit :

– Médecin ! Mais vous résidez à l'étranger... Je vois que vous habitez à Copenhague et que vous êtes décorateur dans un grand magasin ?

– Oui.

– Vous avez un métier ?

– Oui.

– Alors vous n'auriez dû faire qu'un mois d'armée !

Je lui ai répondu que c'était trop tard, que je venais d'en faire quatorze et que je ne regrettais rien.

***

Après toutes ces interruptions, je suis retourné en fac de droit à Paris, parce que j'avais entre-temps fait la connaissance d'une Américaine ravissante qui menait des études de décoratrice. Cette adorable créature s'appelait Francine. Elle était la fille d'un officier de la guerre de 14-18, lequel avait épousé une Nancéenne pendant son séjour en France. J'en étais très amoureux et je voulais l'épouser. Je voulais déjà épouser une Américaine. Mais elle avait deux ans de plus que moi et je me suis dit qu'il ne fallait pas que j'épouse une fille qui se défraîchirait avant moi. Devant mon hésitation, elle est retournée dans son pays et j'en ai eu un grand chagrin... qui a duré quand même trois ou quatre mois.

Quand elle est partie, j'étais en troisième année de droit. Et soudain j'en ai eu assez : j'avais envie de gagner quelques sous.

CHAPITRE II

DU JOURNALISME A LA POLITIQUE

– J'ai d'abord été, en 1952, attaché parlementaire au cabinet d'Émile Hugues qui était député des Alpes-Maritimes mais qui avait été ministre de l'Économie ou du Budget du temps de René Mayer. J'y suis resté un an puis je suis entré au cabinet du ministre de la Justice Martineau Desplats. Le difficile, c'est de mettre le pied dans cette espèce de marmite, mais à partir du moment où on y est, si on a la sagesse de bien se conduire et de faire preuve de conformisme (les gens des cabinets ministériels ne sont ni de droite, ni de gauche, ni pour ni contre mais d'abord et toujours de l'avis du patron et des patrons successifs), on reste dans le sérail de ces parasites de la République qui croissent et multiplient.

– Comment êtes-vous devenu attaché de cabinet ? Grâce à votre père ?

– Je suis devenu attaché de cabinet parce que Émile Hugues, un homme de très grande finesse, m'aimait beaucoup. Il m'avait jugé au niveau du militantisme. Il avait vu que lors des campagnes électorales de mon père, j'étais le type qui à la fois collait des affiches, ramassait des coups, en donnait (à l'époque, il n'était pas rare de sortir ensanglanté d'une réunion politique) et se montrait aussi capable de rédiger des tracts et de faire des articles de journaux.

J'avais été à la base de la création de *l'Action républicaine*, le journal de mon père et de son parti local, le Rassemblement Républicain. J'avais donc fait preuve d'engagement politique. C'est ce qui a séduit Émile Hugues, qui était un homme d'un grand courage intellectuel mais qui était plutôt mal servi par un physique ingrat et par une santé fragile, car il avait souffert de tuberculose dans sa jeunesse.

C'est d'ailleurs pour cela qu'il avait choisi d'ouvrir son étude de notariat à Vence, car l'air de Vence avait la réputation de soigner les maladies des poumons. Émile Hugues était le beau-frère de Capitant. Il a épousé en deuxièmes noces la veuve de monsieur Lafitte. Celle-ci avait deux fils, André et Pierre Lafitte, l'actuel sénateur des Alpes-Maritimes qui se dit fondateur de Sophia-Antipolis mais qui n'en est, et c'est déjà beau, que l'inspirateur. Le fondateur de Sophia, c'est Émile Hugues. Incontestablement Lafitte l'a inspiré, mais l'inspiration n'est pas l'action. L'homme qui a fait qu'on a pu mettre une pierre sur l'autre, c'est Émile Hugues. Pierre Lafitte est venu après, et je dois dire qu'il a mené son projet assez bien mais, comme ce n'est pas un homme d'affaires, si le conseil général n'était pas venu lui tenir la tête hors de l'eau en 1976 ou 78, Lafitte aurait tout simplement été mis en faillite.

– Revenons à votre père. Après ses déboires à la Libération, il connaît de nouveau une ascension aussi fulgurante que triomphale. Il commence par affronter et battre le maire de Nice, Jacques Cotta.

– Ah! Jacques Cotta! Avant la guerre, je vous l'ai dit, on a prétendu qu'il faisait parti du fascio et allait à la Banque du commerce italien recevoir les aides sonnantes et trébuchantes de l'Italie, à un guichet réservé à cet usage et dont le titulaire devait disposer de la confiance des autorités fascistes. C'est l'époque où travaillait dans cette banque le père de Max Gallo qui est parti de Nice à la Libération et n'y a plus remis les pieds jusqu'à ce que son fils devienne ministre.

A la Libération, Jacques Cotta s'est retrouvé résistant. Je ne sais pas ce qu'il a fait ou n'a pas fait pour le devenir. Jacques Cotta était marié avec une avocate de grand talent, Maître Hélène Scoffier, qui n'était autre que la cousine germaine de ma mère.

Hélène Scoffier était une femme extraordinaire, très brillante. C'est elle qui a fait préparer ses examens à Cotta. C'est grâce à elle, en quelque sorte, qu'il est devenu avocat. Moyennant quoi, elle a été bafouée par lui d'une façon scandaleuse.

De sa deuxième femme, Jacques Cotta a eu, je crois, deux enfants, dont un certain Jacques Cotta – même prénom que son père – qui est arrivé à la télévision française à la faveur de l'ascension socialiste, et qui s'est voué à ma perte. Il a été l'un des instruments de la machine de démolition télévisuelle contre Jacques Médecin. Il a été servile et rancunier. Quoi qu'il en soit, son père, Jacques Cotta, n'a été maire de Nice que quelque temps, car l'élection avait été une élection provisoire. Il s'agissait d'élire un maire pendant dix-huit mois afin de sortir de la situation des délégations spéciales instaurées à la Libération et de donner un semblant de légalité aux municipalités. Mon père n'avait pas pu se présenter car il était encore en train de se faire épurer.

En dépit de cela, d'ailleurs, il y avait eu une manifestation en sa faveur puisque – bien qu'il ne fût pas candidat – on a compté quelque chose comme soixante-quinze mille bulletins portant son nom! Précisons qu'à l'époque seuls les hommes votaient, il n'y avait à Nice que cent mille inscrits!

La liste élue était une liste-amalgame sur laquelle on trouvait notamment madame Denise Badin, le chef de file des Chrétiens Démocrates, et le colonel Paul Bouvier (on l'appelait tous « mon Colonel ») qui était un ami personnel de mon père. Il avait été officier au 173ᵉ régiment d'infanterie puis envoyé, en 1915, en Syrie pour mater la rébellion des Druzes. Il avait fait, par la suite, toute sa carrière militaire en Syrie. Pendant la guerre, il a participé à la résistance de l'armée.

Comment Cotta s'est-il trouvé embringué dans cette liste de résistants ? On ne le saura peut-être jamais. Mais enfin, il était là au titre du parti socialiste de l'époque, la S.F.I.O. Le colonel Bouvier était arrivé en tête et Cotta bon dernier, mais le colonel Bouvier, qui fut plus tard mon premier adjoint pendant cinq ans et qui était un homme d'honneur, un militaire de grande tradition, n'a pas très bien réussi son opération : bien qu'arrivé en tête, il n'a pas été maire de Nice ; et Cotta, arrivé dernier, a été un peu choisi comme le catalyseur de tous les mécontentements.

Devenu maire de Nice, Cotta a été immédiatement entouré par un groupe de courtisans dans lesquels on trouvait Pierre Joselet, l'un de mes persécuteurs qui voulait à tout prix « faire la lumière » sur mon compte. Hélas, et ça ne s'invente pas, il est mort électrocuté.

Cette liste est donc restée en fonction de juin 45 à novembre 47. Entre-temps, en 1946, ont eu lieu des élections cantonales. Mon père, qui avait retrouvé ses droits, a été triomphalement élu, écrasant Jacques Cotta qui s'était présenté contre lui. Et en 1947, lors des élections municipales, il a enlevé la mairie à la hussarde.

– Député en 46, maire en 47, président du conseil général en 50, il est même candidat de la droite modérée aux élections présidentielles en 1953...

– Il n'est pas exactement candidat. En 1953, au douzième tour de l'élection, c'est-à-dire le dernier avant l'élection définitive, les parlementaires sont toujours à la recherche d'un candidat. Mon père avait la réputation d'être un homme de conciliation jouissant d'une grande considération auprès de ses collègues du parlement. En plus, comme je l'ai déjà dit, il avait cette allure très « prince florentin »... Bref, au moment où toutes les combinaisons étaient épuisées, celles qui étaient échafaudées par la maçonnerie, par les coteries, par les juifs, on s'est dit : « Pourquoi pas Médecin qui finalement est tolérant aux maçons, est un ami des juifs, etc. »

Cette réputation, je l'ai eue moi aussi, d'ailleurs, et je la conserve. Les francs-maçons me disent toujours : « Vous êtes un maçon sans tablier. » Pourtant, que de luttes se sont livrées dans la maçonnerie autour de ma personne, avant et après mon départ ! Je suis tenté de penser que la maçonnerie est devenu un club où les types grenouillent dans l'espoir de se faire des relations. C'est assez navrant pour ceux qui y croient encore. J'ai un bon ami qui est un philosophe maçon. Je me demande à quoi il sert maintenant ; il doit s'arracher les cheveux qui lui restent...

Pour en revenir à mon père, il apparaît comme l'homme qui peut concilier tout le monde. On va donc le solliciter. Il se présente et il lui manque dix voix pour être élu. Ses amis avaient mal calculé leur coup car, au tour suivant, on est allé chercher René Coty qui avait le même profil, les mêmes caractéristiques que Jean Médecin. Et, de guerre lasse, on a élu René Coty au treizième tour de scrutin.

Pourtant, je pense que mon père aurait fait un excellent président de la République. Mais je me réjouis qu'il ne l'ait pas été à l'époque, car il aurait disparu de la scène de façon humiliante, tout comme René Coty...

Je reconnais toutefois à de Gaulle d'avoir restauré une certaine image de la France dans le monde. Ayant vécu dans le milieu des cabinets ministériels de la IVe République et ayant vu tomber les uns après les autres les gouvernements de cette époque, j'étais l'un des éditorialistes du journal de mon père qui prenaient fait et cause pour une nouvelle constitution susceptible d'apporter plus de stabilité aux institutions et au gouvernement de la France. En outre, de tempérament très international car parlant une demi-douzaine de langues – ce qui fait de moi un homme capable de communiquer à peu près sur l'ensemble de la planète – je m'étais aperçu avant bien d'autres qu'à l'étranger mon pays était décrié, méprisé, et j'en souffrais beaucoup.

Encore une fois, si de Gaulle n'a eu qu'un mérite, c'est celui d'avoir restauré une certaine image de la France, respectable et respectée.

Respectée au-dessus de ses mérites aujourd'hui, puisqu'il est admis comme axiome que la France est une démocratie alors que les socialistes sont en train de démontrer qu'elle ne l'est pas.

A mon avis, c'est une « fonctionnarocratie », que l'on pourrait d'ailleurs écrire « crassie » car la crasse y est bien épaisse. C'est donc une fonctionnarocrassie et l'aventure de Jacques Médecin démontre qu'on est revenu au temps de la lettre de cachet, ce qui n'est pas, je crois, l'exemple même de la démocratie.

– Votre père a été déçu de ne pas être élu président de la République ?

– Non, pas du tout !

– Et vous-même, sur l'instant ?

– Moi encore moins. Parce que si mon père avait été élu président de la République, il aurait dû partir pour Paris. Or, à cette époque-là, je venais de me marier et il m'a été bien agréable de passer les premières années de ma vie d'homme marié auprès de mes parents. Ma fille aînée est née en 1954. J'ai procuré à mon père la joie d'être grand-père à l'âge de soixante-quatre ans. S'il avait été absorbé par des fonctions présidentielles, sa petite-fille n'aurait pas beaucoup profité de lui.

– Mais il a quand même été ministre ?

– Il a été ministre chargé des relations avec le parlement, c'est exact. Cela a été un peu, d'ailleurs, une sorte de reconnaissance tardive de la part d'Edgar Faure, qui était un être assez bizarre. Mon père l'aimait bien, mais moi j'ai toujours eu du mal à l'apprécier parce qu'il représentait pour moi l'homme de tous les compromis.

En réalité, ce qui intéressait mon père, c'était le tourisme. Il avait été nommé président du conseil supérieur du tourisme, une sorte d'organisme qui avait comme avantage de mettre en relation les directeurs des cabinets ministériels, les spécialistes des problèmes qui touchaient au tourisme et les professionnels. Ce conseil supérieur du tourisme a été présidé par mon père pendant dix ou douze ans. Mon père trouvait dans cette fonction beaucoup plus de satisfactions que dans n'importe quelle autre fonction ministérielle. En France le tourisme a toujours été considéré comme une activité secondaire alors que c'est la première industrie exportatrice.

En Espagne, le ministre du Tourisme est un grand personnage, en Allemagne aussi. Ce sont de grands personnages parce qu'on les considère comme des gens importants pour l'exportation. L'exportation, pour ces pays-là, ça compte! Pas pour la France. Dans les supermarchés uruguayens, la moutarde et le camembert viennent de... Bavière. C'est à hurler de chagrin...

– Votre père a toujours été antigaulliste?

– Dès le début. Il est antigaulliste depuis la guerre. Il ne croit pas à de Gaulle, il voit en lui un homme d'aventures qui, c'est indiscutable, enregistre des réussites. Il est bien forcé de constater que de Gaulle arrive à grouper autour de lui les Français libres, les résistants, qu'il arrive à galvaniser les énergies, que le gaullisme à un moment – parce que c'est le mot pratique – finit par se confondre avec le patriotisme et la résistance, mais il ne croit pas en l'homme, il se méfie de l'homme.

– Et pourtant, il a voté l'investiture de De Gaulle en 58! Pourquoi?

– Parce qu'il fallait mettre un terme à la tragédie algérienne. N'oublions pas que les pieds-noirs, ceux-là même que de Gaulle a fait cocus par la suite, souhaitaient le Général. Mon père a toujours été pour l'Algérie française. Il s'est dit : « Bon, si c'est ce que veulent les pieds-noirs et si vraiment nous pouvons sauver l'Algérie française avec de Gaulle, eh bien il faut faire confiance à de Gaulle. »

Mais l'homme était loin de lui inspirer confiance et je peux témoigner que pour lui le dilemme a été cruel. Mon père m'a dit :

– Il faut faire voter de Gaulle, il faut faire voter cette constitution parce que, sans cela, nous allons retomber dans une instabilité encore pire que par le passé, maintenant que les événements d'Algérie tournent à la rébellion. Seul de Gaulle peut ramener l'ordre en Algérie. Il faut donc faire contre mauvaise fortune bon cœur. C'est de Gaulle qui a été acclamé sur le forum, ce n'est pas Paul, Pierre ou Jacques.

Et mon père a donc fait campagne pour de Gaulle. Il a voté son investiture et il a fait campagne pour la constitution de la Ve République qui, à beaucoup d'égards, est une constitution heureuse mais qui, à beaucoup d'égards également, est une constitution excessive taillée sur mesure pour de Gaulle. Cette constitution, aujourd'hui, montre combien elle peut être exploitée d'une façon dictatoriale par un chef d'État sans scrupules.

– Hormis cette histoire de décoration que vous avez déjà racontée, votre père et de Gaulle se sont-ils rencontrés ?

– Non. De Gaulle n'a jamais, à aucun moment, invité mon père à l'Élysée.

– Et durant la période du R.P.F., votre père n'a pas été sollicité ?

– Dans les années 53-54, mon père avait été obligé de réaliser un compromis à Nice parce qu'on vivait sous la loi de la proportionnelle intégrale. Sur les trente-sept membres du conseil municipal il y avait dix-sept médecinistes, douze gaullistes et huit communistes, ce qui fait que gaullistes et communistes avaient ensemble vingt voix mais qu'ils n'étaient pas indépendamment l'un de l'autre majoritaires par rapport à Médecin. Les gaullistes votaient souvent contre Médecin. Si, un jour, gaullistes et communistes avaient associé leurs voix, eh bien mon père aurait sauté. Voilà comment mon père, sept ans après la Libération et grâce à la loi proportionnelle que de Gaulle avait introduite, a été obligé de diriger pendant six années la ville de Nice. En faisant de l'équilibrisme.

Le R.P.F., par exemple, était représenté à Nice par des gens à qui mon père avait proposé un accord. Les R.P.F. avaient accepté des sièges d'adjoints. Le premier adjoint, R.P.F. lui-même, était le sénateur Léon Teisseire, un brave homme, passablement nul, mais qui s'abstenait quand les communistes votaient contre et qui votait contre quand les communistes s'abstenaient. Cette loi proportionnelle qui se voulait démocratique a produit, en réalité, une comédie honteuse, une espèce de chantage parfaitement anti-démocratique.

Vers 59, de Gaulle, ayant enfin viré sa cuti, a compris que la loi majoritaire était la seule loi possible en démocratie.

– *En 65, votre père a soutenu Mitterrand contre de Gaulle.*

– En 65, mon père détestait radicalement de Gaulle pour plusieurs raisons. D'abord parce qu'il était pour l'Algérie française et qu'il avait été horriblement déçu du reniement de la parole donnée. En outre, l'arrivée des pieds-noirs sur le territoire niçois avait posé des problèmes considérables à l'administration municipale, sans que le gouvernement ne lève le petit doigt pour essayer de venir en aide aux municipalités qui, comme celles de Toulouse, de Nice, de Béziers, de Narbonne, de Perpignan, avaient accueilli des quantités massives de pieds-noirs sans être préparées à le faire. Nous n'avons reçu aucune aide! Mon père a souffert du traitement inhumain qui leur a été réservé. Il y avait la théorie de Gaston Defferre qui consistait à dire que c'étaient des touristes qu'il fallait rejeter à la mer. Il y avait la théorie des hommes du gouvernement de De Gaulle, laquelle consistait à s'en foutre.

Mon père avait donc vu grandir son ressentiment à l'égard de De Gaulle et il ne l'avait pas caché parce qu'il était un homme courageux. Et ce franc-parler lui valut, en mars 1967, la présentation contre lui d'une liste conduite par le général Delfino, Niçois, enfant de communiste et communiste lui-même, qui était parti rejoindre de Gaulle pendant la guerre. Aviateur, Delfino avait commandé l'escadrille Normandie-Niémen. Parti aventurier, il était revenu héros. Mais ce grand bonhomme, ce grand type courageux était fait pour faire de la politique comme moi pour faire un chef d'escadrille. Il a voulu casser les vitres et s'est présenté contre mon père en disant que Médecin était gâteux alors que mon père avait un mois de moins que de Gaulle. Il a d'ailleurs mené une campagne totalement à l'opposé de ses sentiments. Quelques mois plus tôt, en effet, il avait été reçu par mon père à la Villa Masséna, à Nice; mon père avait fait son éloge et, dans sa réponse, Delfino s'était montré tout à fait courtois. Mais on lui promit bientôt une étoile de plus s'il venait affronter mon père, alors...

Les pieds-noirs se sont mobilisés à 99 % pour foutre à la porte les gaullistes, sous quelque forme que ce soit, communistes compris. Et mon père a remporté le plus grand triomphe de sa vie : si je ne m'abuse, il a été élu au premier tour avec 63 % des voix.

Tous les gaullistes ont été mis en minorité, Robaut, Fernand Icart, Pasquini, Catroux. Ils n'ont pas démissionné pour autant, car le sens de l'honneur avait quitté le gaullisme depuis longtemps, et ils sont restés en place.

Mon père a tiré la leçon de toutes ces histoires et il a soutenu Mitterrand non pas pour Mitterrand – dont il se méfiait parce qu'il savait que c'était un homme prêt à renier tout ce qu'il avait été pour arriver à devenir président de la République – mais contre de Gaulle.

Mon père est mort le 18 décembre 1965. L'élection du président de la République avait lieu le lendemain 19. Le 17 décembre, mon père m'a demandé de faire pour lui un vote par correspondance. C'était la date ultime, il a voté par correspondance le 17 décembre et le 19 décembre son vote a donc compté pour Mitterrand. De Gaulle a été mis en ballottage et, plus tard, lorsque j'ai été élu maire de Nice, un autre général, le général Binoche, a fait un recours devant le Conseil d'État pour demander que soit retranchée une voix à Mitterrand lors du premier tour de l'élection de 1965 parce que j'avais révélé, par voie de presse, que j'avais voté pour mon père. Lequel était parfaitement conscient le 17 décembre mais décédé le 19 décembre, date à laquelle on a enregistré le vote.

C'est vous dire l'élégance de ces gens!

Si Mitterrand avait été élu d'une voix, j'aurais compris qu'on puisse faire cette requête, mais Mitterrand avait été battu. Alors pourquoi Binoche a-t-il fait cette démarche? Parce que je venais d'être élu maire de Nice et que, quelques jours auparavant, j'avais foutu à la porte de la Villa Masséna le général Gardet, président du tribunal qui avait condamné à mort Bastien-Thiry. J'estimais qu'un général de l'armée française s'était déshonoré en faisant condamner à mort un officier de la qualité de Bastien-Thiry qui a été un grand savant en même temps qu'un grand militaire. Cela n'a pas plu, et l'on m'a cherché des poux... dans la tête de mon père!

– Votre père se méfiait de Mitterrand, mais il lui a quand même écrit une lettre qui commençait par ces mots « Mon Cher Ami, vos positions étant les miennes et vos engagements précis, mon suffrage et celui de mes amis vous sont acquis »!

– Oui, c'est exact. Ils se retrouvaient dans l'antigaullisme, du moins à l'époque en ce qui concerne Mitterrand.

– Que pensez-vous de votre père avec le recul? C'était un « grand » maire ou un « bon » maire?

– Je crois que ça a été un « grand » maire pour son époque. Quand on juge les gens, on les juge toujours après, c'est-à-dire dans un autre temps. Mon père a été maire à une époque où l'informatique n'existait pas, où les communications aériennes étaient rarissimes, où faire un voyage était un événement qu'on annonçait dans la presse : monsieur Médecin va se rendre au congrès des maires qui a lieu à Zurich! Et pour aller à Zurich on prenait le train, et quand on revenait on faisait une conférence, etc.

Il a donc administré la ville de Nice avec les paramètres de son temps. Et quand je suis arrivé à la mairie, j'ai trouvé une ville dont les infrastructures étaient irréprochables. Mon père n'a évidemment jamais eu à sa disposition les moyens de communication qui ont été ceux dont j'ai disposé. Il n'a jamais eu pour forger ses projets les termes de comparaison qui ont été les miens. Moi, j'ai pu comparer d'un coup Nice avec New York, avec Chicago ou avec Kyoto. J'ai pu d'un coup voir ce qui se faisait en matière de zone piétonne à Amsterdam ou à Vienne. J'ai pu m'inspirer pour la réalisation de mon palais des congrès de ce que j'avais vu dans d'autres villes. J'ai pu, moi, donner à la ville un élan qui a fait qu'on m'a appelé un « grand » maire; mais je crois que c'est mon père qui m'a permis de le faire parce que, quand je suis arrivé à la mairie de Nice, beaucoup de choses indispensables à la vie d'une cité avaient déjà été réalisées.

Par exemple, Nice a été la première grande ville au monde à utiliser l'ozone pour purifier l'eau de la consommation courante. C'est aujourd'hui un procédé de plus en plus préconisé. Un peu tard... Il est évident que s'il avait été plus largement diffusé, les enfants du Pérou ne seraient pas en train de mourir du choléra. L'ozonation peut se faire partout, y compris dans les pays à petits revenus. Et Nice en a été dotée dès la fin du siècle dernier, en 1893. L'ozonation de l'eau a du reste été inventée par un savant niçois, Léon-Paul Otto.

Mon père avait construit une usine très performante dans ce domaine. Moi, j'en ai construit deux autres parce que la consommation a augmenté, parce que les prêts consentis aux communes sont plus importants, parce que les moyens sont différents.

Mon père avait aussi fait de l'opéra de Nice une des premières scènes nationales. Les gaullistes ont coupé la subvention de l'opéra parce que je n'étais pas de leur bord, en invoquant le prétexte que nous n'avions pas de production suffisante. Alors que nous avions reçu un prix de la critique cette année-là !

Mon père avait été le premier maire de France à doter sa ville d'un réseau séparatif d'égouts. A Paris, quand on passe dans la rue près d'une bouche d'écoulement des eaux, on sent des remugles de merde parce qu'il n'y a qu'un réseau. A Nice, il y en a deux : un réseau d'égouts pour les eaux usées des maisons – qui est un réseau étanche donc inodore – et un réseau pour les eaux pluviales qui, lui, emporte l'eau au niveau de la rue.

Mon père avait construit une usine de dilacération et de prétraitement à Ferber qui, dans les années 30, était l'une des meilleures de France. J'en ai refait une autre que j'ai inaugurée en 1986 et qui est aussi la plus performante de France. On n'en parle jamais parce qu'on ne parle que de mes défauts, jamais de ce que j'ai réalisé.

En 1930, mon père avait fait construire également une usine d'incinération des ordures. J'en ai construit une nouvelle en 1977. Il s'agit d'une usine tout à fait spectaculaire puisqu'elle fabrique de l'énergie tout en brûlant les ordures ménagères. C'est une usine qui a été beaucoup copiée ailleurs. Je l'ai conçue pour une population d'un million d'habitants, mais je sais que si j'ai trouvé des facilités d'emprunts très larges, c'est parce que la ville de Nice, grâce à mon père, avait sur le plan financier une bonne réputation.

Restait à changer l'image de marque de Nice, « hospice pour vieux », ville assoupie, cité alanguie. Assoupie et alanguie pour les poètes, léthargique pour les critiques. Je me suis donc attaché à démontrer, non pas par la propagande mais par les actes, que la ville de Nice était une ville jeune et vivante.

J'ai tout fait pour développer l'université qui a été réalisée grâce à la volonté de mon père (puisque l'université a été créée en décembre 65, au moment même où il mourait). J'y ai apporté des crédits considérables, des aides importantes. J'ai pensé que c'était la garantie de l'implantation sur le territoire de la commune de Nice de plus de dix mille étudiants, et j'ai joué juste parce que ces dix mille étudiants sont non seulement une certitude de vivacité pour l'avenir de la ville mais aussi, immédiatement, le rajeunissement de toute une série de services, le développement des cinémas, de la restauration, etc. Et comme les étudiants ne constituent pas une clientèle de luxe, leur présence a contribué à l'abaissement des prix, donc du coût de la vie, dans la ville de Nice.

– A propos d'étudiants, quels étaient vos camarades de faculté ?

– J'en ai eu beaucoup mais celui qui a été mon meilleur ami et qui le restera, bien que je ne le voie presque plus, c'est Jean-Marie Rossi, un garçon tout à fait exceptionnel. Jean-Marie Rossi est devenu un très grand antiquaire. Il est le fils d'un immigré italien. Monsieur Rossi père était un de ces Italiens qui sont venus en France non pas pour la coloniser mais pour s'y assimiler. Il avait épousé une Française que Jean-Marie appelait affectueusement « Madame Pelou », si bien que nous l'appelions « Madame Pelou » au lieu de « Madame Rossi ».

Jean-Marie était donc mon meilleur ami. Grande culture, grande intelligence, une ouverture d'esprit extraordinaire. Certains le jugeaient même un peu fou tellement il était étincelant. Moi, je dirais plutôt qu'il avait une lumière intense. Il a eu un parcours absolument prodigieux. Il a fini par épouser la veuve du duc d'Anjou et de Cadix, dont le mariage a été annulé. Il a eu d'elle une petite fille, et la mort accidentelle d'Alphonse de Bourbon, l'aîné des Capétiens, a fait de lui le beau-père de Louis XX, l'héritier du trône de France. Enfin, celui qui devrait régner si la monarchie était rétablie en France... Il n'est pas dit qu'un jour les Français ne redécrouvrent pas les mérites de ce régime. Moi, je suis pour les dynasties.

Avec Jean-Marie, nous avons partagé beaucoup de choses : le goût du sport, de l'aventure, des femmes, des jeux de l'esprit.

Mon autre ami, tout le monde le connaît maintenant, c'était Jean-Luc Lagardère. A l'époque un garçon très réservé, mais on sentait quand même poindre chez lui une ambition intelligente, mesurée. On sentait qu'il ne ferait jamais rien trop vite mais qu'il saurait faire à temps ce qui est important pour devenir quelqu'un. Et il est devenu quelqu'un. Et même quelqu'un de bien.

Il y avait aussi Gérard Beytout, un adorable garçon, fils des Laboratoires Beytout et neveu de madame Beytout qui était la patronne des *Échos*. Lui s'est lancé dans la production cinématographique et on peut dire qu'il a fait la carrière de Louis de Funès. Encore tout jeune homme et à peine sorti de l'université, Gérard Beytout a produit un film qui n'a eu aucun succès et qui s'appelait *les Carnets du Conseiller Marimon*. A un moment du film, la vedette revient sur ce qui fut sa demeure, guidée précisément par la lecture des *Carnets du conseiller Marimon*, et le jardinier venant lui ouvrir la porte est une espèce de bègue hilarant qui n'est autre que Louis de Funès. Son rôle était court mais Beytout avait su deviner en lui un comique extraordinaire. Il lui a fait signer contrat sur contrat, engagement sur engagement, et c'est lui qui a produit tous les *Gendarmes de Saint-Tropez*.

J'avais aussi comme amis Pierre Mazeaud, et Paul Lombard, qui était timide à l'époque et faisait un peu le complexe du provincial, du « Marseillais ».

Enfin, il y avait Philippe Leroy-Beaulieu, fils et neveu de juristes et qui a fait une carrière cinématographique rapide. C'était un garçon bien sympathique, bien gentil, idéaliste aussi, épris d'une fille absolument ravissante, d'une beauté extraordinaire, que nous lui enviions tous.

– Revenons à votre parcours. Après vos passages dans les ministères, vous entrez en journalisme. Comment cela s'est-il enclenché ?

– Cela s'est fait à l'Assemblée nationale. Un soir, j'étais avec mon père dans la salle du serment du Jeu de Paume lorsque Édouard Corniglion-Molinier, le général d'aviation niçois ami de mon père et qui avait fait sa première communion avec maman, arrive et lui dit :

– Ah! tiens! Marcel Dassault a acheté *Paris-Presse* aujourd'hui.

Je demande aussitôt à Corniglion-Molinier :

– Oh, Édouard, cela me ferait un plaisir immense d'être journaliste, tout au moins de voir si je suis capable de faire quelque chose dans le journalisme.

– Est-ce que tu aimes écrire? me demande-t-il.

– Oui, Jacques écrit même très bien, répond mon père. Quand il était au Danemark, il m'a fait des relations sur la vie danoise qui mériteraient presque une édition dans le Guide Bleu. Vraiment, il m'a donné envie d'aller visiter ce pays!

Il y avait là-dedans, bien sûr, beaucoup d'indulgence paternelle. Mais il est vrai que j'avais le goût de l'écriture. Corniglion-Molinier me dit :

– Bon, je suis tout à fait d'accord pour te faire rencontrer Max Corre.

Et j'ai rencontré Max Corre qui m'a pris un peu « avec des pincettes », comme le journaliste qui embauche la maîtresse du rédacteur en chef. Il m'a regardé de travers et m'a lancé :

– Qu'est-ce que tu veux faire?

– Moi? Ce que vous me donnerez à faire, ai-je répondu.

Ça, ça lui a plu et on m'a fait faire de tout. On m'a mis au service politique, au service de la politique extérieure, au service des faits divers. Mon premier fait divers, je m'en souviendrai toujours. C'était un gosse qui, dans l'île Saint-Louis, avait tué son père et sa mère à coups de hache. Effroyable spectacle. Il avait été condamné à mort, sa peine commuée en détention perpétuelle, et il est mort fou en cellule à Sainte-Anne une dizaine d'années plus tard. C'était en 1952.

J'ai la carte de presse 13818. J'ai été envoyé en reportage un peu partout. J'ai été envoyé à Saigon, peu de temps avant la débâcle française. Puis, après, j'ai couvert le retour de Russie de Maurice Thorez et la grande catastrophe minière du Nord de la France.

Comme j'avais dit à Max Corre que j'étais prêt à prendre toutes les rubriques, j'ai fini tout à fait par hasard rubriquard automobile au moment précis où je changeais de voiture, ce qui m'a permis d'acheter une Aronde grand large, qui n'avait pas de montant entre l'avant et l'arrière, à un prix défiant toute concurrence. C'est avec cette voiture que nous sommes allés, Jean Lartéguy et moi, faire un reportage « réparations » dans les garages parisiens.

En présence d'un huissier, on se fabriquait une panne en dévissant le capot de la pompe à essence et puis on arrivait devant le garage en poussant la voiture, suant sang et eau, et on demandait la réparation. Bien sûr, tous les garages découvraient la cause de la panne et la réparaient, mais il y en avait qui nous demandaient en paiement un paquet de cigarettes, et d'autres qui nous réclamaient jusqu'à deux cents francs, ce qui était une somme considérable.

Quand on a publié ce reportage dans *Paris-Presse*, on a eu des menaces de la part des réparateurs automobiles. Alors on a dit : « Si vous nous embêtez, on va publier des factures avec les noms des garages et constats d'huissiers. »

C'était l'époque où les journaux n'avaient pas peur de perdre des annonceurs. A la suite de ce reportage, *Paris-Presse* a mis un certain temps à retrouver la publicité des garages, mais quand, plus tard, ces derniers ont compris que l'honnêteté de ce journal constituait pour eux une sorte de caution vis-à-vis des automobilistes, ils ont recherché au contraire la publicité de *Paris-Presse* en se disant :

« Nous sommes des imbéciles de les bouder ; car si nous faisons de la publicité dans leurs colonnes, ça prouve que nous, nous n'avons rien à nous reprocher. »

Et *Paris-Presse*, pour finir, a vu doubler le nombre de ces annonceurs !

C'est à peu près vers cette époque que je me suis marié. En décembre 53.

– Vous avez fini par céder à une femme ?

– Oui, c'est exact. J'ai cédé. J'avais connu beaucoup de femmes pendant mes années de journalisme parisien et puis, un jour, j'ai fait la connaissance d'un mannequin de chez Givenchy. Elle avait l'élégance, le charme et la beauté indispensables à l'exercice de ce métier, mais elle était aussi d'origine champenoise, paysanne, et elle avait gardé une fraîcheur, une naïveté, une gentillesse et une tendresse qui étaient en opposition totale avec son aspect de reine de beauté. En contradiction totale, en plus, avec l'image que l'on se fait des mannequins.

Je dois dire que pour avoir fréquenté pendant deux ans, avant de me marier, les cabines de Givenchy, j'ai pu constater que ces femmes sublimes qu'on imagine comme des êtres inaccessibles, des vedettes et des stars, des étoiles lointaines, sont en fait des femmes comme toutes les autres, avec leurs maris, leurs problèmes, leurs au revoir sur les quais de gare, les pleurnichements, les petits souvenirs qu'on achète, etc.

J'ai donc été séduit par le charme de l'une d'elles, et j'ai épousé ma première femme. Elle n'avait pas de fortune. Je l'ai épousée parce que nous nous aimions, point final. J'ai toujours fait cela avec mes femmes. J'en ai épousé une plus riche par la suite, mais ce n'est pas la fortune qui a joué un rôle dans notre union.

Revenons à mon premier mariage... J'ai pensé que si je voulais avoir un enfant, la vie serait plus facile pour moi à Nice auprès de mes parents qu'à Paris. Bien entendu, j'avais calculé qu'avec mes parents je pouvais avoir un logement dans un des immeubles de ma mère. J'ai donc cherché à faire mon trou à Nice et j'ai fait la connaissance de Michel Bavastro, lequel devait jouer un rôle considérable dans mon existence.

Michel Bavastro, président-directeur général de *Nice-Matin*, m'a tendu une main secourable en acceptant de me prendre chez lui, mais il n'a jamais réussi à me considérer comme un véritable journaliste. Et pourtant, je l'avais été à Paris! Seulement, à Paris, mon père n'était qu'un député parmi trois cent cinquante ou quatre cents. Mais à Nice, j'étais le fils de Jean Médecin. J'ai eu un mal fou à imposer à mes collègues, mes propres confrères, l'idée que j'étais un journaliste comme eux, jusqu'au jour où je suis devenu correspondant. A l'époque, quand on était correspondant, il fallait se battre. Il y avait une véritable bagarre au couteau pour l'information. Maintenant, on a l'impression que toute l'information arrive moulue par les agences de presse et que les journalistes ne sont plus que des rewriters de dépêches. A l'époque, il fallait trouver son info, l'exploiter et essayer d'être le premier en grillant les autres, et là, à ce jeu, j'ai commencé à mettre en ligne mes talents personnels, lesquels ne sont peut-être pas immenses mais font que j'ai, je vous le disais, un tempérament de gagneur.

Je me suis battu pour gagner. Et je suis devenu correspondant de *l'Aurore*, de United Press, d'Europe, de journaux étrangers comme le *Berliner Zeitung*, le *Star* de Londres, *Newsweek*...

C'est d'ailleurs pour cela que j'ai eu le scoop mondial de la rupture du barrage de Malpasset pour United Press. Petites causes, grands effets. Toutes les fois que j'allais faire un reportage du côté de Saint-Tropez, comme il n'y avait pas de ligne souterraine à grande distance, c'est-à-dire de câbles de transmission d'informations à Saint-Tropez, je ne pouvais transmettre que sur le chemin du retour à Saint-Raphaël. Et là, je m'étais fait des copains parmi deux ou trois employés des télécoms. Chaque fois que je venais les voir, je leur offrais un petit bobineau sur le compte d'Europe. Ces garçons, qui bricolaient leurs magnétophones, étaient évidemment tout heureux que je leur offre des bandes. Un soir, l'un deux m'appelle et me dit :

– Le barrage de Malpasset s'est rompu ; il y a au moins une trentaine de morts. Je ne peux pas vous en dire plus pour l'instant mais je vous rappellerai.

J'étais au fond de mon lit avec une grippe épouvantable, contractée dans les inondations qui se produisaient depuis deux ou trois jours dans la région. Immédiatement j'appelle Paris. Impossible d'avoir la liaison. Les câbles avaient été arrachés à la hauteur de Fréjus. Je téléphone aux télécoms de Nice où je comptais aussi des amis (pour les mêmes raisons) et je leur dis :

– Mettez-moi en relation immédiatement avec Paris par n'importe quel moyen.

– D'accord, me répondent-ils. Mais quand tu seras en relation avec Paris, ne lâche plus, ne coupe pas.

Je demande à ma femme de prévenir mon voisin de palier que je vais utiliser son téléphone. Il accepte, c'est un copain. Je me mets à communiquer... Les télécoms de Nice se mettent en rapport avec Turin, Turin avec Genève, Genève avec Mulhouse, Mulhouse avec Paris. J'arrive à passer sur le fil de United Press. Le barrage s'était effondré à 20 h 50 dans la nuit du 2 au 3 décembre. J'ai dû passer mon scoop vers 21 h 30, une demi-heure plus tard. J'ai gardé la ligne jusqu'à trois heures du matin puis j'ai sauté dans ma voiture et j'ai filé à Malpasset par une nuit sans lune, noire comme de l'encre. J'y suis resté onze jours.

– Entre-temps, vous aviez vécu les événements de Hongrie ?

– En 56 j'étais à *Nice-Matin*, et j'attendais le mois d'octobre pour prendre mes congés. Car en juillet, août et septembre, on était surchargés de travail avec les vacanciers et les événements mondains de la Côte. Je suis donc parti début octobre en Suisse avec ma fille et ma femme. Nous étions au-dessus de Vevey et, un soir, la radio annonce les événements de Hongrie. Je me dis : « C'est quand même fabuleux ce qui se passe là-bas. C'est incroyable. » Bien sûr, mon sang politique ne fait qu'un tour et je regarde sur une carte : la Hongrie, ce n'est pas la porte à côté mais ce n'est tout de même pas l'autre bout du monde.

Il ne pleuvait pas, les routes étaient bonnes. Je saute dans ma Versailles, je file sur Vienne, sur la frontière, et j'arrive à Budapest. Je savais que la plupart des Français étaient à l'hôtel Gelhert. J'y rencontre quelques amis dont Jean-Pierre Pédrazzani et je commence à passer mes informations.

Au bout de trois jours, les Russes arrivent. Ça changeait tout. Je me suis trouvé sur la place du parlement quand les chars russes ont surgi et ont tiré dans tous les sens. Jean-Pierre Pédrazzani a pris une balle dans le cou. Avec un autre journaliste, nous l'avons traîné à l'abri des murs du parlement. Mais il est mort quelque temps plus tard. A ce moment-là, j'ai compris qu'il ne fallait pas rester car cela ne servirait à rien. Les Russes se montraient d'une brutalité aveugle.

J'ai donc filé sur Vienne en voiture, mais en cours de route j'ai récupéré une famille entière. Comme j'étais seul dans ma Versailles, j'ai pu tous les empiler avec moi. Quand on est arrivés à la frontière, les gardes, les policiers avaient repris leur faction. Mais ils ne savaient pas encore très bien s'ils devaient nous tuer ou nous embrasser. Le père de famille qui était derrière s'est expliqué avec eux. Finalement, les gardes nous ont fait signe de passer à toute vitesse et on est rentrés en Autriche. Il y a des images qui restent : ma première vision en sortant de l'enfer collectiviste, communiste et hongrois réunis, a été un disque rouge de Coca-Cola. Et ce disque de Coca-Cola, dans le premier virage après la douane autrichienne, a été pour moi comme le symbole de la liberté, de la paix, de la tranquillité d'esprit, de l'abondance, de la démocratie. Ah ! Coca-Cola !

– Vous êtes resté journaliste de quelle date à quelle date ?

– De décembre 51, date à laquelle j'ai commencé mon stage à *Paris-Presse*, jusqu'à mon élection de maire de décembre 65.

– Nice-Matin, *c'est aujourd'hui un journal anti-médeciniste. Cela n'était pas le cas à l'époque?*

– Ah si. Quand j'étais à *Nice-Matin*, soit il tirait à boulets rouges sur mon père, soit il ignorait qu'il y avait un maire à Nice qui s'appelait Jean Médecin. C'en était ridicule et comique. D'ailleurs, j'ai souffert du même traitement par la suite.

– *Comment se fait-il alors que Michel Bavastro vous ait engagé?*

– Parce qu'à l'époque où il m'a engagé, il était en bons termes avec mon père. Les relations entre la famille Médecin et Michel Bavastro ont toujours été en dents de scie. Lorsque j'ai travaillé à *Nice-Matin*, mes confrères ont pu se rendre compte que je n'ai jamais demandé un traitement spécial et que j'étais un bon collègue. Je faisais partie de l'équipe de football et quand on quittait le journal à cinq heures du matin, le lundi, on allait à la pêche dans les rochers de l'Esterel. J'ai gardé de très bons amis parmi les ouvriers de *Nice-Matin*, peut-être plus que parmi les rédacteurs petits-bourgeois voulant jouer au peuple. Les gens du peuple qui, eux, souhaitaient jouer aux bourgeois étaient ravis de m'avoir comme copain. Et moi ravi de les avoir, eux, comme amis.

Car les gens du peuple, je les connais depuis ma petite enfance! Mon père a tenu à ce que la première école de ma vie soit l'école communale Saint-François-de-Paule, où j'ai fréquenté des fils de bouchers, d'épiciers, de fleuristes, d'employés du gaz. Je ne l'en remercierai jamais assez. Cela m'a permis de connaître les gens. Et aussi d'apprendre le niçois, que je parle en septième langue. En réalité, c'est peut-être ma première langue. Je suis très heureux de parler niçois parce que cela m'a rendu pas mal de services.

– *Vous avez aimé le métier de journaliste?*

– Je l'ai adoré et je l'adore toujours. Quand je rentre aujourd'hui dans une imprimerie de labeur (puisque maintenant les imprimeries de presse sont devenues des laboratoires électroniques) et que je sens l'odeur de l'encre et du papier, cela m'enivre un peu.

– *Votre père vous a-t-il vu embrasser la carrière de journaliste d'un bon œil?*

– Mon père n'était pas homme à contraindre les autres. Il a sûrement été déçu de voir que je ne voulais pas poursuivre mes études et devenir un grand avocat, mais il savait que je m'efforcerais d'être un bon et un grand journaliste. Et quand il a lu certains reportages, il a constaté que je faisais mon métier avec amour.

– *Était-il implicite, dès cette époque-là, que vous deviendriez maire de Nice à sa suite?*

– Ah non! Ce n'était pas implicite du tout. Je m'efforçais de seconder mon père dans sa vie publique parce que j'avais le virus de la politique et que cela me plaisait. Quant à lui succéder...

Mon père y pensait-il lui-même? En 54, date à laquelle je suis venu à Nice, il avait soixante-quatre ans; un âge, je le sais aujourd'hui, où l'on pense plus à ceux qui vous suivent qu'à ceux qui vous précèdent. Voir que j'étais à ses côtés, passionné par son métier et disposé à en apprendre les fondements, devait le rassurer un peu. Peut-être a-t-il rêvé secrètement de me voir poursuivre sa tâche, peut-être a-t-il fait discrètement ce qu'il fallait pour mettre en place les éléments de mon succès ; ce n'est pas impossible. Mais jamais, à aucun moment, il n'a évoqué de façon directe ma carrière politique.

Jusqu'au jour où, en 1961, il m'a déclaré qu'il était fatigué d'être conseiller général et qu'il avait l'intention de se retirer, mais que cela l'embêtait un peu de démissionner. Bref, il cherchait un moyen de s'en sortir... Je dirais qu'il a eu plus de chance que moi : si j'avais eu un fils, je l'aurais, bien entendu, propulsé à ma place, mais je n'avais pas de fils, je n'avais personne à propulser. Ma sœur a certes voulu faire de la politique mais elle s'y prend un peu tard. On ne débute pas en politique à cinquante-trois ans. Enfin, je ne veux en dire ni du bien ni du mal ; elle fait ce qu'elle croit bon de faire, je ne la dissuaderai pas.

En 1961, mon père s'est donc ouvert à moi de ses projets en espérant sans doute la réponse que je lui ai faite, à savoir :

– Si tu ne te présentes plus, alors moi je me présente.

– Est-il vrai qu'il a eu recours à une astuce graphique pour vous faciliter la victoire ?

– C'est absolument inexact ! La réalité est la suivante... Les campagnes électorales commencent toujours avant la date du dépôt des candidatures. Or le dépôt des candidatures avait lieu, disons le 1er février, et la campagne électorale, disons, commençait le 17 janvier. Pour éviter la profusion des candidatures (lorsque ma sœur s'est présentée à ma place au conseil général il y avait treize candidats, c'était grotesque), mon père a utilisé une affiche de sa propre campagne électorale précédente sur laquelle il y avait écrit « Votez J. Médecin ». Mais, le jour même où les candidatures ont été déposées à minuit, les premières affiches « Votez Jacques Médecin » sont apparues dans la rue. Toute la campagne électorale qui a suivi s'est, bien entendu, déroulée sous mon nom. D'ailleurs, le jour de la clôture des inscriptions, le jeudi soir à six heures, mon père a réuni tous ses partisans dans la salle du cinéma Édouard-VII. Il leur a dit :

– Voilà, je ne me présente plus pour telle ou telle raison (je suis fatigué, je ne me sens plus la force d'assumer tous mes mandats), Jacques m'a fait savoir que, etc. Vous le connaissez tous, vous avez milité avec lui, vous l'avez vu au combat avec vous, il a pris des coups avec vous, il a affiché à vos côtés, vous êtes ses amis. Je pense qu'il peut faire un excellent candidat et nous verrons par la suite s'il fait un bon conseiller général. En tout cas je vous le propose comme candidat à ma place, je vous demande de lui faire confiance et de le suivre comme vous m'avez suivi. Maintenant, je vous dis une chose : c'est la dernière fois que je prends la parole en sa faveur. Je ne suivrai aucune de ses réunions de campagne et je ne l'aiderai en aucune façon, c'est à lui de se débrouiller tout seul.

Puis il s'est retourné vers moi, il m'a embrassé, il a quitté la salle, me laissant seul face à ce public qu'il venait de chauffer avec un art consommé de l'homme qui connaît à fond son métier. Il m'a laissé, moi, à trente-trois ans, face à cette foule de partisans qui étaient déçus de ne plus avoir leur idole mais ravis qu'on leur colle entre les mains un jeune successeur. Ils se sont dit : « Chic alors, on a encore de quoi se battre pendant quelques années. »

J'ai fait un petit discours, qu'ils ont applaudi longuement. Et puis j'ai commencé ma campagne. J'ai fait quinze jours de campagne seul, sans que mon père n'intervienne jamais, ne soit jamais présent à quelque réunion que ce soit.

– Dès cette date, pensiez-vous déjà succéder à votre père à la mairie ?

– Oui, mais pas si vite. Dès que j'ai été élu conseiller général, je me suis soucié de suivre de beaucoup plus près la vie municipale de Nice et notamment l'élaboration des budgets. A partir de ce moment-là, j'ai ralenti mon activité journalistique et je me suis payé un nègre. C'est-à-dire que j'avais un copain de *Nice-Matin* à qui je donnais tant par mois pour couvrir les petits événements. Moi, je me réservais les gros.

Comme j'étais le seul journaliste à parler anglais, toutes les fois qu'il y avait un événement qui impliquait soit une communauté internationale dont les porte-parole sont toujours des anglophones, soit des personnalités internationales qu'il était difficile d'interviewer autrement qu'en anglais, on m'appelait. A ce moment-là mes confrères oubliaient leur jalousie de journalistes et me demandaient d'aller faire l'interview. Bien sûr, je ne leur rendais pas compte de tout ce qui avait été dit, je gardais toujours un petit scoop pour moi...

Je me suis mis en roue libre sur le plan du journalisme à ce moment-là. J'ai aussi publié, à partir de 1962, un petit journal qui s'appelait *Flash* et qui était violemment antigaulliste. C'était un peu le *Minute* local, si l'on veut, le *Minute* de l'époque, celui de mon vieux copain Jean-François Devay qui avait été mon collègue à *Paris-Presse.*

J'ai donc sorti ce journal, *Flash,* dans lequel je balançais des claques aux gaullistes mais aussi aux socialistes et aux communistes. Je suis généreux.

Ce que l'on ne sait pas, c'est que beaucoup d'échos de *Flash* étaient rédigés par mon père mais dans mon style à moi. Et il se régalait, parce que, comme je vous l'ai dit, sa véritable nature n'était pas celle qui s'exprimait à travers son comportement d'homme public : c'était une nature beaucoup plus spontanée, plus gaie, voire éprise de canulars.

Une de ses gourmandises, vers la fin de sa vie, a été de mitrailler à travers *Flash* pas mal de ses adversaires de l'époque. Je suis heureux d'avoir pu lui donner cette satisfaction.

Et puis sa santé s'est rapidement détériorée et le cancer généralisé qui devait l'emporter a commencé à exercer des ravages. Il est mort le 18 décembre 1965 à l'âge de 75 ans et 16 jours. J'ai eu le sentiment de sa fin prochaine au festival d'Edimbourg. Depuis des années, il promettait à ma mère de l'emmener à ce festival, la ville de Nice étant jumelée avec cette ville. Cette année-là, il s'était enfin décidé. Ma mère a dit :

– Je ne parle pas anglais.

Il a répondu :

– Eh bien nous emmènerons Jacques.

Et nous sommes donc partis, mon père, ma mère, ma sœur Geneviève et moi pour l'Écosse. C'était au mois d'août. J'avais emporté mon appareil photo et là, tout d'un coup, à travers l'objectif du Roleiflex, j'ai vu un homme gravement malade, très touché, très atteint. J'ai pensé : « Ce sont sans doute les dernières photos que je fais de lui. »

Le 13 octobre, il est tombé sur son bureau ; j'étais présent quand il a eu son malaise. Je l'ai ramené à la maison...

– Revenons à la politique, aux législatives de novembre 62. Vous affrontez le candidat gaulliste Diomède Catroux et vous subissez une cuisante défaite. Est-il vrai, comme les rumeurs l'ont prétendu à l'époque, qu'au soir du premier tour vous avez eu la tentation de contracter des alliances avec la gauche pour le second tour ?

– La réalité n'est pas celle-là. Simplement, une candidate de gauche, Madeleine Faraut, qui avait obtenu je ne sais combien de voix mais pas beaucoup, m'a fait savoir qu'elle était toute disposée à demander à ses électeurs de voter pour moi afin de battre Diomède Catroux le dimanche suivant. C'est donc elle qui m'a proposé les voix du parti communiste, ce n'est pas moi qui suis allé les solliciter. Quant à les accepter, nous nous sommes réunis dans le bureau de mon père pour débattre du pour et du contre. Mon père m'a dit :

– Mon petit, c'est toi qui prends ta décision. Si tu es d'accord, moi je suis là et j'appelle Madeleine Faraut. Si tu n'es pas d'accord, eh bien tu dis non. Je me retire, et...

J'ai regardé mon père et je lui ai répondu :

– Non, je ne veux pas faire alliance de près ou de loin avec le parti communiste. Je refuse l'accord avec Madeleine Faraut.

Mon père s'est écrié :

– Bravo, mon fils, c'est bien ce que j'attendais de toi!

Il m'a pris dans ses bras et il m'a embrassé. Je crois que c'est la première fois de ma vie que mon père me félicitait pour quelque chose. Il m'a toujours appris qu'on n'avait pas à récompenser quelqu'un qui fait une bonne action car il ne fait que ce qu'il doit faire. Quand je réussissais quelque chose, puisque c'était mon devoir de réussir, je ne faisais rien d'exceptionnel, je n'accomplissais que mon devoir. Ainsi, quand j'ai réussi mon baccalauréat, mon père s'est contenté de me dire : « Bravo, mon petit. Qu'est-ce que tu fais l'année prochaine? » Cela ne l'a pas empêché de glisser sous mon oreiller une enveloppe avec un billet de cinq mille francs de l'époque, ce qui fait bien plus que cinquante francs d'aujourd'hui. C'était une somme énorme qui me permettait de faire la foire avec mes copains. Mais jamais d'attendrissement, chez mon père! Et pourtant, c'était un tendre...

– Ses derniers mois n'ont-ils pas été assombris par la violence qui s'était abattue sur Nice, notamment par la guerre des gangs?

– Mon père n'était pas homme à s'assombrir de choses comme cela. Il gardait, selon son expression, « le calme des vieilles troupes ». Il en avait tellement vu dans sa vie, tellement subi, qu'il en fallait beaucoup pour l'émouvoir.

Il avait une espèce de philosophie très personnelle à base d'expressions glanées au cours de ses tribulations comme *« Inch'Allah »* (A la grâce de Dieu) ou *« Mektoub »* (C'était écrit). Ça, ça lui venait de la guerre du Maroc. Et puis il disait souvent : *« Bella Viegea »* (Oh, belle Vierge!). Ça, ça lui venait de sa culture niçoise...

– La guerre des gangs, c'était quand même quelque chose de nouveau à Nice, non?

– Elle n'a pas été trop virulente au temps de mon père. Car il y a eu plusieurs guerres des gangs, vous savez!

Quand j'étais journaliste en 1954 à Nice, on assistait aux derniers soubresauts (qui ont encore duré quand même cinq ou six ans) de l'affaire du *Combinati*. Le *Combinati* était un bateau de trafiquants d'alcool et de tabac qui avait été arraisonné en mer par un gang concurrent, lequel avait mitraillé le bateau et tué jusqu'au dernier occupant. Sauf qu'un des morts n'était pas tout à fait mort. Il a dérivé sur l'épave, il a été récupéré par la douane et ranimé. Il n'a jamais « officiellement » parlé. Mais il a informé ses propres amis qui ont exercé leur vengeance en abattant les meurtriers les uns après les autres. Ces gangs étaient, bien souvent, des gangs marseillais.

– Qui était le parrain officiel? N'était-ce pas Urbain Giaume, à l'époque?

– Non. Urbain Giaume n'a jamais été à ma connaissance un parrain, tout juste un second couteau. Les grands patrons des gangs étaient à Marseille, pas à Nice. Le dernier grand patron sur la Côte était Giudicelli. J'ai personnellement eu une histoire extraordinaire avec lui.

Joseph Giudicelli était le dernier survivant de l'affaire du *Combinati*. Peut-être était-il à l'origine de l'arraisonnement mais je n'en sais rien. Toujours est-il qu'il a été l'un des derniers à être identifié.

J'étais allé l'interviewer pour Europe N° 1 et je me trouvais à côté de lui dans la propriété qu'il possédait à la pointe d'Antibes. Il y avait dans le parc un petit banc devant la mer. On était assis là tous les deux. J'avais mon magnétophone. Je lui tendais le micro. Je lui posais des questions. J'ai fait au moins trois bobineaux et vers 11 h 45 il a commandé le pastis. On a bu le pastis et j'ai pris congé de lui. Il était midi moins le quart quand je l'ai quitté. Je suis remonté dans ma Floride et je suis parti vers Nice. Arrivé à la plaine d'Antibes, je me trouve à court d'essence. Je vais donc faire le plein. Et j'entends au poste de la station d'essence que quelqu'un a été tué par des hommes venant de la mer. J'appelle *Nice-Matin*, je tombe sur l'un de mes copains qui est, lui, toujours à l'écoute des radios et qui me dit : « Joseph Giudicelli était sur les rochers devant sa maison en train de boire le pastis. Trois nageurs sous-marins sont sortis de l'eau. Ils ont sorti des mitraillettes de leurs sacs plastiques, ils l'ont fusillé à bout portant et il est mort. »

– Vous l'avez échappé belle ?

– Non. Ils étaient certainement là depuis un bon moment mais ils ont attendu mon départ.

Pour en revenir à Urbain Giaume, je précise qu'il a été un temps le chef des barbouzes du S.A.C. Et, à ce titre, mon ennemi personnel. Il ne s'est rapproché de moi que par la suite, quand les gaullistes ont échoué complètement à Nice. Mais jusque-là Urbain Giaume était un agent du S.A.C.

– Est-ce que l'on a élucidé l'affaire de la mort du banquier niçois Louis Martinon ?

– Non. J'étais pourtant journaliste à l'époque de la mort de Martinon, mais je ne me suis jamais excité sur cette enquête pour la bonne raison qu'à mon avis Martinon s'est bel et bien suicidé. C'était un faible, un mollasson ; un physique taillé dans le chewing-gum et une âme assortie. En revanche, son père, lui, était un véritable génie de la finance. Le fils s'est cru à la hauteur et il s'est lancé dans des aventures qu'il croyait pouvoir maîtriser mais il en a été incapable. Il avait une cour autour de lui qui le flattait et lui faisait croire qu'il était un génie. L'échec qu'il a connu, un échec bien classique (on a fait un trou pour en boucher un autre), l'a humilié. Alors, à mon avis, il est allé se suicider dans ce lac artificiel qu'il avait fait fabriquer à proximité de son grand projet. Si on avait voulu le tuer, on pouvait parfaitement le faire de manière moins risquée. Ce qui est sûr, c'est que le krach de la banque Martinon a fait bien des malheureux parmi de braves gens. J'ai moi-même perdu quelques sous dans cette affaire, car j'avais dans cette banque un compte pour mon journal *Flash.*

– Combien y a-t-il eu de candidats à la succession de votre père ?

– Beaucoup. Je m'aperçois que c'est un peu une malédiction qui poursuit les Médecin : il y a toujours beaucoup de candidats à leur succession. Seulement les électeurs ne semblent pas trouver ces candidats valables.

– Est-ce que votre campagne électorale pour la succession de votre père a été une grande bataille ?

– Oui, et ce fut aussi l'occasion d'intrigues extraordinaires. Le préfet Moatti, qui était toujours à Nice et qui était plus gaulliste que de Gaulle, avait été chargé de promettre des Légions d'honneur à tous les conseillers municipaux qui voteraient contre moi. Même à mes amis personnels, comme Henri Verdeil, pharmacien, d'une famille où, de père en fils, on avait été conseillers municipaux de Nice. Mais Henri ne m'a pas lâché.

En revanche, subissant diverses pressions, un autre de mes amis s'est carrément présenté contre moi. C'était le docteur Maurice Donnat qui a ensuite créé le centre Antoine Lacassagne et qui m'a opéré d'une hernie. Bavastro l'avait poussé à se présenter contre moi sous prétexte que je n'avais pas d'expérience. J'avais déjà quand même trois ans de conseil général et je savais ce qu'était un budget. En plus, j'avais suivi auprès de mon père un certain nombre de dossiers de la ville de Nice.

Le docteur Donnat s'est donc présenté, sans enthousiasme, mais il me l'a confié : d'autres candidats essayaient de me barrer la route. Par exemple un ami de mon père, Francis Palmero, qui était maire de Menton à l'époque, est venu voir un des plus anciens du conseil municipal de

Nice, Jean Roux, un saint homme qui m'aimait beaucoup. Il lui a conseillé de démissionner.

– Comme cela, lui a-t-il expliqué, il y aura deux postes à pourvoir. Moi, je me présenterai avec Jacques. Je peux l'aider, j'ai de l'expérience.

Quand Jean Roux est venu me raconter cela, je lui ai dit :

– Ne faites rien de tel! Palmero veut se faire élire au conseil municipal de Nice pour se présenter comme maire. Et il aura toutes ses chances contre moi car on dira qu'il a l'expérience de la mairie de Menton!

Jean Roux a refusé la combine de Palmero à qui, d'ailleurs, j'ai rendu la monnaie de sa pièce en 1973, ceci en lui prenant sa place de président au conseil général.

On a donc assisté à une corrida invraisemblable pour empêcher que je sois élu. Le conseil municipal se divise, à ce moment-là, en trois groupes. Il y a d'une part les gens qui croient en moi, qui sont des amis et qui représentent quatorze voix sur trente-sept. D'autre part, une dizaine se disent : « Il y a des ambitieux qui veulent prendre la place de Jean Médecin mais je suis le meilleur. Seulement, je n'ai pas le temps de me préparer, je vais donc faire campagne pour Jacques Médecin, c'est un fils à papa, c'est un petit con, dans six mois il aura démontré sa nullité, il s'effondrera et il y aura de nouvelles élections. Et alors moi j'aurai eu le temps de préparer mon accession... »

Il reste environ treize types qui vont trouver le brave colonel Bouvier, le premier adjoint de mon père, lequel n'a pas du tout l'intention de se présenter et s'avère tout à fait innocent en politique. Ils lui disent :

– Vous êtes le premier adjoint, présentez-vous, vous serez élu. On sait que cela ne vous intéresse pas mais dans quatre ou cinq ans vous passerez la main.

Bouvier finit par céder et il accepte de se présenter, moyennant quoi tous les autres se retirent.

L'élection a donc lieu : Bouvier contre Médecin. J'ai eu vingt-quatre voix contre treize dans un scrutin qui s'est déroulé dans des conditions invraisemblables, avec isoloir, urne secrète gardée par deux policiers municipaux, pistolet à la hanche, etc. Au deuxième tour, par élégance, j'ai commis la sottise de m'abstenir de voter pour moi et, comme il y a un petit malin que je connais bien qui a voté blanc, j'ai donc été élu par trente-cinq voix, le blanc de Raoul Bosio et mon abstention.

CHAPITRE III

LE « SYSTÈME MÉDECIN » ? NICE D'ABORD !

– *Est-ce que vous devez votre première victoire électorale à ce qu'on a appelé « le système Médecin » ?*

– Le « système Médecin », c'est l'invention de ceux qui n'ont rien compris. Il n'y a pas de système, il y a le fait que mon père, contrairement aux autres hommes politiques de droite, avait créé un parti politique local. C'est-à-dire que nous avions structuré nos partisans sur le plan local comme le parti communiste sait structurer les siens. Je me souviens même que c'est moi, tout jeune à la Libération, qui avais dit à mon père :

– Tu sais, ce qu'il faut, c'est prendre modèle sur le parti communiste, parce que c'est un parti organisé. Ce qui me frappe en particulier, chez les Cosaques, c'est que les types qui en sont membres paient une cotisation et achètent en plus *l'Humanité*. Si on veut les punir, on les exclut. Alors que nous, nous ne leur faisons pas payer de cotisation, on leur envoie un journal gratuit, et le jour où ils veulent nous punir ils s'en vont. En plus, on tente de les retenir par le bas de la veste. Il faut changer de tactique, il faut leur faire payer une cotisation, il faut les faire s'abonner à un bulletin de liaison et il faut, quand ils se conduisent mal, les exclure devant tous les autres en les montrant du doigt.

– Après tout, pourquoi pas? a répondu mon père. Occupe-t'en.

J'ai donc monté ce système que l'on peut appeler le « système Médecin » si l'on veut, mais qui était juste l'imitation des techniques électorales d'un parti qui avait réussi son implantation, le parti communiste.

On dit également que c'est un système « clientéliste ». Et ceux qui disent cela, ce sont les types de Gaston Defferre et de Mauroy! Quand on sait qu'à la mairie de Lille, pour être concierge d'une école, il faut être en carte au parti socialiste depuis dix ans! Je me souviens que Gaston Defferre, pour sa part, m'a reproché un jour mon « clientélisme ». Ma réponse n'a pas tardé.

– Écoute, Gaston, ne parle pas trop de clientélisme. Pas toi! Tu parles de la corde dans la maison du pendu!

Il a souri...

– Ouais, tu as raison. Qu'ils nous foutent la paix, tous ces types qui n'y comprennent rien.

J'étais très ami avec Gaston... Il m'aimait bien... Le jour où j'ai été élu maire de Nice, un de mes premiers gestes a été d'aller saluer les grands maires des villes environnantes. Digne, Draguignan, Toulon. A Marseille, Gaston Defferre me reçoit dans sa villa de la Corniche avec un certain détachement, un style un peu souverain. Et il me prodigue ses conseils :

– Il ne faut pas recevoir toutes les délégations, il faut les faire recevoir par les adjoints. Vous, il faut vous réserver l'évêque.

J'avais envie de lui répondre :

– Tu parles, avec les habitudes que mon père m'a léguées (il se levait à cinq heures du matin pour être à six heures et demie à la mairie et recevoir les poissonnières), j'aurais bonne gueule aujourd'hui à dire : « Moi, je ne reçois que... »

Et puis Gaston me dit soudain :

– Tu sais, entre maires de grandes villes, on se tutoie.

Bref, il a été très gentil, et depuis nous avons toujours entretenu d'excellentes relations. Enfin presque...

Il est vrai qu'en 1972, lors du programme commun, je n'ai pas pu m'empêcher de lui dire :

– Quand même, Gaston, toi, associé au parti communiste !

– Mais tu ne comprends donc pas ? m'a-t-il rétorqué. C'est pour les réduire ! Avec nous, ils n'existeront plus.

– Ils n'existeront peut-être plus, mais à cause d'eux vous acceptez dans votre programme commun des choses inacceptables, indéfendables. Or vous allez vous faire élire sur ce programme. Vous serez donc obligés d'en appliquer les principes, et vous aurez les communistes sur le dos. Vous êtes complètement fous !

Là, nous nous sommes un petit peu fâchés. Et l'on s'est refâchés en 1977, quand j'étais secrétaire d'État au Tourisme, parce que je lui ai refusé des crédits pour une organisation socialiste « bidon » au possible : ce n'était ni plus ni moins qu'une pompe à finances pour le parti socialiste des Bouches-du-Rhône.

A propos de finances, je vous signale que dès l'année 1976 j'ai attiré l'attention du président Giscard d'Estaing (tout de suite après avoir été désigné au secrétariat d'État au Tourisme) sur Urba-Conseil et les techniques d'Urba-Conseil pour remplir les caisses de ce parti. Donc, depuis 1976, la droite a été informée, au sommet de l'État, des pratiques du parti socialiste. Alors, le bouquin de Gaudino, même s'il me fait plaisir, me paraît découvrir que la terre est ronde !

Revenons à Gaston. Avant notre querelle à propos de cette subvention, vers 1974 ou 1975, on se retrouve à une convention des maires en Amérique, à Indianapolis. La convention a lieu en même temps que la course des 500 miles. En rentrant à l'hôtel, on est dans la même voiture, Gaston et moi.

– Tu as assisté un peu aux réunions de cette conférence des maires ? me demande-t-il.

– Oui, vaguement...

– Tu devrais aller à la commission de l'assainissement, cela m'intéresserait si tu pouvais me faire un petit résumé là-dessus.

Je suis un peu surpris, mais j'accepte.

– Oui, bien sûr, avec plaisir. Mais pourquoi n'y vas-tu pas toi-même?

– Parce que moi, me répond-il, je vais voir mon bateau à New York. Tu comprends, en ce moment, je suis en train de le refaire et c'est un peu plus important que toutes ces conneries.

Il est donc allé voir son bateau, *le Palinodi II,* ce fameux bateau qui n'avait coûté que 250 000 francs aux chantiers Campers et Nicholson...

Quand on pense que le *Nouvel Observateur,* quand il a publié l'état de la fortune de Gaston Defferre, a presque proposé une souscription pour que l'on puisse venir en aide à cet homme dont le pauvre bateau était prétendument fait de pièces détachées récupérées sur les décharges marseillaises...

Tandis que lorsqu'il s'agissait de Jacques Médecin, pour les journalistes, c'était une autre chanson!

Je reste donc à Indianapolis et quinze jours plus tard, de retour à Nice, j'envoie à Defferre un petit résumé des travaux de la commission. Il me téléphone pour me remercier et m'annonce sa venue à Nice à l'occasion d'un congrès. Il souhaite m'inviter à dîner.

– Où aimerais-tu dîner? demandai-je.

– Je n'aime pas vraiment les grands restaurants, me répondit-il.

– Parfait. Je t'invite dans un restaurant à moi.

Quinze jours après nous allons dîner, ma femme, lui et moi dans un petit bistrot en face de la mairie, chez mes merveilleux amis Jean-Jean et Christine Giusti. Gaston est ravi. A la fin du repas, il prend une glace. Dans la glace, on lui a mis des crêpes dentelle. Il s'extasie :

– Mais ce que c'est bon, cette crêpe dentelle! Comment se fait-il que l'on ne m'en serve jamais?

Je lui réponds que les crêpes dentelle n'ont peut-être pas encore atteint la civilisation marseillaise et, le lendemain, je lui en fais porter une boîte entière à son hôtel. Il m'écrit un mot de remerciement très amical. Et puis vient cette fichue demande de subvention « bidon » que je lui refuse, il se fâche et m'adresse à peine la parole.

Arrive 1982. Il est ministre de l'Intérieur et l'on inaugure à Nice le centre administratif dont la première pierre avait été posée par Raymond Barre, ami intime du préfet des Alpes-Maritimes de l'époque, Lambertin, qui me téléphone à la veille de l'inauguration et me demande qui on invite pour inaugurer le centre. Je réponds sans hésiter :

– On invite monsieur Defferre. C'est normal. Il s'agit d'un centre administratif et il est le ministre de l'Intérieur.

Pierre Lambertin invite donc monsieur Defferre.

Entre-temps, la décentralisation avait été votée. On était au mois de juin ou juillet 1982. J'étais devenu président du département comme le veut la loi de décentralisation. Donc un personnage important. Et bien entendu, tout le monde attend l'affrontement Defferre-Médecin. Du coup, l'inauguration allait se dérouler devant une assistance record, huit cents personnes environ parmi lesquelles, bien entendu, les députés des Alpes-Maritimes, dont trois étaient socialistes : Gallo, Giolitti, et Colonna, présents au premier rang dans la tribune officielle. Ceux-ci avaient auparavant téléphoné au ministère de l'Intérieur en disant aux gens de Defferre : « Médecin va vous agresser, préparez un discours qui le remettra en place », etc.

Arrive l'heure de l'inauguration, un hélicoptère se pose, Gaston Defferre en descend et la visite des locaux commence. A la fin, je dis à Gaston :

– Maintenant, si vous le voulez, je vais vous montrer la préfecture, monsieur le ministre.

– Entendu.

Il monte dans ma voiture et on part vers la préfecture.

– Alors, Jacques, demande-t-il, comment ça va?

– Ça va, Gaston, et toi?

– Ça va bien. Tu te souviens, la dernière fois que j'étais ici, c'était pour je ne sais plus quoi...

– La dernière fois que tu es venu ici, c'était pour manger des crêpes dentelle « Chez Giusti ».

– Ah oui! Formidables, les crêpes dentelle! Tu sais,

maintenant, j'en ai toujours. Je vis avec des crêpes dentelle autour de moi. J'en ai à Paris, j'en ai partout. Et alors, comment vas-tu ? Qu'est-ce que tu vas dire dans ton discours ?

– Moi ? Je n'en sais rien, pourquoi ?

– Mais comment, tu n'as pas écrit ton discours ?

– Je n'écris jamais mes discours. Je n'ai jamais écrit un discours de ma vie.

– Alors tu ne sais pas ce que tu vas dire ?

– Non, pourquoi ? Toi tu sais ?

– Oui, ils m'ont préparé un long papier à Paris.

– Ils ont dû te préparer un texte au vitriol, agressif, et tout le tremblement. Moi, je te préviens, je n'ai pas du tout l'intention de t'attaquer.

– Comment, tu ne t'apprêtes pas à râler un peu ?

– Pourquoi veux-tu que je t'agresse ? Je suis ravi que tu sois venu à l'inauguration du centre administratif, et puis tu viens de faire voter une loi de décentralisation dont je suis très content. Tout cela ne me donne pas du tout envie de t'être désagréable.

– Ah bon, bien.

On arrive dans la grande salle de la préfecture, elle est bondée. Je fais mon discours, un discours aimable, amical, sur le thème : « Grâce à vous, monsieur le ministre, enfin la bureaucratie recule... Mais ne reprenez pas de la main droite ce que vous nous avez offert si généreusement de la main gauche : votez-nous rapidement la loi de déconcentration fiscale et financière qui va nous permettre d'avoir les moyens des pouvoirs que vous nous avez conférés... »

Gaston, qui s'attendait, malgré ce que j'avais dit dans la voiture, à quelques vacheries, laisse son discours dans la poche, se présente devant le micro et commence : « Ce département des Alpes-Maritimes qui est si bien administré... Bien sûr, monsieur Médecin a eu quelquefois, vis-à-vis de Marseille, des paroles un peu brutales parce qu'il n'aime pas être soumis à la tutelle de cette ville, mais je vais vous faire une confidence : si j'étais maire de Nice, je tiendrais exactement les mêmes propos... »

Bref, il n'a parlé que de moi pendant dix minutes, pour

dire que j'étais un excellent administrateur, que la ville de Nice était remarquable, que le département des Alpes-Maritimes était un exemple pour la France entière, etc. Et il a terminé en disant qu'il ferait tout ce qu'il pourrait pour aider le département. Pas un mot sur Gallo, ni sur les deux autres députés socialistes ! Je voyais leur gueule s'allonger, mais je gardais un air modeste.

Quand tout cela s'est terminé, les socialistes sont allés voir Defferre et ils lui ont fait une scène épouvantable. Ils ont écrit à Mitterrand (« Votre ministre est gâteux ») et à Mauroy pour lui réclamer des « réparations ». Gaston Defferre a été contraint par Mitterrand d'attribuer, sur son contingent, des Légions d'honneur à ces minables députés des Alpes-Maritimes, qui ont, bien sûr, décoré des hommes à eux. Je comprends que mon père ait refusé l'avancement automatique dans la hiérarchie de la Légion d'honneur. Il est intolérable, pour un homme qui a eu la Légion d'honneur au péril de sa vie, de voir que l'on peut l'attribuer par complaisance à des cireurs de pompes ou à des types sans aucun mérite.

– En 1966, vous êtes jeune maire d'une grande ville de France ; objectivement, quel portrait traceriez-vous de vous à ce moment-là ?

– J'ai été pris de panique le soir de mon élection, je me suis regardé dans la glace et j'étais à deux doigts de pleurer, de pleurer de peur ! Je me disais : « Tu ne peux pas faire honte à ton père, mais est-ce que tu seras à la hauteur ? Est-ce que tu ne t'es pas laissé griser par ton entourage ? Est-ce que tu n'as pas commis une erreur grossière ? »

Mais j'ai vite réagi. J'ai pensé : « Bon, le temps des hommes seuls est fini. Il faut t'entourer, te faire seconder, jouer l'équipe et déléguer » ; ce qui, d'ailleurs, m'a joué un drôle de tour parce que si j'avais moins délégué, moins joué l'équipe, moins de gens se seraient servis dans la gamelle municipale. Bon, enfin, on peut avoir des regrets. J'ai réussi à 98 %, j'ai loupé à 2 %.

Quoi qu'il en soit, dès le lendemain de mon élection, je me suis mis au travail, courageusement, de l'aube à deux heures du matin. J'allais partout, contrairement à ce que prétendait *Nice-Matin* qui m'était entré dans le chou dès le début. J'ai expliqué à Bavastro, un jour où nous nous étions réconciliés :

– Vous ne savez pas le service que vous m'avez rendu en me rentrant dans le chou dès mon élection. Comme vous faisiez disparaître mon nom du journal, quelle que soit la manifestation ou l'événement que vous couvriez, il était important que je me montre. Alors je me montrais. En lisant le compte rendu de la manifestation à laquelle ils avaient assisté et où ils m'avaient serré la main, constatant que je n'étais pas cité, les gens ont pris parti et j'ai fait perdre à *Nice-Matin* sa crédibilité auprès de ses propres lecteurs. L'extraordinaire travail de présence que j'ai dû faire a payé parce que mes concitoyens ont appris à me connaître, à me parler, à savoir qui j'étais, à me savoir accessible, proche d'eux, proche de leurs préoccupations et de leurs soucis.

Eh bien, encore aujourd'hui, malgré toutes les immondices qui ont été déversées sur ma tombe politique, si la population de Nice me regrette à 82 % c'est parce qu'elle m'a touché de près et qu'elle m'a connu attentif à ses problèmes et à ses désirs. Elle sait fort bien que si j'ai pu favoriser des appétits, nul ne peut se vanter de m'avoir corrompu.

– A vos débuts, Nice, qu'est-ce que c'est pour vous ?

– C'est d'abord ma ville, c'est un coin béni des dieux, un site absolument admirable, un climat fabuleux, une histoire très attachante, une langue particulière qui est encore parlée, à l'époque, par la majorité de la population. C'est une sorte de principauté de rêve et je suis un peu le prince de cette principauté. C'est un autre Monaco, si vous voulez. D'ailleurs j'apprécie beaucoup Rainier, qui est un homme de grande qualité et dont on dit évidemment beaucoup de mal, puisque c'est un type bien.

– Votre ambition pour Nice, quelle était-elle ?

– Mon ambition, c'était quand même de faire de Nice une des capitales de la Méditerranée. Non pas une capitale par le nombre de la population : on a toujours tendance à croire, nous les Français, qu'une capitale nécessite beaucoup de monde; moi, j'ai la notion américaine ou allemande de la capitale. Or, en Allemagne comme en Amérique, c'est le rayonnement de la cité qui compte, c'est le fait qu'on en parle. Une ville peut donc être une capitale sans être gigantesque ni surpeuplée. J'avais à faire comprendre à mes collaborateurs que je voulais réaliser de grandes choses pour Nice, et à expliquer à la population qu'elle pourrait me juger, mais pas avant que tout soit terminé.

Or les Français ont horreur de l'aventure. Ils ont d'ailleurs inventé une expression qui n'existe que chez nous : « Je ne veux pas essuyer les plâtres. » Autrement dit : « Je préfère qu'un crétin se serve de la nouveauté avant moi parce que, si cela doit exploser, il vaut mieux que ça explose dans sa figure plutôt que dans la mienne. » Eh bien moi, je fais partie des crétins qui précisément essuient les plâtres, parce que dès qu'il y a une nouveauté, hop! je saute dessus : ça me tente, ça me plaît, j'adore les nouveautés.

Faire partager à un peuple de timorés comme les Français l'enthousiasme pour le futur, c'est très difficile. Les adversaires n'ont qu'à dire : « Oh! lui! c'est un aventureux, il ne sait pas où il va », ils ont toutes les chances d'être entendus.

Donc, difficulté de faire passer le message auprès de mes collaborateurs, difficulté de le faire passer à la population. Et là, je dois dire que les agressions n'ont manqué ni à droite ni à gauche sur le thème : « Il veut américaniser Nice », ou autre calembredaine.

A un moment par exemple, pour combattre les crimes d'origine sexuelle, j'avais proposé de permettre aux prostituées de construire en copropriété des H.L.M. adaptées à leur profession et où elles pourraient, en fonction de certains critères, être protégées des maquereaux et être surveillées sur le plan sanitaire. Par parenthèse, rien de tel n'existe aux U.S.A.

– *Des Eros-centers à l'allemande?*

– Non. Il s'agissait seulement pour une prostituée d'être propriétaire de son appartement et de pouvoir pratiquer la prostitution sans danger, ni pour elle ni pour ses clients. Pour entrer dans ce genre de maison, on doit passer par un hall dans lequel il y a parfois, derrière une glace sans tain, un policier qui peut voir si c'est un maquereau qui entre, ou éventuellement contrôler les papiers des clients. Il doit y avoir aussi un dispensaire où les filles peuvent se faire suivre et au besoin soigner.

Enfin, ce genre de lieu permet d'établir une comptabilité qui permet à la commune de retirer d'utiles ressources pour les écoliers, les dispensaires ou je ne sais quoi.

Les bordels sont des cliniques du vice, on l'oublie trop souvent. On a beaucoup écrit, beaucoup glosé là-dessus, mais on n'a jamais dit la vérité. Il y a un livre bien fait sur la question, c'est le livre d'Alphonse Boudard, *La Fermeture*, qui fait apparaître que les bordels n'étaient pas des lieux où tous les types devaient aller pour tirer un coup. Parce que les types normaux qui tirent leur coup normalement, ils les tirent où ils veulent.

Celui qui va au bordel, c'est le type qui veut copuler avec une petite fille, par exemple. Alors on habille une putain de quarante-cinq ans en petite fille avec des nattes, avec des pommettes rouges, et le type dit : « petite fille, petite fille, petite fille... », et elle, elle joue la gosse en se défendant : « non, non, non... ». Le type l'a « violée », il est content. Il a violé une fausse petite fille, il paie et il s'en va, le voilà débarrassé de son fantasme pendant quelque temps.

Maintenant qu'il n'y a plus de bordel, un type de ce genre va à la sortie de l'école et il viole une vraie petite fille. Vous trouvez ça mieux?

J'ai donc proposé cette solution de H.L.M. pour prostituées, et j'ai provoqué une levée de boucliers! Or voilà que quelque vingt-cinq ans plus tard, la même mésaventure arrive à madame Barzach, qui s'est déclarée en faveur de la réouverture des maisons closes et s'est vue contrainte de faire marche arrière à son tour.

En vingt-cinq ans, combien y a-t-il eu d'enfants assassinés, de femmes violées, combien de pédophiles ont détourné des mômes pour des ballets bleus, des ballets roses, des films pornos et tout le tremblement?

Ceci n'est qu'un exemple ponctuel. Mais pour toute ma gestion il en a été de même. Selon mes adversaires, rien à Nice n'aurait dû changer. Seulement, si je les avais écoutés, si j'avais cessé d'être un homme de progrès, alors ils m'auraient fusillé en disant : « Qu'est-ce que c'est que ce maire qui ne fait rien? »

Cela dit, tant que mes adversaires on fait leur métier d'adversaires, critiquant ma gestion et mes réalisations, je n'ai pas bronché. Là où j'ai été désarçonné, c'est quand ils ont employé vis-à-vis de moi des moyens totalement déloyaux comme certaines campagnes de presse, notamment la campagne contre mon prétendu antisémitisme... Là, j'ai compris que je n'avais plus aucune chance de faire entendre ma voix, aucune. Que d'autres s'amusent donc à ma place, moi j'ai encore de belles années à vivre – et à vivre heureux – en faisant d'autres choses utiles pour moi et les miens.

***

Je reviens à mon ambition de transformer ma ville. J'ai toujours eu comme livre de chevet, je vais peut-être vous surprendre, d'un côté *le Nouveau Testament* et, de l'autre, *le Plaidoyer pour l'Avenir* de Louis Armand. Lorsque, étudiant en fac de droit à Paris, j'ai été auditeur libre de sciences politiques, deux professeurs me passionnaient : André Siegfried, le grand géographe, le grand prêtre de l'économie politique, et Louis Armand, l'inventeur du mot

« prospectif ». *Le Plaidoyer pour l'Avenir* est un chef-d'œuvre. Louis Armand me l'a dédicacé et offert en 1960. J'ai dû lire ce livre une vingtaine de fois. Il est entièrement souligné, corné.

André Siegfried, lui, a été mon inspirateur pour tout ce qui concerne le libéralisme; pas le libéralisme d'idées, parce que Siegfried n'était pas un libéral d'idées mais un libéral économique. Il ne faut pas confondre les deux. On amalgame trop fréquemment le libéralisme d'idées et le libéralisme économique. Or ça n'a rien à voir. Un libéral d'idées est un monsieur qui pense que son adversaire a raison. C'est donc un crétin. Un libéral économique, lui, pense simplement qu'il est sain de laisser s'épanouir la compétition, la concurrence.

Sur le plan du libéralisme institutionnel et du libéralisme économique, Siegfried a été véritablement un apôtre. Son bouquin, *la Suisse démocratie témoin*, que j'ai relu récemment, est remarquable. Quand j'ai déposé ma proposition de loi sur le référendum d'initiative populaire, je n'ai eu qu'à m'y référer pour trouver tout un argumentaire en faveur de la démocratie directe, limitée, contrôlée, pondérée.

La démocratie directe doit s'exercer quand, par exemple, il s'agit de savoir s'il faut rétablir la peine de mort, s'il faut suspendre la loi sur l'avortement, ou s'il faut prendre des mesures pour freiner la propagation du sida. Je crois que, dans ce genre de cas, le peuple doit pouvoir manifester un sentiment majoritaire. Je ne dis pas que c'est forcément un bon jugement, mais c'est un sentiment majoritaire. On admet bien ce sentiment majoritaire lorsqu'il s'agit de passer de vie à trépas en votant Mitterrand, on peut bien l'admettre pour la protection de l'individu en votant le rétablissement de la peine de mort.

***

J'ai donc voulu donner à ma ville un élan prospectif. Cela n'a pas été facile, il a fallu vaincre bien des résistances. Et puis il fallait partir d'éléments qui existaient. Mon père avait posé les fondations de la ville contemporaine, mais aucune flèche ne s'était élevée, aucun mur n'avait été dressé sur ces fondations. Il n'en avait pas eu le temps.

C'était un travail de patience et j'ai voulu conduire les deux choses à la fois en disant « le jour où les murs seront dressés, je n'aurai plus qu'à poser les flèches dessus ». J'ai profité des techniques modernes de construction et je me suis entouré de collaborateurs chargés de concevoir des choses modernes, mais aussi d'informer les gens. Car c'est bien d'avoir le savoir-faire, mais à notre époque, il faut connaître aussi les techniques du faire-savoir.

– *Le faire-savoir, n'était-ce pas seulement pour chanter la gloire de Jacques Médecin ?*

– Non ! C'est une injustice de mes adversaires que de laisser croire que j'ai voulu avoir des services de relations publiques pour ma gloire personnelle. La gloire je m'en moque. La preuve : je vis maintenant dans la modestie la plus complète et je m'en satisfais pleinement. Je ne souhaite qu'une chose, c'est que les journalistes ignorent jusqu'à mon adresse.

En revanche, j'ai tout fait pour la gloire de ma ville. Et une chose est certaine : il y a vingt-cinq ans, quand vous vous promeniez dans le monde et que vous évoquiez Nice, les gens se demandaient de quoi vous parliez. Aujourd'hui, tout le monde sait que Nice est la deuxième ville de France après Paris. Je me souviens très bien d'un sondage paru dans le *Figaro Magazine* où les villes avaient été classées d'après leur réputation à l'étranger : après la Capitale, seule Bordeaux, grâce à la renommée de ses vins, pouvait rivaliser avec Nice. Mais nous arrivions quand même tout de suite après Paris, parce que nous étions à la fois la ville du rayonnement culturel, du dynamisme économique et de la prospective grâce à Sophia-Antipolis. Il paraît que cet élan est cassé.

– De quelle réalisation êtes-vous le plus fier?

– De la prochaine. Ça a toujours été ma réponse. On est fier d'une réalisation quand on est en train de la créer. On se dit : « Eh bien voilà, dans deux mois j'inaugure ce théâtre, je mets en service ce musée, je fais fonctionner cette station-service, je vais avoir cette station d'épuration et le meilleur palais des congrès du monde. Je l'aurai totalement conçu et réalisé grâce à de remarquables collaborateurs et de très grands architectes niçois. »

On est fier, à ce moment-là, sans oublier pour autant ce qu'on a fait avant et la fierté qu'on a ressentie à chaque fois.

En réalité je suis fier de tout ce que j'ai fait. Mais ce dont je suis le plus fier, c'est de la prochaine réalisation. Et cette prochaine réalisation, elle se fera le jour où la mairie de Nice trouvera un maire qui dira : « Oui, Jacques Médecin a fait beaucoup pour la ville. Il n'est plus là mais il a laissé des dossiers, il a laissé des idées, des propositions (et Dieu sait si j'en ai laissé!). Il faut maintenant les traduire dans le concret et réaliser la cité judiciaire qu'il projetait, réaliser la couverture du Paillon, réaliser l'extension vers le nord du palais des expositions, réaliser la gare T.G.V. dans la plaine du Var, réaliser les grands tunnels d'accès sous Nice par la plaine du Var jusqu'à l'hôpital de Larchet, etc.

– Aux législatives de mars 1967, vous prenez votre revanche sur Diomède Catroux. Pourquoi celui-ci a-t-il échoué? Quel homme était-ce?

– C'était un homme finalement excellent avec lequel je suis devenu ami. Cette amitié est née à la projection du film *le Parrain* au cinéma « le Normandie », à Paris.

J'étais arrivé au début du film... En cours de projection, quelqu'un vient s'asseoir à côté de moi mais je n'y prête guère attention. A l'entracte je me retourne et je vois Diomède Catroux que j'avais pulvérisé aux élections.

On se met à parler et je découvre un homme charmant, mais fait pour la politique comme moi pour l'archevêché.

Il était viticulteur, grand propriétaire, assez jouisseur, aimable, mondain. Ceux qui l'avait lancé contre moi pensaient, bien sûr, que la gloire du général Catroux, son oncle je crois, rejaillirait sur lui. Ce qui a peut-être été vrai à la première élection car je manquais de maturité. Il avait été élu député des Alpes-Maritimes mais ça ne l'intéressait pas beaucoup de vivre à Nice. Sa femme, très mondaine, ne s'y sentait pas à l'aise. Toutes ses amies habitaient Paris. Il a donc un peu traité son poste par-dessus la jambe et moi j'ai eu beau jeu de lui accrocher une étiquette mortelle, celle du « député baladeur », car il ne cessait d'envoyer des lettres aux électeurs dans lesquelles il disait : « J'étais à Bruxelles où j'ai fait telle chose, j'étais à Luxembourg où j'ai fait telle chose, et à Paris, et à Strasbourg, etc. »

Je l'ai aussi accusé d'habiter Nice à l'hôtel, ce qui n'était pas vrai. Il habitait dans un appartement loué au mois, mais c'était quand même assez mal venu pour quelqu'un qui prétendait s'intéresser à la ville.

Et un jour, il a commis une faute extraordinaire. Il a envoyé des lettres à « Monsieur le maire de Gairaut », ce qui correspondait à peu près à écrire à « Monsieur le maire de la rue de Rivoli » à Paris. Son secrétariat ignorait que Gairaut était un petit quartier de la ville de Nice. Alors, bien sûr, j'ai publié cette lettre dans mon journal! J'en ai fait des gorges chaudes et tout cela a été soigneusement et systématiquement relayé et amplifié par mes partisans, par ce que *le Monde* a appelé le « système Médecin ». Ce sont les journalistes du *Monde* qui ont inventé le « système Médecin ». Mes adversaires s'étant rendus compte qu'il existait, sinon un système, du moins une « structure Médecin », se sont dit : « attention, ça peut permettre à Médecin de réussir et de durer, il faut donc attaquer sa structure ». Et ils ont lancé l'expression « système Médecin » comme un épouvantail. Ce sont encore les journalistes du *Monde*, d'ailleurs, qui après les dernières législatives ont lancé l'expression « bébés Médecin » pour les jeunes que j'ai fait élire...

– En 1967, votre antigaullisme ne s'encombre pas de nuances. Est-il exact que vous alliez partout répétant cette anecdote : « J'ai reçu, d'un étranger qui croyait me faire plaisir, une tapisserie à l'effigie du général; je m'en sers comme descente de lit pour pouvoir lui marcher sur la gueule tous les matins. »

– C'était le frère du Shah d'Iran qui m'avait offert, à titre personnel, cette tapisserie.

– Votre antigaullisme est tel qu'on vous voit fêter votre victoire en compagnie de communistes et de socialistes de la F.G.D.S., et vous féliciter publiquement de leur réélection. N'en faites-vous pas un peu trop ?

– Tout cela est archi-faux! Il s'agit encore d'une légende à laquelle il faut tordre le cou! Le jour de l'élection, je me suis rendu à *Nice-Matin* pour lire sur les panneaux les résultats du scrutin et j'ai vu, en ce qui me concernait, des résultats étranges, puisque je ne distançais Catroux que de cinq mille voix, ce qui était le score que j'avais réalisé au premier tour. Or les calculs que nous avions faits dans la permanence me donnaient quinze mille voix d'avance. Je dis à mes amis :

– Il y a un truc qui ne va pas, il faut que j'en aie le cœur net. On va aller au *Patriote.*

On file donc au journal *le Patriote,* dont les panneaux indiquent bien que je gagne avec quinze mille voix sur Diomède Catroux. A ce moment-là, Virgile Barel sort du *Patriote* qui, je le rappelle, était à l'époque le quotidien communiste de Nice.

– Virgile Barel que vous tutoyiez ?

– Non. Je n'ai jamais tutoyé de communistes! Sort donc Virgile Barel, ce cheval de retour dont les communistes avaient fait une espèce de saint laïc alors qu'il s'était conduit comme une ordure lors de l'épuration. En me voyant, il se précipite vers moi et me dit :

– Ah, que je suis content! Nous les avons écrasés! Nous les avons battus!

Et brusquement il me donne l'accolade à la manière sud-américaine.

– Vous voyez, Médecin, je fais cela en pensant à votre père (il est vrai qu'il avait pour mon père un respect certain). Je fais cela en pensant à votre père car je me souviens de la déception qu'il a éprouvée lorsque les Français ont voté au référendum contre l'Algérie Française.

Il me dit cela dans la rue. Cela s'est passé, bien sûr, devant quatre cent cinquante personnes; et sur les quatre cent cinquante personnes, il y en a une qui a raconté la chose à sa manière : « Médecin est allé embrasser Virgile Barel. » Mais ce n'est pas vrai! Je ne suis pas allé féliciter Virgile Barel, je n'ai pas fait le déplacement pour le voir. Je suis viscéralement anticommuniste et je l'ai d'ailleurs toujours écrit : on ne fait pas un bout de chemin avec le parti communiste, car faire ne serait-ce que quatre pas avec lui c'est se rendre complice de lui et du long cortège d'horreurs que ce parti représente depuis soixante-quinze ans.

– Diomède Catroux avait espéré vous battre avec ce slogan : « Catroux vous sert, Jacques se sert. » Aujourd'hui, après tout ce qui s'est passé, pensez-vous que certains Niçois sont fondés à croire que le slogan de Catroux était prémonitoire ?

– Quand on ne peut pas critiquer un homme politique sur sa politique sociale, sur sa politique scolaire, sur sa politique sportive, sur sa politique culturelle, sur sa politique administrative, sur sa gestion, alors le terrain idéal – ce n'est pas nouveau, c'est vieux comme le monde – c'est le terrain de l'argent. On peut toujours affirmer que quelqu'un se sert. Encore faut-il le prouver... Moi, en tout cas, je ne me suis pas rempli les poches grâce au fameux « plan de Constantine » dont se souviennent certainement les pieds-noirs sans fortune.

– Arrive mai 68 ; pas plus que les autres politiques, vous ne l'avez pressenti... Comment l'avez-vous vu et vécu sur le moment ?

– Je l'ai vu et vécu comme un gigantesque désordre, une espèce de fausse révolution parce qu'une révolution c'est au moins, quelquefois, une idée qui veut en chasser une autre. Hélas ! il n'y avait pas d'idée. Il s'agissait plutôt d'un combat de lâches contre une société en déliquescence, parce que les agresseurs de la société étaient sûrs de l'impunité. Or un combat ne vaut que par le risque que l'on court en le livrant. Je me suis donc tenu à l'écart de cette affaire, bien qu'elle m'apparût alors comme l'un des signes prémonitoires de l'effondrement du gaullisme, ce qui me permettait de nourrir l'espoir de voir de Gaulle disparaître. D'ailleurs, cela n'a pas été long. Cela a pris un an. Personnellement, je n'ai à aucun moment accepté de dialoguer avec les agitateurs de mai 68. Je les ai tenus en respect. Un jour, un petit groupuscule de ces étudiants bizarroïdes est venu à mon bureau et m'a demandé de faire flotter sur la façade de la mairie le drapeau rouge. Je leur ai dit :

– Messieurs, un seul drapeau flottera sur la façade de la mairie tant que les événements actuels se dérouleront, c'est le drapeau niçois.

Dans l'instant suivant, j'ai fait hisser le drapeau niçois et j'ai prévenu mes interlocuteurs en les sortant de mon bureau :

– Si jamais l'un d'entre vous cherche à y toucher, je l'attache aux grilles de la mairie et je le laisse là sans boire ni manger pendant des jours aux yeux de la population que je rameuterai. Et vous verrez qu'il y aura du monde pour venir l'engueuler...

Ils sont partis et je ne les ai plus jamais revus. En revanche, j'ai refusé systématiquement de m'associer à toutes les manifestations quelles qu'elles soient, y compris les défilés organisés par les contre-manifestants ; parce que je suis gardien de l'ordre public et que je m'oppose à tout ce qui peut constituer un trouble quelconque à l'ordre public, que ce soit dans un sens ou dans un autre.

– Le 22 mai 1968, à l'Assemblée nationale, vous votez pour la censure du gouvernement Pompidou. Il avait pourtant fait un beau discours, Pompidou. Vous le détestiez autant que de Gaulle ?

– C'était un gouvernement de De Gaulle. Ce n'était pas un gouvernement de Georges Pompidou président. Quand Georges Pompidou a été président de la République, je me suis efforcé de me réconcilier avec lui mais déjà, à cette époque-là, la désinformation avait fait son œuvre. Il y avait à Nice un groupe de gens qui me détestait cordialement. Ils avaient fait tout ce qui était en leur pouvoir pour m'empêcher de réussir. Dans ce groupe, on trouvait Pierre Pasquini, le général Binoche et l'ancien président de l'université qui s'appelait Jean-Claude Dischamps et qui s'est retrouvé giscardien. Par la grâce de Mitterrand, il a été nommé recteur de Clermont-Ferrand et il continue d'aller aux chasses présidentielles sous Mitterrand comme il y allait du temps de Giscard. Ce petit groupe s'était acharné à désinformer Pompidou sur mon compte. Ainsi, ils ont osé lui dire qu'au cours d'une réunion publique j'avais insulté madame Pompidou. Pompidou les a crus et il m'a détesté jusqu'à la fin de sa vie. Je lui ai un jour écrit une lettre pour lui dire : « Monsieur le président, que vous me croyiez ou non, je tiens à vous informer que je n'ai jamais, à aucun moment, prononcé contre vous ou madame Pompidou une attaque de nature personnelle. Je n'étais pas d'accord avec la politique de Charles de Gaulle, vous le savez. Je ne me suis pas fait faute de le dire car je pense qu'un adversaire courageux vaut mieux qu'un ami hypocrite, etc. » Cette lettre est restée sans réponse.

Plus tard, c'est monsieur Dischamps qui a fait de la désinformation sur mon compte auprès de Valéry Giscard d'Estaing. Leur argument à tous était toujours le même : « Médecin est un combinard », « Médecin est un affairiste ». Cela a été le grand leitmotiv. Pourquoi ? Parce qu'ils ne pouvaient m'attaquer sur rien d'autre. Ah ! si seulement j'étais un bon homme d'affaires !

La ville de Nice a le premier service social de France. Et je ne suis pas socialiste ! J'ai une ville où la proportion de vieux est plus forte que dans n'importe quelle ville de France et il se trouve qu'ils n'y meurent pas de faim. Au contraire, ils y sont heureux et bien traités. J'ai une ville où il y a une vie culturelle qui n'existe dans aucune autre ville de France y compris Paris. A Paris, on subventionne les petits copains et les partisans pour faire de la culture. Chez moi, on ne subventionne personne. La culture s'épanouit librement. Certes, elle vaut ce qu'elle vaut...

A un moment donné, on a voulu m'attaquer en disant : « Il aime les femmes, c'est un type qui ne pense qu'à courir le jupon. Il néglige la municipalité, il néglige la mairie parce qu'il est toujours entre deux femelles... » Seulement j'arrivais à six heures du matin à mon bureau et j'en repartais à neuf heures du soir. Les gens voyaient bien que j'étais là. Ça n'a donc pas marché.

Alors un beau matin ils se sont dit : « L'argent, il n'y a que ça pour l'abattre. » Le moins que l'on puisse reconnaître est qu'ils ont réussi. Quand on voit aujourd'hui la réputation qui m'a été faite, certaines mères de famille doivent interdire à leurs filles de me frôler dans la rue, ce qui n'était pas le cas du temps où j'avais une réputation de Don Juan.

– En 1972, vous créez le comité de liaison université-municipalité. Quel était son but ?

– Eh bien il y avait eu, en mai 68, des jeunes qui avaient manifesté non pas leur désir de faire pencher l'université à droite, mais simplement de ne pas laisser l'université être politisée. Autrement dit, il y avait des étudiants qui voulaient continuer de faire des études. L'université de Nice était récente et avait donc besoin d'aides municipales. Ce sont des étudiants élus au conseil de l'université et dans les syndicats estudiantins qui m'ont rejoint parce que, considérant Dischamps comme un président incompétent et nuisible à la tête de l'université, ils ne souhaitaient pas, en tant que citoyens et électeurs, le voir accéder à des fonctions de responsabilité à la tête de la ville. Mais comme je l'ai dit un jour, avant Maurice Druon : si l'on me tend la main, c'est pour recevoir des subsides. Mais il s'agit de savoir si, avec les subventions que j'attribue, on va acheter des cocktails Molotov pour me les faire péter dans la gueule. Bref, il faut que je sois informé de ce que deviennent les crédits que j'apporte à l'université pour faciliter les études. Pas les études des bourgeois, pas les études des pauvres, pas les études des moyens, pas les études des riches, pas les études des grands ou des petits, pas les études des gens de droite ou des gens de gauche : les études, tout simplement ! Comme aucune des associations existantes n'était prête à faire sérieusement cette enquête, j'ai créé un comité de liaison municipalité-université. Il se trouve que j'y ai recruté plus tard pas mal de mes collaborateurs. Michel Falicon, qui est devenu par la suite mon adjoint, Jean Oltra – que les policiers de monsieur Mitterrand persécutent avec une hargne injuste et haineuse – Hélène Mattéi qui est devenue mon chef de cabinet au conseil général, Gérard Renaudo, qui a été mon directeur de cabinet pendant plusieurs années à la mairie de Nice, et un certain nombre d'autres jeunes, brillants, de bonne facture, de bonne qualité.

– En juin 1968, les gaullistes parachutent Jean Cérez aux élections législatives. Qui est-il ?

– C'est un type qui a été secrétaire général des Alpes-Maritimes sous Pierre-Jean Moatti et que même Moatti a contribué à faire vider de Nice : c'est une espèce de petit bonhomme très sanguin qui, de surcroît, a connu quelques problèmes vite étouffés par la « famille » des fonctionnaires préfectoraux. Mais il fut néanmoins, et avec promptitude, purement et simplement vidé. Depuis, il nourrissait une espèce de haine contre les Alpes-Maritimes et il veut prendre une revanche ici, dans le département. On l'a présenté comme candidat contre moi mais j'étais à l'époque comme Ray Sugar Robinson... Les challengers faisaient un match contre moi; jamais deux, parce qu'ils sortaient du ring carrière terminée.

– *Il vous a accusé de collusion avec les communistes?*

– M'accuser moi de collusion avec les communistes, c'est un peu comme accuser le pape de collusion avec le diable! On peut toujours accuser, mais de là à le démontrer et à le faire croire aux chrétiens, on aura du mal.

– *De toute façon, malgré le raz de marée gaulliste, vous gagnez. Ça devient une habitude. Vous n'avez pas la grosse tête?*

– Non, pas du tout. Parce que chaque élection est un combat et un combat que je prépare. J'ai toujours comparé la compétition politique à la vie du champion de boxe, jusqu'à ma démission. J'ai jeté l'éponge parce que l'arbitre permettait à mon adversaire de me combattre avec des fers à repasser dans les gants. A partir du moment où l'arbitre est le complice des malhonnêtetés et des tricheries de l'adversaire, on sait que le combat est perdu d'avance. Alors, plutôt que de se faire détruire d'un coup de fer à repasser en pleine figure, on dit: « Bon, arrêtons-nous avant d'être tué. » Mais en temps normal, l'élection est pour moi un combat régulier. Et elle se prépare... le lendemain de la précédente élection! J'y avais entraîné mes hommes. On était trois cents, trois cent cinquante, je leur offrais un banquet. A la fin du repas je leur disais:
– Les petits, nous sommes le 1er mars, nous venons de gagner une très belle bataille, vous avez fait votre travail de façon merveilleuse, alors maintenant je vous laisse deux

mois tranquilles et après on recommence, parce qu'il ne faut pas oublier que dans deux ans nous avons de nouvelles élections. Et deux mois plus tard, hop ! on repartait en campagne. Je crois que nous avons toujours gagné parce que nous n'avons jamais improvisé !

– En 1968 les Soviétiques envahissent la Tchécoslovaquie et le gouvernement, par la bouche du ministre des Affaires étrangères de l'époque, caractérise cet événement de « péripétie »...

– Je m'en souviens très bien. J'avais écrit, d'ailleurs, un article au vitriol sur les divers commentaires et sur la lâcheté de nos démocraties en disant qu'un jour, à force de traiter ce genre d'événements de « péripéties », c'est nous qui y passerions... La chance a voulu que les choses tournent autrement. Je dois dire que deux ans avant Hélène Carrère d'Encausse, j'avais, dans l'un de mes éditoriaux de *l'Action Nice-Côte d'Azur*, précisé que selon moi le communisme ne périrait pas de l'extérieur mais de l'intérieur, que je ne pouvais pas préjuger de ce qui le ferait périr, mais que, de toute façon, le communisme imploserait et que ce serait vraisemblablement au niveau des démocraties populaires que se produirait l'étincelle finale.

– Vous vous êtes démené comme un beau diable pour faire voter « non » au référendum de 1969 sur les institutions et la régionalisation. Pourquoi ?

– Parce que c'était l'occasion pour moi de faire partir de Gaulle.

– On dit que vous avez pleuré après la victoire du « Non »...

– J'ai pleuré après la victoire du « Non ». Pleuré de bonheur. J'avais fait le tour de France ; je m'étais lancé dans une aventure invraisemblable dont personne n'a parlé, d'ailleurs, parce que la droite ne célèbre jamais ses héros, fussent-ils modestes. Avec un groupe d'amis, j'ai fait un travail extraordinaire... J'ai dit : « Il y a là l'occasion de faire partir de Gaulle puisqu'il a dit qu'il partirait en cas de « non ». Cette occasion, il ne faut pas la louper, et je crois que tous ceux qui peuvent mobiliser cinq mille voix, cinquante mille voix ou cent mille voix doivent essayer de le faire. Je suis persuadé que si je fais le tour de France, tribun comme je suis, je peux changer dix, quinze, cinquante mille voix. Si on est dix à le faire, on est sûrs de gagner. » J'ai convaincu trois ou quatre de mes amis qui m'ont sponsorisé. Une entreprise (nationale, d'ailleurs) a mis cinq camionnettes à ma disposition; une autre m'a donné un dispositif de sonorisation et nous sommes partis à une trentaine avec quinze millions de centimes. J'ai donné soixante-quatre réunions et quarante-huit conférences de presse à travers tout le pays.

J'ai eu des assemblées fantastiques. Je me souviens qu'à Caen, il y avait côte à côte la réunion de l'U.N.R. et la mienne. L'U.N.R. a eu à peu près huit cents personnes. Moi je prenais tous les gens qui se présentaient, y compris ceux qui n'étaient pas reçus à côté (les deux entrées étaient à vingt mètres l'une de l'autre). J'ai eu à peu près trois mille cinq cents personnes, dont Jean-Marie Louvel, le maire de Caen de l'époque, et j'ai obtenu un succès formidable.

Alors je ne dis pas que j'ai déplacé beaucoup de voix, mais n'en aurais-je influencé que vingt mille ou trente mille, c'est trente mille voix que de Gaulle n'a pas eues. Le soir du référendum, en entendant les premières prévisions qui disaient que le « Non » l'emportait d'au moins 6 %, ou 8 %, c'est vrai, j'ai pleuré en pensant à mon père.

– Et quand de Gaulle est mort, vous vous êtes réjoui ?

– Je n'ai pas eu l'indécence de célébrer cela au champagne comme certains gaullistes de Nice l'avaient fait pour la mort de mon père.

– Pendant la bataille présidentielle vous êtes pour Poher, mais après la victoire de Pompidou vous votez la confiance au gouvernement Chaban et vous lui manifestez ouvertement votre sympathie. Vous aviez de bonnes relations avec Chaban ?

– Je n'avais pas de bonnes relations avec Chaban, mais j'ai pensé qu'étant donné que de Gaulle n'était plus là, on pouvait espérer un changement. Pompidou avait fait un discours qui était un discours de président de la République préoccupé enfin d'économie dans un pays qui avait besoin d'une remise en ordre sérieuse... La preuve en a été que, quelques jours plus tard, la dévaluation s'avérait nécessaire. Donc j'estimais que, sans être un chaud partisan de Chaban-Delmas ni de Pompidou, le moment était venu pour moi d'enterrer la hache de guerre. J'avais eu des divergences tout à fait fondamentales avec de Gaulle : elles portaient sur son comportement pendant la guerre à l'égard d'un certain nombre de gens et d'événements que vous connaissez mieux que moi, notamment lorsqu'il s'est agi de pactiser avec Maurice Thorez dans la résistance active. Je lui en voulais aussi pour les graves erreurs du gouvernement d'Alger. Je lui en voulais pour son comportement à l'égard des Américains, car son antiaméricanisme avait quelque chose de maladif et de malsain. Je lui en voulais pour son attitude dans la guerre des Six Jours parce que j'estimais que le peuple juif, à ce moment-là, avait plus que jamais besoin du soutien d'un pays comme la France ; or la France lui avait vendu des avions mais, par l'arbitraire du général de Gaulle, ne lui vendait pas les pièces détachées... Ce qui est honteux. Je lui en voulais pour son comportement de renégat vis-à-vis de l'Algérie française, parce qu'il avait donné confiance à un million deux cent mille Français qu'il avait trahis de façon horrible et douloureuse... Tout cela disparaissait avec de Gaulle. Restait et reste malheureusement cette Constitution de la Ve République, qui est violemment antidémocratique parce qu'elle favorise, nous le voyons au plan judiciaire, la confusion plutôt que la séparation des pouvoirs. Restait et reste aussi cette fonctionnarocratie dont de Gaulle a été le premier président. Sur quatre présidents de la République trois fonctionnaires, et sur dix Premiers ministres dix fonctionnaires depuis que la Ve République existe. Nous sommes fonctionnarisés du haut en bas de l'échelle. Pompidou apparaissait cependant comme le moins fonctionnaire des fonctionnaires ayant occupé un poste gouvernemental. Quant à Chaban-Delmas, pour moi... Ce n'était même pas la IVe, c'était la IIIe République.

– *Vous le connaissiez personnellement ?*

– Non, pas personnellement. Quand Pompidou est mort, Chaban-Delmas m'a demandé d'aller le voir à son domicile de la rue du Docteur-Blanche. J'y suis allé, il m'a reçu comme un solliciteur avec qui on veut être courtois cinq minutes. Ce n'était pourtant pas moi qui avais souhaité l'entrevue! Il me dit :

– Médecin, écoutez, je ne vais pas y aller par quatre chemins, je suis candidat à la présidence de la République, vous le savez, j'aimerais que vous m'apportiez le soutien de votre ville.

Et il a entonné un beau couplet sur Nice, Nice c'est un peu comme Bordeaux, Nice c'est la cinquième ville de France, Nice c'est ceci, Nice c'est cela. C'est tout juste s'il ne s'est pas redressé pour chanter la *Marseillaise*. Enfin il conclut :

– Et puis, vous savez très bien, Médecin, que si Chaban-Delmas est président de la République, il y aura toujours une place pour le maire de Nice à la table de ce président.

J'aurais dû lui dire : « Moi, monsieur, je n'en ai rien à foutre de votre table... » Mais ce n'était pas le style IIIe République. Donc je lui ai répondu : « Bien, bien, monsieur le Premier ministre. »

– Est-ce que je peux compter sur vous? a-t-il insisté.

– Je ne me suis pas fait d'opinion pour l'instant. Je ne sais pas qui est candidat mais je serai heureux d'appuyer la candidature du candidat de droite qui aura le plus de chances d'être élu et je le ferai, je peux vous l'assurer, sans aucune retenue. Au revoir, monsieur le Premier ministre.

– Au revoir, monsieur Médecin...

J'avais vraiment l'impression que je l'avais dérangé alors que c'est lui qui m'avait convoqué.

– Il vous a quand même accordé son appui pour les élections municipales ?

– ... Ouais... tant mieux s'il croit encore que j'ai pu en avoir besoin...

– Mais Pompidou a imposé une liste composée uniquement de gaullistes et de giscardiens. Pourquoi cette torpille contre vous ?

– Je vous l'ai dit. Pompidou avait été convaincu par un groupuscule de désinformateurs locaux que j'avais tenu sur sa femme des propos inconvenants à l'époque où elle était l'objet de critiques de caractère intime. Ce genre de coup bas n'a jamais fait partie de mes armes, car j'en ai déjà subi plus que de raison. J'ai préféré ne jamais descendre à ce niveau-là. Mais Pompidou n'a pas été sensible à ma lettre d'explications. Vous savez, il y a beaucoup de gens qui aiment entendre un certain son de cloche, et ils ne reçoivent la visite que de ceux qui font entendre ce son de cloche. Bavastro, pendant des années, n'a su de moi que ce que lui rapportaient un certain nombre de gens qui n'avaient qu'un but, celui de me nuire. Parmi ces gens, il y avait un certain docteur Toussaint, un zéro majuscule qui, à Nice, avait des ambitions politiques. Il a été de tous les bords, radical de droite, radical de gauche, giscardien, n'importe quoi! Bref, un homme à convictions caoutchouteuses, qui était l'ami de Bavastro (je ne sais trop pour quelles raisons) et qui lui racontait qu'il m'avait vu et que j'avais dit ou fait ceci ou cela...

Madame Edmonde Charles-Roux, de son côté, a raconté un jour à la princesse Caroline de Monaco que dans un dîner j'avais médit d'elle. Or, Edmonde Charles-Roux, je ne sais même pas comment elle est fabriquée! Je n'ai, bien entendu, jamais partagé le pain et le sel avec elle, quoi qu'elle ait prétendu. A la suite de ces calomnies, Rainier m'a demandé de venir le voir; ce que j'ai fait car je suis en termes très amicaux avec lui. Je lui ai dit : « Je vous supplie de me croire, je suis prêt à le jurer, à écrire à la princesse Caroline, à subir la confrontation avec madame Charles-Roux. Je vous donne ma parole, Monseigneur, que si l'immonde Edmonde entrait dans la pièce avec trois personnes, je ne saurais pas la distinguer! »

– *En mars 1971, vous avez gagné au premier tour. Mais vous aviez conclu une alliance avec la S.F.I.O. Et même, vous n'avez pas hésité à vous positionner un peu au centre-gauche...*

– Ah, pas du tout!

– *Souvenez-vous...*

– Mars 1971? C'est vrai, j'ai fait une alliance. Mais pas avec la S.F.I.O. : avec Thérèse Roméo, c'est très différent. Thérèse Roméo était une grande prêtresse locale de la S.F.I.O., certes. Disons plutôt qu'elle incarnait la S.F.I.O., dans l'esprit des foules locales... Pour moi, c'était une grande humaniste, professeur de français-latin-grec, une femme d'une immense culture et d'une grande qualité. Nous nous sommes appréciés mutuellement et il s'est trouvé que nous sommes finalement devenus amis. Elle était fondamentalement antigaulliste et au moins aussi anticommuniste. Elle me considérait comme un homme de droite mais certainement pas comme un homme extrémiste de droite. Thérèse avait pour moi beaucoup d'affection et c'était réciproque. De sorte que, lorsqu'en 1971 j'ai eu à constituer ma liste, je lui ai dit : « Mais, enfin, Thérèse, pourquoi serions-nous adversaires? » C'était, bien sûr, avant la signature du programme commun de la gauche!

Et elle est entrée sur ma liste. Quant à moi, je ne me suis pas situé au centre-gauche, je me suis situé où j'étais... C'est-à-dire toujours au même endroit, dans cette droite thatchérienne dont je vous parlais. La mère Thérèse est venue sur ma liste avec deux ou trois de ses amis et quand, en 1972, il y a eu la signature du programme commun, elle s'est fait exclure du parti socialiste. Elle qui avait pendant des années incarné le socialisme, elle s'est fait jeter. Après quoi, le socialisme a fabriqué ses petits marquis locaux, les nouveaux venus, les Cavaglione, Joselet et compagnie qui, eux, se sont découvert une foi de socialistes grand teint, agressifs, intransigeants...

– *A cette époque, en 1971, paraît un livre :* la Côte d'Azur assassinée, *de Camille Bartoli et René Richard. On commence ouvertement à critiquer la frénésie immobilière qui s'empare de Nice et de la Côte. Vous vous sentez particulièrement visé ?*

– La frénésie immobilière ne s'empare pas des régions qui ne sont pas hospitalières ou qui ne sont pas équipées. De deux choses l'une : ou on laisse la Côte d'Azur dans un état de sous-équipement total et il n'y aura pas de frénésie immobilière parce que les gens ne voudront pas vivre dans la mouscaille jusqu'aux oreilles, ou bien on l'équipe parce que c'est une nécessité, et à ce moment-là il y aura des constructions qui s'édifieront.

Dans ce dernier cas, il y a généralement deux écoles, aussi excessives l'une que l'autre. La première consiste à dire : il faut tout laisser faire, tout laisser construire. Je ne suis pas pour, c'est trop... La seconde consiste à penser : il ne faut rien laisser construire. Mais ne rien laisser construire, c'est une politique élitiste parce que si vous arrêtez totalement la construction sur la Côte d'Azur, le moindre mètre carré va valoir des milliards. Il n'y aura donc plus que les hyper-riches qui pourront vivre ici et encore pas très bien, car ils n'auront pas à leur service des ouvriers pour leur réparer leur plomberie ni des domestiques pour les servir à table. Ils ne viendront donc pas sur la Côte d'Azur. Résultat : ce sera la désertification. L'arrêt complet de la construction, c'est l'asphyxie d'une région. Avec, en prime, l'élévation des coûts et des prix. Tout ce qui est rare est cher. A partir du moment où le mètre carré devient rare, il devient de plus en plus cher. C'est déjà le cas parce qu'on construit de moins en moins par rapport à la demande. Or une enquête a fait apparaître que trente-deux millions d'Européens aimeraient vivre sur la Côte. S'il y a trente-deux millions d'habitants qui viennent se fixer dans un pays qui n'en supporte pour l'instant qu'un million, cela veut dire ou bien que l'on construit trente-deux fois ce qui existe, ou bien que l'on garde ce que l'on a et qui vaudra trente-deux fois plus cher. Mais si l'on construit trente-deux fois ce qui existe, ça ne vaudra plus rien parce qu'on aura tellement assassiné le paysage qu'il n'y aura plus personne pour vouloir y vivre. Il faut donc faire la part des choses et préserver un certain équilibre.

Précisons en outre que les auteurs du livre *la Côte d'Azur assassinée*, René Richard et Camille Bartoli, mais surtout René Richard que j'ai bien connu, font partie de ces gens qui ont découvert ce paradis à l'âge de la retraite. Or, à cet âge, ce qu'on cherche, c'est à avoir un petit coin de terre avec une petite échappée sur la mer et conserver celle-ci le plus longtemps possible. Si un promoteur vous construit trois étages devant, vous n'êtes pas content. Et ça a été un peu le cas de René Richard. Ses propositions tenaient compte du danger qu'il y a de trop laisser construire sur la Côte d'Azur, mais pas du danger qu'il y aurait à interdire complètement toute construction. La Côte d'Azur est vouée, à mon avis, à l'évolution irréversible de tous les sites à succès. Mais on peut limiter les excès.

– Globalement, jusqu'en 1972, tout va bien. Mais en février de cette année-là, il y a des remous au sein de votre équipe. Francis Jouhaud donne sa démission. Pour ce que l'on sait, il vous reproche vos projets grandioses et de vou-

loir faire un emprunt colossal de cent trente millions de dollars, soit la moitié des recettes totales de la ville. Avec le recul, avait-il raison ?

– Oh! certainement pas... D'abord, parce que je crois que j'ai eu raison, moi, d'avoir des projets grandioses lorsqu'il s'agissait de projets raisonnables... Je m'explique. Si, par exemple, je fais une piscine pour une ville de quatre millions d'habitants alors que je n'en ai qu'un million, oui c'est un projet grandiose et déraisonnable... Mais concevoir un palais des congrès pour un million d'habitants alors que Nice atteint déjà sept cent mille habitants l'été, je crois que cela fait partie des choses raisonnables. Quant à s'endetter, c'est une technique bien connue de l'administration. Vous vous endettez, certes, mais vous avez immédiatement quelque chose qui fonctionne. Quand je me suis endetté pour mon palais des congrès, je me suis endetté pour vingt ans en 1985. Mais depuis sa réalisation le Palais rapporte, et il contribue de façon spectaculaire à l'essor commercial de la cité. Autrement dit, les recettes du palais des congrès vont aider à rembourser les emprunts nécessaires à sa réalisation. Alors que si l'on avait attendu l'an 2000 pour construire ce palais qui m'a coûté quelque chose comme huit cent millions avec les aménagements alentour... c'est près de deux milliards qu'il aurait fallu dépenser, et il n'aurait rien rapporté entre-temps. Donc, l'important est de savoir faire des emprunts pour des équipements qui rapportent...

Jouhaud, en fait, n'a pas démissionné pour ça. Il faut dire les choses comme elles sont... Il a démissionné parce qu'il y avait entre ma famille et la sienne une histoire assez sordide d'intérêts locatifs.

– Quand vous étiez maire de Nice, vous estimiez avoir toujours raison ?

– Non, pas du tout.

– Tout le monde peut, à un moment ou à un autre, surtout quand tout lui réussit comme à vous, avoir un accès de mégalomanie, non ?

– Je n'ai jamais pensé que j'avais toujours raison. Aucun de mes collègues, aucun de mes amis, aucun de mes proches, aucun de mes collaborateurs – et notamment les techniciens – ne pourrait vous dire que j'ai refusé ses avis, ses conseils et que j'ai refusé de m'y soumettre dès lors que l'on m'en faisait part. Un jour, il s'agissait pour moi de faire un parking derrière la mairie. Il y avait trois possibilités : ou l'enterrer complètement, mais ça revenait très cher parce qu'on se trouvait dans la nappe phréatique entre le Paillon et la mer ; ou l'enterrer à moitié et ça faisait quatre étages moins chers et deux étages plus chers ; ou bien le construire totalement en surface mais ça revenait tout de même assez cher parce que les fondations se faisaient en nappe phréatique. Évidemment, il y avait aussi une question d'esthétique du quartier. J'ai donc posé la question à mes conseillers municipaux :

– Je ne vous demande pas de me répondre maintenant et je vous promets que je ne rendrai pas publiques vos lettres. Écrivez-moi pour me dire si vous êtes pour la solution 1, totalement enterrée, la solution 2, moitié-moitié, ou la solution 3, complètement à l'air libre.

Évidemment, comme je m'y attendais, un gros tiers était favorable à la solution moitié-moitié mais un petit tiers était favorable à la 1 et un petit tiers à la 3.

Qu'est-ce que j'ai fait ? J'ai pris la solution intermédiaire. Et bien entendu, les deux petits tiers ont dit : « Médecin n'en fait qu'à sa tête ».

– De toute façon, le départ de Jouhaud ne vous trouble guère si on en juge par votre activité de l'époque. Vous vous lancez dans une campagne en faveur du libéralisme dans votre mensuel l'Action Nice-Côte d'Azur, *vous vous attaquez au problème des M.J.C. où vous dénoncez l'influence communiste, et vous écrivez même un livre sur la cuisine du Comté de Nice. Vous êtes bon cuisinier ?*

– J'adore faire la cuisine. C'est une de mes distractions favorites. Je crois que je ne suis pas mauvais cuisinier et j'aime la cuisine parce que c'est un plaisir altruiste. Pendant que je cuisine, je me régale, je suis heureux, je fais sérieusement quelque chose de relativement futile... C'est distrayant... Et quand on a terminé, on fait partager sa joie à tous ses amis qui aiment manger quelque chose d'agréable.

– Revenons-en aux maisons des jeunes et de la culture... Que leur reprochiez-vous exactement ?

– Je leur reprochais de se servir de l'argent de la municipalité pour acheter des appareils de reproduction, des machines à polycopier et à imprimer, afin de faire des affiches et des tracts qui m'attaquaient de façon odieuse. Mais il y avait plus grave. Il ne faut quand même pas oublier la réalité : les M.J.C. sont entre les mains de la gauche. Je ne dis pas que la gauche va jusqu'à faire du trafic de drogue pour garnir ses comptes en banque ou fournir Françoise Sagan, mais ce qui est sûr c'est que sa permissivité a rendu possible l'introduction de la drogue en France. Les M.J.C. ont été des foyers de contestation, de révolution, de... drogue-parties, et j'en ai eu des témoignages nombreux. Des parents sont venus me voir et se sont plaints. Vous croyez que la presse s'est fait écho de ces doléances ? Pas du tout ! Alors il a bien fallu que j'intervienne. Ayant été mis au courant par les familles de toutes les fantaisies contraires à la morale et à la santé des jeunes qui fréquentaient ces lieux, j'ai accusé ouvertement les M.J.C. d'être des « pourrissoirs ».

– On a parlé à l'époque d'un drapeau français maculé d'excréments exposé dans une M.J.C... Une provocation ?

– Lorsque c'est moi qui provoque, les esprits forts jugent ce comportement inacceptable ; lorsque ce sont des voyous qui détruisent systématiquement quelques principes de base de la société, c'est une provocation acceptable. C'était dans le cadre d'une exposition dite de peinture et d'art à laquelle était convoquée toute la population. Et puis, le drapeau national, c'est le drapeau national. On ne doit pas accepter qu'il soit recouvert d'excréments. Moi, je ne suis pas forcé d'approuver. Donc, je n'approuve pas, je ne subventionne plus. Moi, en tant que maire de Nice élu par une population qui partage mes opinions et qui me mandate pour défendre ses opinions, je ne tolère pas. Voilà!

– Aux élections législatives de 1973, Giscard veut vous faire la peau. Du moins semble-t-il. Pourquoi? Vous connaissiez V.G.E.?

– Non, je ne connaissais pas V.G.E. à ce moment-là. Ce sont les giscardiens qui ont très hypocritement déclenché contre moi la candidature de Jean-Claude Dischamps. Feu Michel d'Ornano a alors joué vis-à-vis de moi un rôle assez déplaisant : tandis que Poniatowski me jurait que les giscardiens ne présenteraient jamais de candidat dans ma circonscription afin de ne pas diviser les voix de la droite au niveau parisien, d'Ornano suscitait la candidature de Dischamps, la facilitait et la soutenait.

– Les attaques de Dischamps sont particulièrement dures. Il écrit : « Il est notoire que les intérêts de notre région, de notre ville sont mal défendus par monsieur Jacques Médecin, qui a développé un système détestable fait d'allégeance personnelle et de favoritisme. On en constate quotidiennement les conséquences déplorables pour l'intérêt général. Nombreux sont ceux qui ont pris conscience de la nécessité de mettre un terme à cette féodalité anachronique, aux mœurs florentines. Il est grand temps que cela change et qu'il ne soit plus indispensable d'être un « ami » de Jacques Médecin pour se faire entendre. Nice ne doit pas être la propriété d'un homme. » Or curieusement, vous qui êtes courageux, vous refusez le face-à-face organisé par Télé-

Monte-Carlo le 28 février 1973. Pourquoi? Vous avez peur?

– Non, mais ces face-à-face sont des trucages. Je reprends toujours mon exemple du boxeur. Vous êtes le champion tenant du titre. Si on vous dit : « Monsieur, demain, vous rencontrez le challenger monsieur Dupont. » Vous dites : « D'accord. » Si on vous dit ensuite : « Après-demain, vous rencontrez le challenger monsieur Durand », vous dites toujours d'accord. Si on vous dit le jour d'après : « Vous allez rencontrer le challenger monsieur Dubois », vous dites d'accord.

Mais si l'on vous dit : « Le même soir, sur le même ring, vous allez rencontrer – vous, défenseur du titre – à la fois les challengers Dupont, Durand, et Dubois », vous refusez ce prétendu face-à-face qui devrait s'écrire au singulier pour le défenseur du titre, et faces au pluriel pour les attaquants. Vous savez que ceux-ci vont se relayer et qu'on va donner, soi-disant dans le souci de l'équité, le même temps de parole à chacun. Vous allez donc avoir un quart du temps de parole pour défendre votre politique, tandis qu'eux auront trois quarts du temps de parole pour vous attaquer. Il est évident que cette machination très en faveur à la télévision contre la droite n'est pas acceptable. Toutes les fois qu'on m'a dit : « On va vous poser les mêmes questions qu'à monsieur Dischamps, vous avez tant de secondes pour répondre », j'ai marché. Ce n'est pas la confrontation avec monsieur Dischamps qui me gênait. C'est le trucage et l'injustice.

Quant aux attaques de Dischamps prétendant que seuls mes amis étaient servis à Nice, la population savait que c'était faux. Il a également proclamé que ma mère était l'actionnaire de la société des parcmètres de la ville de Nice. Or il n'y a pas de société des parcmètres à la ville de Nice et, par conséquent, il n'y a pas d'actionnaires. J'ai fait condamner en correctionnelle bon nombre de diffamateurs qui avaient repris et amplifié ces accusations scandaleuses.

– Pourtant, Jean-Claude Dischamps est président de l'université de Nice. Ce n'est pas n'importe qui...

– Je sais. Mais il a beau être le président de l'université de Nice, c'est quand même lui qui en 68, pour manifester sa sympathie avec les voyous, a piétiné son insigne du Rotary et a laissé coiffer un de ses anciens professeurs, Louis Trotabas, d'une poubelle par les « étudiants » gauchistes.

– De toute façon, vous êtes réélu en mars 73. Avez-vous l'impression que rien ne peut vous atteindre ?

– Pas du tout. J'ai toujours eu l'impression au contraire d'être très vulnérable. Mais je me rends compte aussi, après chaque élection, que le peuple niçois est un peuple de bon sens et qu'il faudra autre chose que des assertions assenées par des gens de passage – monsieur Dischamps n'était qu'un parachuté – pour qu'il se laisse convaincre que je ne suis pas un bon maire.

CHAPITRE IV

POLITIQUE POLITICIENNE

– En 1973, le groupe des réformateurs démocrates sociaux présidé par Jean Lecanuet vous désigne comme secrétaire à la commission des lois de l'Assemblée nationale... Pour quelqu'un qui n'a pas terminé sa licence en droit, c'est assez drôle, non ?

– Je crois que je suis allé à la commission des lois parce que cela m'intéressait sur le plan humain. On ne fait pas grand-chose, à l'Assemblée nationale. L'Assemblée nationale est un outil terriblement décevant. Quand on a la chance d'être maire et qu'on est, en tant que tel, un décideur et un réalisateur, se retrouver ensuite au milieu de six cents personnes, avec une voix qui compte pour du beurre et des propositions qui ne sont même pas prises en compte, avec une espèce de collégialité paralysante, on s'aperçoit qu'on est parfaitement inutile. Alors, j'ai estimé que la commission des lois pouvait présenter un certain intérêt. J'y suis resté quelque temps et puis j'en suis parti. Quant aux diplômes, je vais vous dire : les lois n'ont jamais été si bien faites en France que lorsqu'elles étaient fabriquées par des paysans qui avaient tout juste leur certificat d'études...

– En septembre 73, vous êtes élu président du conseil général, à la demande, précisez-vous publiquement, du préfet et

de Michel Bavastro... Bref, de vos adversaires. C'est curieux... Y a-t-il eu un marché ?

– Pas du tout. Personnellement je n'ai jamais souhaité être président du conseil général, car j'estimais que c'était trop de travail. J'ai donc plutôt évité la candidature. Mais il faut bien reconnaître que Francis Palmero avait commis quelques... erreurs dans sa gestion. Le préfet de l'époque, René-Georges Thomas, et surtout Pierre Costa, le secrétaire général des Alpes-Maritimes, m'ont incité à me présenter. Et Bavastro m'a dit : « Il faut y aller, vous auriez tort de laisser la présidence à Menton... Ce n'est pas normal, ça revient à Nice. »

– Il vous voulait du bien... ?

– Je crois que Bavastro, au fond de lui-même, m'aime beaucoup et qu'il doit être contrarié de m'aimer autant... Cela doit le gêner. Heureusement que de temps à autre il y a ces petits marquis rouges qui viennent l'alerter contre moi – à commencer par son propre petit-fils – et lui dire : « A trop sourire à Médecin vous perdez des lecteurs, il faut lui rentrer dans le chou. » Aussitôt il vire lof sur lof... et il ne gagne pas un lecteur pour autant.

– Sur le plan politique, et notamment en matière d'immigration, vous tirez la sonnette d'alarme dès 1971.

– Bien sûr.

– On vous accuse d'extrémisme. Ça ne vous émeut pas ?

– Non. J'avais déjà et j'ai encore raison, les événements actuels le prouvent.

– En juin 1973, il se produit un événement qui peut avoir pour vous des conséquences importantes : les socialistes

niçois, avec qui vous passiez des alliances conjoncturelles, sont exclus du P.S. Est-ce la fin du « parti niçois »? N'est-ce pas pour vous le début de la fin, même si celle-ci est encore lointaine?

– Non, parce que je ne crois pas que le P.S. ait finalement jamais fait partie de la vie niçoise. Il y a à Nice une opinion de gauche, mais elle a oscillé depuis 1936. Cette fraction de gauche a passé successivement du socialisme au radical-socialisme extrême, puis à nouveau au socialisme, puis au communisme à la Libération, et au socialisme encore à l'occasion du programme commun. Alors parler de mes alliances conjoncturelles avec les socialistes niçois...

– Après la mort de Pompidou, le 2 avril 1974, les gaullistes vous font du pied et vous leur préférez Valéry Giscard d'Estaing. On dit qu'il vous aurait promis la reconnaissance d'une région Côte-d'Azur indépendante de Marseille et un poste ministériel. Vrai ou faux?

– Il ne m'a rien promis du tout. Giscard d'Estaing ne promet jamais rien. Mais il est vrai qu'il m'a dit, le jour où je l'ai rencontré, qu'il me considérait comme le meilleur spécialiste du tourisme en France et qu'il saurait s'en souvenir au moment où le Premier ministre qu'il désignerait serait appelé à former le gouvernement. En gros, il m'a laissé entendre qu'il suggérerait au Premier ministre de me nommer au Tourisme. Et quand je lui ai parlé de la promesse de Pompidou de créer une région Côte-d'Azur, il m'a dit qu'il se donnait quelques années pour voir comment fonctionnerait le découpage en place mais qu'en 1980, en tout état de cause, il permettrait aux départements de décider eux-mêmes de leur appartenance à telle ou telle région. J'ai compris tout de suite qu'il s'agissait d'une façon de noyer le poisson pour la bonne raison qu'en France, jamais on n'est revenu sur une erreur... législative, fût-elle la plus catastrophique du monde. Or les régions, telles qu'elles ont été conçues, sont une ineptie et un handicap considérable pour la vie économique du pays.

– V.G.E. est venu chez vous, dans votre villa de Lou Soubran, et vous avez même fait une partie de pétanque ensemble, n'est-ce pas ?

– Giscard d'Estaing est arrivé pour donner sa réunion à Nice. Très affligé par une extinction de voix, il devait, pour la combattre, se faire injecter je ne sais trop quel produit dans la fesse. Il a fait appel à la femme de Fernand Icart qui a des compétences en matière médicale. Je lui ai prêté ma salle de bains. Après quoi, à la demande des journalistes, nous avons organisé une fausse « compétition » sur du béton, ce qui n'était pas l'endroit idéal, mais ça avait l'avantage d'être devant la maison.

Autour de nous, lors des prises de vue, il y avait quelques gros bras indispensables dans ces circonstances; car il faut éviter que le candidat ne soit bousculé. Parmi ces gros bras il y avait mon poissonnier, un ancien boxeur, un garçon tout à fait honorable et gentil. Or, trois ans après, que vois-je dans *le Canard Enchaîné* ? La photo de mon poissonnier à côté de Giscard d'Estaing et un article prétendant que mon poissonnier était Urbain Giaume, dangereux trafiquant de drogue!

J'ai aussitôt pris la défense de Giscard et *le Canard Enchaîné* a commencé à me poursuivre de sa haine tenace...

Faut-il préciser que je n'ai jamais trouvé, dans l'entourage de Giscard, le moindre ami ni pour me tendre la main ni pour me remercier d'être venu au secours de son patron?

– Vous avez bien connu Giscard d'Estaing ?

– Sa femme elle-même le connaît-elle bien?

– Que s'est-il passé pour vous après son élection ?

– Dischamps, qui était jaloux comme une vieille cocotte, lui a écrit pour lui dire que j'étais une crapule qui trempais dans un certain nombre de scandales financiers. Déjà s'amorçait cette campagne qui n'a fait que se développer par la suite.

– Précisément, on commence à vous accuser d'affairisme. Et, semble-t-il, avec quelques raisons : l'architecte du projet du mont Vinaigrier n'est autre que... votre beau-frère.

– On ne peut pas empêcher...

– Et le promoteur d'un grand hôtel près de l'aéroport n'est autre que votre propre mère ?

– Pas du tout... C'est absolument inexact ! L'architecte du projet du Vinaigrier est certes mon beau-frère, mais de quoi s'agit-il ? Le Vinaigrier est un parc public. Le projet ne rapportera donc rien puisqu'il n'y a rien de construit dessus. Ce n'est pas quelque chose de rentable, de lucratif... Mon beau-frère m'avait simplement fait une étude pour qu'on puisse y réaliser un certain nombre de petits équipements récréatifs, des jeux, etc. C'était plutôt sympathique. Mon beau-frère est architecte, et ce n'est pas parce qu'il est mon beau-frère que je dois le refuser systématiquement quand il me propose quelque chose pour un terrain municipal. Il avait fait l'étude sans que je la lui commande. Il me l'a apportée. Elle m'a séduit. C'est tout !

Je pourrais vous dire aussi que mon propre frère, qui depuis des années demandait à être directeur de l'opéra de Nice, ne l'est pas devenu par ma grâce parce que j'ai toujours refusé le népotisme. Ce n'est pas moi, en France, que l'on appelle « Tonton »...

Quant à ma mère promoteur d'un hôtel, c'est totalement faux ! L'histoire est tout autre !

Ma mère était propriétaire d'un terrain à l'aéroport... Elle l'a cédé à la société Holiday Inn contre la dation de mètres carrés en bureaux, dans les formes les plus légales.

– Le jumelage de Nice avec Le Cap provoque également un beau tollé. Vous aimez la provocation ?

– Pas du tout. Je ne suis pas un partisan de l'apartheid. Mais cela ne m'empêche pas de me rendre au Cap dans le cadre d'une mission parlementaire, pour m'informer. Je ne suis pas de ces élus qui s'inventent des missions pour faire du tourisme. Moi, le tourisme, je le fais tout seul, à mes frais, avec mes femmes. Je ne le fais pas avec l'argent du contribuable. A ce propos, est-il exact que le prochain voyage d'études de mes collègues des Alpes-Maritimes est prévu en plein été, au mois de janvier... en Uruguay? J'entendais dire beaucoup de choses sur l'Afrique du Sud mais avant de critiquer – comme la plupart des imbéciles qui défilent dans la rue en France en manifestant contre l'Afrique du Sud sans même savoir où elle se situe exactement –, j'ai voulu me faire ma propre opinion.

Nous arrivons donc et nous tombons sur un ambassadeur de France qui nous fait du pays une présentation assez objective, agrémentée d'une proposition honnête.

– Je suis persuadé que si une ville comme la vôtre acceptait le jumelage avec une ville sud-africaine, on pourrait y faire évoluer les choses en incitant votre collègue d'ici à renoncer à certaines formes de racisme.

Je demande à réfléchir et, là-dessus, lors d'une réception offerte en mon honneur dans la résidence de l'ambassadeur de France, je rencontre le maire du Cap qui ne doit pas être très raciste puisqu'il s'appelle David Blumberg. Il est devenu depuis un avocat fort célèbre en Afrique du Sud, c'est un homme jeune et très sympathique. Et il me dit à son tour :

– Ça nous ferait du bien de nous ouvrir sur l'extérieur, ça nous permettrait d'évoluer.

Bref, je trouve un homme très enclin à faire peu à peu disparaître l'apartheid...

De retour à Nice, je propose ce jumelage à mon conseil municipal en lui donnant une information aussi complète que possible. Nous décidons de nous rendre sur place en délégation, et mes collègues reviennent tous convaincus. Pour nous, le jumelage, c'était un rapprochement entre la population de Nice et celle du Cap, pour parvenir précisément à une meilleure connaissance des problèmes. D'ailleurs, Le Cap a été la première ville d'Afrique du Sud à renoncer au « Petty apartheid » (bancs réservés aux Blancs, bancs spéciaux pour les Noirs, etc.). Et je peux affirmer que notre jumelage a fait beaucoup de choses en faveur de la communauté noire. Aujourd'hui, l'évolution se produit dans le sens que nous avons préconisé. Je ne voudrais pas prétendre que j'y ai pris une part déterminante mais enfin si nous avions, comme tous les autres, condamné en paroles, de loin et sans dialogue, rien n'aurait encore changé. Maintenant, il est certain que par rapport aux crimes qui sont perpétrés dans les pays baltes, je pense que l'Afrique du Sud est un pays à moindres problèmes. Et nul ne songea jamais à me demander de remettre en cause le jumelage entre Nice et Yalta où se déroulaient pourtant des procès antisémites.

– Vous adhérez aux républicains indépendants en septembre 75. C'est Ponia qui vous y a poussé ?

– J'y ai adhéré de moi-même. J'ai estimé qu'à partir du moment où Giscard d'Estaing était président de la République et où il avait des centristes dans son gouvernement, le centrisme ne se justifiait plus. Le centrisme s'expliquait, au début, par le fait qu'il y avait des hommes de droite qui s'opposaient à de Gaulle et qui refusaient de s'associer à la gauche dans cette opposition. Moi, j'étais de droite. Il eût été facile de dire : puisque les plus grands opposants à de Gaulle sont les communistes, je vais m'inscrire au parti communiste. Mais je répugnais à m'inscrire au parti communiste, comme au parti socialiste, parce que je n'ai jamais cru à la gauche. Fondamentalement, les idées de la gauche sont des idées diaboliques, des idées malsaines, destructrices. Il n'y a qu'à voir aujourd'hui l'état des pays de l'Est qui ont vécu la politique de gauche pendant soixante-dix ans pour certains, pendant quarante-cinq ans pour d'autres! Le centrisme se justifiait quand il n'y avait pas d'autre alternative que d'être gaulliste ou de gauche. A partir du moment où le gaullisme avait disparu, il fallait, je crois, simplifier l'échiquier, car en France on a toujours tendance à compliquer.

Si je me suis apparenté aux républicains indépendants, ce n'est pas par amour des partis politiques, mais parce que la loi est ainsi faite qu'il faut adhérer à un groupe pour avoir un secrétaire à l'Assemblée nationale afin d'avoir un semblant d'activité parlementaire. Et je serais resté aux républicains indépendants jusqu'à la fin de ma vie politique si, en 1977, au moment où j'ai été durement attaqué, j'y avais trouvé des défenseurs. Mais j'ai bel et bien été abandonné par les républicains indépendants, et en particulier par monsieur d'Ornano qui a littéralement foutu en l'air mon ministère.

– *Et Ponia? Était-il votre ami ou pas?*

– Ponia, je crois que finalement c'est toujours mon ami. En fait Ponia m'aime bien, comme copain... Mais il n'a jamais compris mon goût du combat politique. Ponia a l'âme d'un diplomate. Pour lui le combat politique ne doit pas être violent, ne doit pas être brutal, en somme ne doit pas être...

– *Il n'a pas hésité à l'être, quelquefois, brutal...*

– Oui, mais enfin... C'est toujours entouré de circonlocutions. Ma tactique à moi, se serait plutôt « pas de quartier ». Je sais désigner mon adversaire. Et une fois qu'il est désigné, je me bats jusqu'à sa destruction.

– Vous avez la réputation d'être fidèle en amitié. Cette fidélité, quand il s'agit de l'amitié que vous avez pour Jean-Dominique Fratoni, vous a-t-elle coûté cher ?

– Sûrement, mais ça m'est égal.

– A vos yeux, qui est Fratoni ?

– C'est un homme, un vrai...

– C'est pourtant un gaulliste, lui ? Vous qui ne les aimez pas...

– Un gaulliste de la guerre... Ce n'est pas du tout la même chose ! Jean-Dominique est un orphelin de la guerre de 14-18 ; son père est mort des suites des gaz qu'il avait inhalés (il était conducteur d'autobus, à moins que ce ne fût de tramway). Sa mère est morte en couches et il a été élevé par une cousine. C'est un garçon qui a fait des études sérieuses, qui était considéré comme un bon camarade au lycée, tout le monde l'aimait beaucoup. Il a eu une très belle conduite pendant la guerre 39-40, il a été un résistant authentique, et puis il a choisi ce métier des casinos où il est devenu un remarquable professionnel reconnu de tout le monde.

Lui, le petit Corse de Cutoli parti un jour à Londres comme simple employé, s'est retrouvé quand même cinq ans plus tard à la tête du premier club de jeux londonien avec, en plus, des résultats financiers spectaculaires. Puis il est revenu à Nice qui est presque sa ville natale et il a voulu y monter son propre casino. Mais il a manqué de patience, et de bon sens. C'est un de ces Corses impulsifs qui cravachent le succès quand celui-ci leur sourit. Il est... napoléonien en ce sens-là, et par hâte excessive il est allé se compromettre dans la disparition de son concurrent alors qu'il n'avait qu'à le laisser tomber de l'arbre comme un fruit pourri qu'il était. Je le lui ai dit, d'ailleurs, mais à l'époque il était grisé par son succès.

– Qui était ce concurrent?

– Le Palais de la Méditerranée. C'était la célèbre madame Leroux, une espèce d'hurluberlue. Et gauchiste, avec ça! C'est extraordinaire! On est milliardaire, on possède à Monaco un appartement d'hyperluxe, et on fréquente les journalistes de l'*Humanité*! En tout cas elle n'avait aucun talent de gestionnaire. Fratoni n'avait qu'à attendre qu'elle échoue complètement. C'est elle qui serait venue l'appeler au secours. Au lieu de cela, il a voulu précipiter les choses et il a racheté les actions de sa fille. Or cette fille a disparu. Et aussitôt, on a jeté Fratoni en pâture aux journaux.

– Qu'est-ce qu'il y a, entre Fratoni et vous? Quelle sorte d'amitié? C'est une amitié d'enfance?

– Il y a l'amitié vraie... Forgée un peu dans la Résistance, bien que nous n'y ayions pas fait longtemps route ensemble. Et puis nous nous sommes fréquentés après la guerre, dans les luttes anticommunistes bien sûr (quand les communistes étaient encore armés). Après quoi il est parti pour Londres et on s'est un peu perdus de vue... Mais il est revenu avec cette extraordinaire fidélité du Corse qui, quand il vous a donné son amitié, ne vous la retire jamais. Et je dois dire que j'ai toujours trouvé en lui un ami formidable dont la fidélité n'a jamais été prise en défaut depuis les bancs du lycée.

– D'où viennent les capitaux qui lui ont permis de créer le Ruhl?

– Quand il était directeur général du premier club de jeux de Londres, je suppose qu'il s'est fait des relations parmi les gens qui avaient des capitaux.

– Il avait quand même, c'est le moins que l'on puisse dire, une réputation sulfureuse...

– Un jour, j'ai reçu la visite d'un émissaire de Gaston Defferre, alors président de la région Provence-Alpes-Côte d'Azur. Il m'a tenu à peu près ce langage : « Si tu acceptes de faire dans un hebdo comme *le Nouvel Observateur* une déclaration selon laquelle Dominique Fratoni ne mérite plus ta confiance, que tu t'es trompé sur son compte et que tu ne vas pas sacrifier ta carrière pour le défendre alors qu'il n'en vaut pas la peine, tout s'arrangera pour toi et les campagnes de presse cesseront. » Mais je me suis souvenu des leçons de mon père sur le sens corse de l'honneur ainsi que de la phrase de Churchill : « Ils ont accepté le déshonneur pensant éviter la guerre. Ils connaîtront le déshonneur et la guerre. » Sa réputation, on la lui a faite. On fait une réputation douteuse à qui l'on veut aujourd'hui. Il suffit que l'on dise « Monsieur Untel est acoquiné à la Mafia ». Qui a fabriqué la réputation sulfureuse de Fratoni ? Un livre qui s'appelle *M comme Mafia*. Fratoni a pu faire condamner ce livre, mais malheureusement le mal était fait...

– Précisément, à propos de Mafia, peut-on être maire d'une grande ville de la Côte sans forcément se heurter à la Mafia ou avoir des liens avec elle ?

– Je ne sais même pas où elle est, moi, la Mafia ! Je ne sais même pas qui peut l'incarner !

– Vous n'avez jamais eu affaire à elle ?

– Jamais. Jamais. Jamais. D'ailleurs, il y a une chose qu'il faut savoir : la Mafia ne peut s'intéresser qu'à des maires dont l'électorat est fragile. La Mafia qui vient voir un maire élu avec seulement trois cents voix d'avance peut lui dire : « La prochaine fois, on vous apportera mille ou mille cinq cents voix de plus. » Le type risque d'être tenté. Mais si elle va voir un maire qui est élu par quinze mille voix d'avance en lui disant : « La prochaine fois vous en aurez seize mille », le maire lui répond : « Allez voir ailleurs. » Depuis que j'ai quitté la presse, je n'ai jamais eu le moindre contact avec le crime. Je vous ai raconté l'incident Giudicelli, mais j'étais alors journaliste. Du jour où je suis devenu maire de Nice, je n'ai jamais plus rencontré ces gens-là.

– Mais vous vous êtes quand même forcément heurté à eux ?

– Non. Mais non, oublions un peu la légende ! Les gens de la Mafia ne sont pas fous.

A un journaliste qui avait prétendu que j'entretenais des liens avec la Mafia, voici ce que j'ai répondu...

« Monsieur, ou vous êtes de mauvaise foi, ou vous n'êtes pas un vrai journaliste. Sinon vous devriez être au courant des lois de la Camorra.

« Si j'étais un homme important de la « famille », vous n'auriez pas pu écrire ce que vous avez écrit, car dès le lendemain votre main droite – à moins que vous ne vous serviez de votre pied gauche pour écrire – aurait été broyée à coups de marteau.

« Si j'étais un membre sans importance de l'organisation, le fait que j'aie eu la stupidité de me faire repérer par vous aurait signé mon arrêt de mort. Et malgré cela, vous auriez eu toutes les chances d'y passer, vous aussi, histoire de mettre fin à votre curiosité.

« Vous avez cependant écrit, comme monsieur Mauroy l'a proclamé un jour dans un discours, qu'il y a autour du maire de Nice « des relents mafieux »...

« Et vous êtes encore en vie, vos dix doigts fonctionnent, et Mauroy continue de fonctionner. Tirez-en vous-même la conclusion. »

Les gens de la Mafia savent qu'il y a d'un côté la légalité, de l'autre l'illégalité. Ce qu'ils veulent, eux, c'est contrôler l'illégalité, mais ils ne cherchent pas à contrôler la légalité. Au contraire, ils peuvent à tout instant en avoir besoin. La Mafia sait qu'elle doit à certains moments tenir compte de la légalité. Et que, par conséquent, elle n'a intérêt ni à la compromettre ni à la détruire. Or le maire d'une ville représente la légalité.

– Le marché de l'illégalité n'est-il pas particulièrement important sur la Côte ?

– Pas plus qu'ailleurs. Mais il faut bien reconnaître que par la faute du laxisme des gouvernements, et essentiellement des gouvernements de gauche, l'illégalité, l'insécurité font des progrès chaque jour. Ce n'est ni la faute du maire, ni, je dirais, la faute de la Mafia qui met ce laxisme à son profit, bien sûr, mais qui n'est pas à l'origine du relâchement politique. La Mafia, elle est là pour accueillir tout ce qui est illégal. Donc plus les gouvernements se complairont dans l'illégalité, plus la Mafia sera forte. Qu'on ne vienne pas prétendre que c'est monsieur Médecin qui fabrique la Mafia parce que moi, au contraire, je suis l'ennemi déclaré des trafiquants de drogue. Je suis pour qu'on condamne à mort et exécute les gros bonnets. Je suis pour qu'on rétablisse la peine de mort. La Mafia ne me considère pas comme un ami, tant s'en faut. Mais elle me considère comme la légalité... Et la légalité, on n'y touche pas.

– Sous votre « règne » à Nice, la part d'illégalité n'a-t-elle pas pris des proportions importantes ?

– Bien sûr que si ! Elle a pris les proportions qu'elle a prise dans la France entière sous le règne de la permissivité. La gauche est arrivée au pouvoir en 1936 et depuis cette date, c'est-à-dire maintenant depuis plus de cinquante ans, la gauche règne sur la France d'une manière ou d'une autre pratiquement sans interruption. Et chaque jour elle permet davantage. La criminalité augmente dans des proportions effrayantes, partout. Mais à Nice, j'ai constitué la première police municipale de France. Pas par le nombre de policiers ni par la beauté des uniformes : par l'efficacité. La police municipale de Nice est une police qui intervient sur le terrain, qui réprime.

Quand monsieur Joxe était ministre de l'Intérieur, il n'avait qu'une ambition, c'était de détruire les polices municipales auxquelles il reprochait de s'occuper des problèmes de police judiciaire qui ne font pas partie de leurs attributions. Et notamment des problèmes de drogue. Alors que moi, j'ai toujours demandé à ma police de réprimer les flagrants délits de trafics de drogue. Or, quand notre police a réprimé les trafics, les magistrats ont libéré les trafiquants et leur ont proposé de porter plainte contre mes flics municipaux. Au nom des droits de l'homme, je suppose! Et les enfants que les trafiquants intoxiquent, au nom de quels droits les assassine-t-on peu à peu?

– Du temps de votre père, combien y avait-il de casinos à Nice?

– Cinq : la Jetée-Promenade, le Palais de la Méditerranée, le Casino Municipal, l'Eldorado et le Petit Casino...

– Et de votre temps?

– Deux.

– Ne rêviez-vous pas de faire de Nice une sorte de Las Vegas à la française?

– C'est l'expression qui a été employée par mes adversaires. Parce que, je ne sais pas pourquoi, le nom de Las Vegas exerce à la fois une fascination et une sorte de répulsion sur les gens. C'était un moyen de me nuire. Mais moi, je n'ai jamais parlé d'un Las Vegas français. C'est un mot qui ne me viendrait pas à la bouche pour la bonne raison qu'en aucune manière, dans aucun domaine, je n'ai voulu singer une autre ville au monde. Nice est Nice. Même quand j'y ai transposé des idées que j'avais prises ailleurs, je les ai faites niçoises pour qu'elles soient originales et qu'elles ne donnent pas de Nice l'image d'une ville sans unité. Donc, je n'ai jamais parlé de faire de Nice un Las Vegas français. C'est une image que les journalistes ont fabriquée et qu'ils ont voulu m'attribuer, un mensonge de plus.

J'ai simplement dit que la Côte d'Azur était, de toutes les régions de France, celle qui comptait le plus de casinos et qu'il était donc souhaitable que ces casinos coopèrent et fassent une sorte de politique commune – au moins dans le domaine du spectacle – pour pouvoir proposer, comme à Las Vegas, des spectacles de très haut niveau qui drainent et maintiennent la clientèle. J'ai toujours dit aussi qu'il n'était pas normal qu'à Cannes une même société exploite trois casinos, qu'à Monaco une même société exploite tous les casinos et qu'à Nice il y ait deux casinos dirigés chacun par une société différente. Parce que ces deux sociétés deviennent nécessairement concurrentes et que, sur la place de Nice, l'espace est trop petit pour de tels affrontements.

Alors on m'a accusé de vouloir tailler un empire à Jean-Dominique Fratoni, en oubliant qu'à la porte de Nice commençait l'empire de monsieur Barrière qui possédait cinq casinos sur quatre communes. Et on estimait qu'il n'avait pas d'empire! Fratoni voulait qu'une même et seule société gère les deux exploitations qui auraient pu être en apparence concurrentielles pour le client, mais en réalité complémentaires pour l'exploitant, ce qui les rendait plus performantes. Mais cela, étant donné que ça devait se passer à Nice, c'était condamnable.

– On prétend que vous auriez dit à Fernand Icart que Spaggiari était « un type comme ça »?

– Fernand Icart est un gentil garçon mais il est fait pour faire de la politique comme moi pour faire de la plomberie. Quant à Spaggiari, c'était un excité d'extrême droite, un type attachant quand on parlait avec lui, mais un excité. Je n'ai jamais voulu entrer dans ses relations personnelles, dans son intimité. Je l'ai connu à la mairie de Nice où il faisait des photographies de mariages. Il m'a été présenté par des amis communs et toutes les fois que j'ai conversé avec lui, il me couvrait d'éloges, « Ah! je vous admire, vous êtes un type formidable, etc. » Mais chaque fois que je me suis présenté aux élections – et c'est quand même un phénomène qui mérite d'être souligné – j'ai eu un candidat d'extrême droite contre moi. Car on parle beaucoup de Dischamps, de Jean Cérez, mais on ne parle jamais du candidat d'extrême droite. Or j'ai toujours trouvé un candidat d'extrême droite contre moi. Tantôt c'était la Nouvelle Action Française, tantôt c'était le Parti Ouvrier Européen, tantôt c'était le P.F.N., tantôt c'était le F.P.B., etc. Et toujours Albert Spaggiari assurait le soutien logistique du candidat d'extrême droite, toujours!

– *Contre vous?*

– Pas nécessairement, parce que ces candidats ne ramassaient que 1,3 à 1,4 % des voix. On ne peut pas dire qu'ils étaient contre moi, disons qu'ils étaient là au milieu de l'élection. Mais enfin, ils étaient là. Dans mon canton, dans ma circonscription, dans ma mairie, j'avais un candidat d'extrême droite.

– *Ils se ralliaient au second tour?*

– Ils ne faisaient rien du tout. Ils n'ont jamais une seule fois appelé à voter pour moi! Cela dit, je vous signale que lorsque Giscard d'Estaing s'est présenté aux élections, Spaggiari a été recruté dans les équipes des républicains indépendants; et sur sa carte de membre il y avait, comme adresse, le domicile de la maman de Fernand Icart. Alors que Fernand Icart, pris au piège de ses maladresses, voire de ses mensonges, ait prétendu m'entendre dire que Spaggiari était « un type comme ça », c'est très possible – que ne ferait-on pour se justifier! Moi, en tout cas, je peux vous dire que je n'entretenais pas avec monsieur Fernand Icart de relations assez suivies pour avoir même évoqué devant lui Albert Spaggiari (je crois lui avoir parlé une minute tous les quatre ans environ). Mais, si j'avais dû lui donner mon opinion, je lui aurais dit que je le considérais comme une tête brûlée, sympathique parce qu'elle était de droite, mais quand même une tête brûlée.

– En janvier 1976 vous devenez ministre, exactement secrétaire d'État auprès du ministre de la Qualité de la vie, chargé du Tourisme. C'est un fleuron de plus à votre couronne. Vous avez l'impression de faire aussi bien ou mieux que votre père ?

– Je ne pensais jamais à faire mieux ni aussi bien que lui. Quand je deviens ministre, je pense simplement que mon père, qui m'a indiscutablement servi de guide, n'aurait pas à rougir de ce que je fais et de ce que je deviens. Le tourisme, ça me plaît. C'est un poste de spécialiste. Je crois m'y être distingué. Au mois de juin 1990, un organisateur de congrès touristiques, au cours d'une soirée qui s'est déroulée au Ruhl, a pris la parole pour saluer en moi « le seul et unique ministre du Tourisme que la France ait jamais possédé ». Disons pour le moins que j'ai fait ce que j'ai pu en tant que ministre. Mais le grand problème c'est que je me suis tout de suite aperçu qu'en France il n'y a ni ministre, ni Premier ministre, ni chef de l'État. La France est dirigée par un homme dont personne ne connaît le nom, qui s'appelle monsieur le directeur du Budget. C'est monsieur le directeur du Budget qui fait tout : les répartitions de crédits, les pourcentages d'augmentation des budgets, etc. Et même le président de la République ne peut que se taire si le directeur du Budget lui dit qu'il n'a pas d'argent. La France, nous l'avons dit, est entre les mains des fonctionnaires (il y a 60 % de fonctionnaires élus au groupe socialiste de l'Assemblée nationale), tellement copains entre eux qu'ils ne se mangent pas, avec un fonctionnaire-chef qui est le directeur du Budget. Alors que peut faire un ministre ? Il peut tout juste être un promoteur d'idées, une sorte de... catalyseur des mécontentements et des insatisfactions. Ce que je me suis efforcé d'être.

Par ailleurs, pendant que j'ai été ministre, j'ai pu mesurer le goût pour l'étatisme et la bureaucratie de Raymond Barre. C'est un dirigiste-né, insupportable et sentencieux! Plus dirigiste que Mauroy. C'est affreux.

En outre j'ai pu mesurer l'inefficacité totale des rouages gouvernementaux qui ne cherchent pas à communiquer entre eux. On a l'impression d'être tout seul dans son ministère, et quand on a une bonne idée, qu'on voudrait la promouvoir, la concrétiser, on se heurte immédiatement au ministère de ceci, au ministère de cela, où siègent des collègues qui, eux, poursuivent leur idée personnelle et se foutent éperdument de la vôtre. En réalité, il faudrait que la France accepte des révisions constitutionnelles drastiques. Mais elle ne les acceptera pas de sitôt et je crois que nous sommes voués à devenir très rapidement des mécaniques entre les mains des fonctionnaires de Bruxelles. Il n'y aura bientôt plus d'initiatives ou même de nation française.

– *Vous avez vécu la rupture Giscard-Chirac en direct?*

– Oui, et cela a été un événement très décevant. Avec le recul, je pense que Giscard et Chirac auraient tout de même pu faire un effort pour s'entendre! Cela n'était pas si difficile pour deux hommes d'éducation comparable, venant de la même région, ayant la même forme de pensée et la même culture, ayant tous deux grandis grâce au gaullisme et s'étant épanouis sous la Ve République. Se sont-ils braqués l'un contre l'autre à cause de leurs mentors? Chirac avait une conception tout à fait libérale de l'État, qui lui était inspirée par Balladur, lequel est, à mon sens, un économiste réaliste, nous l'avons vu pendant la fameuse « cohabitation ». Giscard, lui, restait très fortement sous le charme de Barre, lequel est, au contraire, un passéiste terriblement attaché à l'économie d'État, à l'interventionnisme permanent de la bureaucratie dans la vie quotidienne. Les deux hommes ont campé sur leurs positions et ils en sont arrivés au clash ; ce qui est détestable et regrettable car, à partir de cet instant-là, ils ont préparé l'arrivée de Mitterrand. Je connais plus d'un Français qui, fatigué de leurs querelles, s'est dit un beau matin : « Eh bien, votons Mitterrand. »

L'interventionnisme barriste n'a pas arrangé les choses. Un exemple rocambolesque. Je me rappelle un de mes amis qui était cibiste. Je ne sais pas si vous vous en souvenez, mais quelque temps avant les élections présidentielles de 1981 s'est abattue sur l'Europe la maladie de la C.B. La C.B., c'est la *Citizen Band*, la radio avec laquelle les gens s'amusent à bricoler, à s'interpeller, à se donner des rendez-vous galants, etc. Les Français ont succombé à la mode de la C.B. comme tous les autres peuples, mais immédiatement le gouvernement Barre a dit : « Halte-là ! Pas de C.B. de tout le monde ! Il faut une C.B. française, pas une C.B. qu'on peut acheter en Belgique, en Allemagne, en Hollande, en Italie, au Luxembourg. Il faut des C.B. que l'on fabriquera chez nous. »

Seulement voilà : nous n'étions pas prêts à en fabriquer. On a alors autorisé l'importation de matériel à partir de la Belgique, de l'Italie, de l'Allemagne, du Luxembourg ou de la Hollande. Avec une restriction toutefois : « Vous pouvez importer les C.B. de l'étranger mais vous ne pouvez pas y mettre le quartz de tout le monde. » (Je ne sais pas ce qu'est exactement le quartz, mais je me souviens que cela permettait de communiquer sur les C.B. américaines, hollandaises ou belges.) « Il vous faut un quartz français. »

Mais ce « quartz français », on ne le trouvait pas dans le commerce pour la bonne raison qu'il n'avait pas encore été inventé ni a fortiori fabriqué. Les gens passaient donc la frontière en mettant le quartz interdit dans leur poche. Les douaniers voyaient l'appareil, faisaient payer une taxe de 5 ou 10% et les Français rentraient chez eux, recollaient le quartz et faisaient fonctionner la C.B. clandestinement, frauduleusement, comme tout le monde.

Immédiatement, on a levé une armée spéciale de fonctionnaires; on les a dotés de voitures radiogoniométriques, lesquelles rappelaient les voitures de la Gestapo pendant la guerre. Ces voitures circulaient notamment dans Paris pour localiser les cibistes. Les fonctionnaires se précipitaient dans les immeubles mais bien entendu, comme il fallait, pour pouvoir dresser procès-verbal, que l'appareil fût en fonctionnement, les gens qui étaient prévenus par un coup de sonnette éteignaient immédiatement leur appareil, débranchaient la prise et retiraient le quartz. Les policiers entraient et disaient :

– Vous avez un appareil de C.B. ?

– C'est exact, monsieur, mais je n'étais pas en train d'émettre.

– Faites voir l'appareil.

Ils touchaient l'appareil, il était chaud mais il n'y avait ni quartz ni prise et, par conséquent, ils ne pouvaient pas convaincre le cibiste de fraude. C'était à hurler de rire. Du temps de Courteline, on en aurait fait une comédie. Du temps de Giscard-Barre, on en a fait des règles d'administration française. Je vous passe la réglementation sur les motocyclettes à grosse cylindrée, qui a provoqué le mécontentement de tous les propriétaires de ces gros cubes. Alors quelques dizaines de milliers de cibistes mécontents plus quelques dizaines de milliers de gros-cubistes mécontents ont voté Mitterrand. Pour en revenir à mon cibiste, il m'a dit un jour tout de go :

– Plutôt que de vivre le système socialiste sous Giscard d'Estaing, je préfère une fois pour toutes voter Mitterrand, l'amener au pouvoir et montrer aux Français ce que c'est que le dirigisme pour qu'ils en aient par-dessus la tête et qu'ils s'en débarrassent définitivement un jour.

Cet ami, qui est un homme de droite et un camarade de classe – il se reconnaîtra d'ailleurs – a donc préféré voter Mitterrand parce qu'il s'est dit qu'au moins le socialisme ne serait plus un socialisme rampant, inavoué, mais un socialisme visible, et que les gens finiraient par le prendre en horreur.

En tant que secrétaire d'État au Tourisme, j'ai vécu aussi

l'époque où Barre avait taxé le vin. Je savais que cela provoquerait une véritable levée de boucliers dans les professions touristiques... Je me souviens que j'avais été réveillé au milieu de la nuit par le ministre des Finances pour venir mettre ma signature au bas du décret taxant le vin, parce que le secrétaire d'État au Tourisme était censé le signer. Je l'ai ratifié parce que je me suis dit que si je n'y apposais pas ma griffe, on me démissionnerait dans la nuit et l'on trouverait un ministre plus dirigiste que moi. Tandis qu'en restant en place, je pourrais faire ce qu'il fallait pour faire reporter cette mesure absurde. C'est d'ailleurs ce qui s'est passé.

– *Pour en revenir à cette brouille Giscard-Chirac, est-ce que chacun des camps a essayé de vous récupérer ?*

– Aucun des camps n'a cherché à me récupérer, mais peu de temps après la brouille a surgi le problème de l'élection à la mairie de Paris ; et comme j'étais secrétaire d'État au Tourisme, les deux candidats à la mairie de Paris, c'est-à-dire d'un côté d'Ornano et de l'autre Chirac, ont tenté de me faire intervenir sur les éléments touristiques de la vie parisienne. Or j'avais peu de poids, je vous l'ai dit. Un ministre, même un grand ministre, n'a aucune autorité en France. Alors vous pensez l'autorité que peut avoir le trente-huitième ministre qui occupe le strapontin du Tourisme... Je n'avais donc pas la possibilité d'intervenir dans la vie touristique de manière très efficace et, de toute façon, je leur ai répondu à l'un comme à l'autre qu'en matière de campagne électorale municipale j'étais servi, puisque j'avais à m'occuper de la mienne à Nice. Donc que je ne me mêlerais pas d'une autre campagne, fût-elle celle de la Capitale qui se réveillait à la démocratie après un long sommeil. Puis, un jour, j'ai reçu un coup de téléphone de Jacques Chirac...

– Tu peux me rendre un très grand service dans le cadre de la campagne municipale à Paris, m'a-t-il expliqué. Il se trouve que les voitures de place sont presque toutes détenues par des Aveyronnais qui sont très puissants dans la Capitale parce qu'ils possèdent beaucoup de bistrots... Or il y a une réglementation complètement idiote, une de plus, sur les voitures de place. Et cette réglementation dépend uniquement du ministère du Tourisme. Elle peut être modifiée dans telle direction. Tu pourrais promulguer un arrêté dans ce sens... La profession serait ravie.

Alors je lui ai répondu :

– Si vraiment mon arrêté a toutes les chances de passer, il n'y a aucune raison que je ne le signe pas, surtout si c'est un vœu de la profession. J'ai toujours été non pas pour l'État contre les professions mais pour les professions contre l'État. Alors pouvoir donner raison à une profession contre une réglementation étatique, cela m'enchante !

J'ai simplement prévenu Chirac qu'il pouvait y avoir des obstacles au niveau du bureau du Premier ministre.

– J'en fais mon affaire, a-t-il rétorqué.

J'ai donc convoqué immédiatement le fonctionnaire chargé de ces questions.

– Effectivement, m'a-t-il confirmé, il y a plusieurs années déjà que la profession a fait valoir ses prétentions dans ce domaine sans qu'elle ait jamais été entendue par quiconque.

J'ai sauté sur l'occasion.

– Bon, eh bien donnez-leur satisfaction ! Rédigez immédiatement un arrêté.

Cet arrêté, je l'ai envoyé au bureau du Premier ministre. A ma grande surprise, il est passé dans le *Journal Officiel* du surlendemain et j'ai reçu un coup de téléphone de remerciement de Chirac. Voilà. L'affaire des voitures de place, c'est à peu près ma seule intervention sur le plan parisien.

Ensuite a eu lieu ma propre campagne électorale. Elle s'est difficilement déroulée parce que Giscard d'Estaing, pour faire plaisir aux socialistes, avait accepté de morceler la ville de Nice en trois secteurs. Et il a failli nous faire perdre les trois secteurs parce qu'en plus il avait chargé un préfet du découpage. Or les préfets ne comprennent rien aux questions de politique locale, absolument rien. Le préfet n'a fait que des sottises et nous avons failli perdre Nice. Ce fut l'élection la plus difficile de ma vie.

Après quoi a surgi l'affaire Spaggiari. Un jour, j'ai été convoqué par le président de la République qui m'a fait recevoir par monsieur Jean-François Poncet, lequel m'a longuement chapitré sur le thème : « Vous comprenez, il faut vous abstenir de faire des commentaires à la presse et d'agresser *le Canard Enchaîné.* » Je me souviens d'ailleurs que d'Ornano lui-même m'avait dit un jour :

– On n'attaque pas *le Canard Enchaîné.*

Et j'avais protesté.

– Moi, j'attaque *le Canard Enchaîné* quand *le Canard Enchaîné* m'attaque à tort. Je n'ai aucun désir de me laisser faire. *Le Canard Enchaîné,* ce n'est pas l'Évangile.

Jean-François Poncet, lui, a insisté :

– Vous comprenez, vous faites trop de déclarations.

– Monsieur le secrétaire général, lui ai-je rétorqué, je vous ferai remarquer que je suis intervenu deux fois sur le plan politique pendant ma période ministérielle, et chaque fois à la demande de l'Élysée. Enfin, si j'ai fait un procès au *Canard Enchaîné,* c'est à propos de la photographie sur laquelle *le Canard Enchaîné* a déclaré qu'on voyait Giscard d'Estaing aux côtés d'Urbain Giaume. Or *le Canard Enchaîné* a trompé ses lecteurs. Ce personnage qui a été photographié n'était autre que mon modeste poissonnier. Le jour où Giscard est venu faire campagne à Nice, il faisait partie de son équipe de protection, ce qui prouve que j'étais entouré non pas de nervis, de voyous, mais de bons commerçants de la ville de Nice qui ont un engagement politique et veulent le faire savoir. J'ai donc poursuivi *le Canard Enchaîné,* avec l'accord de l'Élysée, mais dès que ça tourne mal on me laisse tomber comme une vieille chaussette et je ne trouve pas ça très sympathique.

– Mais qu'est-ce que vous voudriez que je fasse? m'a demandé Jean-François Poncet.

– Je souhaiterais que par exemple monsieur Raymond

Barre me convoque à Matignon et me dise : « Monsieur Médecin, je m'entretiens avec vous parce que j'estime que vous êtes un bon ministre, parce que j'estime que vous faites bien votre travail et que je ne veux pas que planent sur vous des suspicions imméritées... » Et qu'il me raccompagne jusqu'à la porte sous l'œil des journalistes et que les journalistes me photographient en compagnie de Raymond Barre me serrant la main. J'aimerais qu'éventuellement, si Raymond Barre était interpellé et qu'on lui demande s'il m'a reçu pour parler de l'affaire Spaggiari, il réponde : « Il n'en a même pas été question. L'affaire Spaggiari, c'est une affaire totalement fabriquée et il n'y a absolument rien entre monsieur Médecin et monsieur Spaggiari. »

Et j'ai continué :

– Monsieur le secrétaire général, vous avez la possibilité d'interroger le ministère de la Justice, le ministère de l'Intérieur, le ministère des Finances sur mon comportement, sur ma vie privée, sur ma manière d'être. Est-ce que vous pouvez, d'une manière ou d'une autre, dire qu'un de ces ministères peut me faire grief de quoi que ce soit?

– Non, effectivement.

– Bon, eh bien faites-le savoir!

On en est restés là. Bien entendu, Raymond Barre ne m'a jamais convoqué. Un jour, j'ai trouvé dans mon courrier, à mon domicile, une lettre dont j'ai reconnu l'écriture. C'était Jacques Chirac qui m'envoyait un mot pour me dire : « Je suis désolé des campagnes qui se développent contre toi et je regrette le comportement de tes amis au gouvernement qui ne font absolument rien pour montrer qu'ils te conservent leur confiance et que tu es un homme honorable. Si toutefois ils pensent le contraire, alors qu'ils aient le courage de te démettre. C'est, en tout cas, ce que moi je ferais. »

J'ai gardé cette lettre parce qu'elle était courageuse et amicale. Il m'en a d'ailleurs envoyé d'autres depuis, aussi courageuses et amicales.

Donc, à ce moment-là, le gouvernement me tournait le dos, et j'en étais extrêmement choqué. Michel d'Ornano, qui est devenu mon ministre de tutelle à l'époque, en a profité pour démanteler complètement le ministère du Tourisme en faisant passer sous son autorité les directions d'études et d'aménagements de l'espace rural, de l'espace maritime et de la montagne. Sur le plan touristique, bien sûr. Autrement dit, il a vidé mon ministère de sa substance. Et un beau matin, je me suis retrouvé secrétaire d'État au Tourisme sans le moindre fonctionnaire, sans la moindre autorité, parce que d'Ornano m'avait tout piqué, sans jamais d'ailleurs me consulter ni m'informer. Il m'avait même subtilisé au passage une Légion d'honneur que j'avais fait obtenir à mon ami Henri Verdeil parce que j'estimais qu'il était un excellent adjoint au tourisme de la ville de Nice. Monsieur d'Ornano me l'a fait sauter au dernier moment alors que le dossier était à la Chancellerie... Tout cela, bien sûr, en me faisant des démonstrations d'amitié. Encore une fois paix à son âme, mais j'avoue que, pour ma part, je n'ai pas été très enclin à supporter le pharisaïsme de d'Ornano.

Arrivent les élections de 1978, élections que je gagne avec 58 % des voix au deuxième tour. Barre m'appelle au téléphone un beau matin à mon ministère et me déclare tout de go :

– Monsieur Médecin, je vous appelle pour vous dire que je ne vous ai pas retenu sur la liste des ministres devant faire partie de mon prochain ministère.

Et il raccroche après une vague formule qui se veut de politesse.

Je pense qu'après avoir rendu les services que j'avais rendu au tourisme, je méritais un autre traitement... Remarquez, je ne me faisais pas d'illusions. Je savais qu'il ne me reprendrait pas. Depuis les campagnes de presse contre moi, je n'avais jamais plus été convoqué au conseil des ministres. On m'évitait. On ne me serrait plus la main...

– Vous n'alliez pas au conseil des ministres?

– Les secrétaires d'État ne sont pas convoqués à tous les conseils des ministres. A l'époque, on convoquait les secrétaires d'État à tour de rôle, à peu près une fois par mois. Mais quand les attaques du *Canard Enchaîné* ont commencé, on ne m'a plus convoqué. *Le Canard Enchaîné* est le véritable *Journal Officiel* de la République française, et il terrifie tous ces beaux messieurs. Comment voulez-vous que le peuple de France ait une considération quelconque pour des gens qui, occupant les plus hautes fonctions de l'État, sont pris de coliques devant une plume vitrioleuse? Ces journaleux qui s'érigent en professeurs de vertu, on ne sait pas s'il ne sont pas eux-mêmes condamnables! On ne demande plus aucune garantie aux journalistes, quand on les engage!

– Pour avoir la carte de presse, il faut avoir un casier judiciaire vierge!

– Bon. Mais après, si le type n'a plus son casier vierge, il garde la carte de presse quand même. Ça, j'en suis persuadé. Je peux vous le dire parce que je connais au moins un journaliste qui a été condamné pour faux, usage de faux et abus de biens sociaux et qui, dix ans plus tard, reçoit toujours annuellement sa carte de presse. Il est possible qu'il ait fait l'objet d'une amnistie, notez... Il faut dire qu'on amnistie tellement facilement en France que, sauf délit d'ingérence, on amnistie tout.

Donc, en 1978, j'ai passé mes pouvoirs à Jean-Pierre Soisson, dans une petite cérémonie tout à fait correcte et amicale. Jean-Pierre Soisson, sur lequel j'ai d'autres opinions aujourd'hui, s'est installé dans mon fauteuil. Il a trouvé mon livre blanc de soixante-dix-huit propositions pour le tourisme et il n'a rigoureusement fait que s'inspirer de ce livre blanc pendant les deux ou trois années où il est resté secrétaire d'État. Et moi, je suis rentré dans ma thébaïde et je me suis consacré à la ville de Nice. Mais j'ai décidé de ne plus aller m'asseoir, à l'Assemblée, sur les bancs de ceux qui m'avaient abandonné de la façon la plus mesquine. La fréquentation des U.D.F. ne m'était plus possible; alors, sans que personne n'ait exercé la moindre pression sur moi, j'ai décidé de m'apparenter R.P.R.

J'ai pu le faire parce que Chirac avait récemment créé le R.P.R. Si cela avait encore été l'U.N.R., il aurait été difficile pour moi d'y adhérer, car les électeurs de ma majorité niçoise ne me l'auraient pas pardonné. Mais le R.P.R., c'était une espérance nouvelle. Voilà donc la raison pour laquelle je suis allé chez eux. Ce n'est absolument pas parce qu'ils ont fait devant moi la danse du ventre ou qu'ils m'ont promis quoi que ce soit.

– Est-ce que les Niçois aiment que leur responsable local, maire ou autre, ait un destin national?

– Oui et non. Ils n'aiment guère que leur leader ait un destin national parce qu'ils ont le sentiment d'avoir à le partager avec d'autres. Mais par ailleurs ils disent: « Quand même, mon maire, mon élu, regardez... C'est un type extraordinaire, il a un destin national... » Pour les Niçois, je dirais que j'avais un destin national qui était compatible avec leur sens de la propriété. Ils n'ont pas été trop jaloux de me voir secrétaire d'État au Tourisme parce qu'ils savaient que tout ce que je pourrais faire pour le tourisme français serait en même temps bénéfique pour la Côte d'Azur. Mais de là à ce qu'un journal de gauche laisse entendre, après ma nomination, que j'allais dépenser l'argent du secrétariat d'État au Tourisme pour le seul bénéfice des professionnels de la Côte d'Azur, il y avait une marge! Je me suis pourtant presque trouvé accusé de détourner les fonds de la nation, bien entendu...

Un journal plus sérieux, je crois que c'était *Paris-Match*, m'a demandé une fois si la tentation n'était pas forte, pour moi, de me comporter en... propagandiste de la Côte d'Azur lorsque je me déplaçais. A cela j'ai répondu deux choses:

– Primo, si je me rends en Bourgogne, c'est pour m'intéresser à la Bourgogne, pas à la Côte d'Azur. Secundo, quand je vais à l'étranger, je vais faire de la propagande pour la France entière, pas seulement pour la Côte. Mais il est vrai que si j'attire dix touristes en France, sur ces dix touristes il y en a sept qui viendront sur la Côte d'Azur, c'est la proportion ; et ce n'est pas de ma faute, c'est leur choix.

– Au cours des années 1975-1976, votre entourage connaît quelques défections... D'abord c'est Eugène Tonietti, un vieux de la vieille, qui se révolte contre vous ; puis c'est le tour de Robert Calviera et de Jacques Bounin. Qu'est-ce qu'ils vous reprochent ?

– J'ai toujours eu tort d'avoir trop bon cœur. Eugène Tonietti était un homme de qualité, ce qu'il est convenu d'appeler un brave homme. Comme il s'était bien occupé de mes élections, je l'ai beaucoup favorisé : j'ai fait de lui le premier adjoint à la suite du colonel Bouvier. Le colonel Bouvier, je vous l'ai déjà un peu décrit, c'était un homme de commandement, un chef, un premier adjoint brillant. Quand j'ai décidé, pour faire de la place aux jeunes d'une manière régulière à chaque élection, qu'à partir de soixante-dix ans je ne reprendrais plus d'anciens sur ma liste, le colonel Bouvier l'a parfaitement accepté et il s'est retiré.

Eugène Tonietti, pour sa part, avait à l'époque soixante-neuf ans, je crois. Je l'ai donc repris. Et tout naturellement, parce qu'il avait acquis de l'expérience et qu'il était un bon ami, j'en ai fait mon premier adjoint. Du jour où il a occupé ce poste, il a cru qu'il était le suppléant du maire et il est devenu absolument imbuvable. Pas seulement pour moi, mais pour mes collaborateurs. Il convoquait par exemple le directeur des services techniques et le tenait deux heures dans son bureau pour lui démontrer, sans aucun fondement, son incompétence. Le directeur des services techniques venait alors me trouver, découragé.

– Monsieur le maire, je ne peux pas, deux fois par semaine, perdre deux heures dans la matinée chez monsieur Tonietti.

Et tout était à l'avenant. Alors un jour j'ai été obligé de dire à Eugène Tonietti :

– Eugène, ça ne peut pas aller, il faut que tu redeviennes l'homme simple et amical que tu as toujours été, que tu n'abuses pas de ta situation de premier adjoint pour croire que tu es maire suppléant.

Le brave Eugène a explosé en m'accusant d'ingratitude alors que j'avais fait de lui un premier adjoint et que, dans ses rêves les plus fous, il n'avait jamais dû espérer une telle promotion. Il est entré dans une colère folle, me disant que j'étais un incapable, que s'il passait derrière moi c'était pour vérifier que je ne faisais pas de sottises, que c'était lui qui...

Alors je lui ai retiré tous ses pouvoirs pour qu'il n'ait plus la possibilité d'empoisonner les chefs de services.

Évidemment, il n'a pas aimé; et il a fait campagne contre moi. Il faut préciser, pour en finir avec lui, que Tonietti a toujours été réticent à l'égard de mes prises de position parce que c'était un homme de gauche, d'une espèce de gauche imprécise, d'un radical-socialisme qui avait aimé le Front Populaire et qui, par conséquent, vivait un peu dans la nostalgie de cette époque.

Calviera, c'est une autre histoire. Calviera faisait partie de ces fonctionnaires que j'ai trouvés à mon arrivée à la mairie de Nice : ils avaient rempli leur fonction de façon correcte, mais ils n'avaient pas de formation initiale. Calviera avait fait ses classes à la mairie de Nice, et son ascension dans le service de l'instruction publique. Il en était devenu le directeur, et même un excellent directeur pendant des années.

Le jour où mon secrétaire général est mort, il y a eu un mouvement général de promotion. J'ai cherché un secrétaire général adjoint, et les qualités professionnelles de Calviera m'ont été vantées. Je le connaissais relativement peu, mais je l'ai nommé malgré tout. Et puis le secrétaire général qui avait remplacé le défunt a pris sa retraite, l'adjoint est devenu secrétaire général et l'adjoint à l'adjoint est devenu adjoint.

C'est ainsi qu'avançaient les choses à la ville de Nice. Or, étant l'héritier de mon père, je souffrais d'un handicap. Je pouvais difficilement remplacer tous les fonctionnaires qui avaient travaillé avec lui. J'ai été obligé de les traiter en amis et de les conserver aux postes qu'ils occupaient, même s'ils n'étaient pas « *the right men in the right places* ».

Lorsque Calviera s'est retrouvé secrétaire général, il a fait preuve d'une insuffisance notoire. Il a été incapable d'assimiler les innombrables textes de lois et, en plus, comme tous les gens insuffisamment formés, il a refusé de s'entourer. Jusqu'au jour où il m'a fait une bourde monumentale. J'ai dû le convoquer dans mon bureau et lui dire :

– Maintenant, vous allez me faire le plaisir de vous entourer de gens compétents.

– Je n'ai plus votre confiance? m'a-t-il demandé.

– Vous n'avez pas perdu ma confiance totale, mais en tout cas vous n'avez pas ma confiance sur ce sujet.

Il a insisté :

– Si vous ne me dites pas, monsieur le maire, que j'ai toujours toute votre confiance, demain vous avez ma démission.

Alors je lui ai rappelé que personne ne m'avait jamais annoncé sa démission sans qu'elle devienne effective dès le lendemain. Il le savait. Le jour où j'étais entré à la mairie de Nice j'avais prévenu : « Si quelqu'un démissionne, c'est son droit le plus strict, je le comprends, je l'admets, j'accepte sa démission mais je ne le rembauche jamais plus ».

Le lendemain, Calviera m'a envoyé sa démission. Je lui ai envoyé, dans le quart d'heure, une lettre lui exprimant mes regrets de le voir partir et lui disant combien j'avais eu plaisir à travailler avec lui, car je n'ai jamais répondu à une lettre de démission par des insultes ou par une attitude hautaine.

Quant à Jacques Bounin, c'est une plus longue histoire. Bounin est issu d'une famille niçoise honorablement connue. En 1936, il a décidé de faire de la politique. C'était un scientifique, un mathématicien. Il était venu voir mon père en lui disant : « Voilà, je suis jeune, j'ai envie de faire de la politique, etc. ». Je ne sais pas comment les choses se sont passées, mais mon père lui aurait confié vouloir se présenter au sénat en 38 et il aurait été d'accord pour lui laisser son siège de député. Mais voilà que le Front Populaire arrive au pouvoir et Bounin se présente sous l'étiquette du P.P.F. La guerre est déclarée, il est toujours P.P.F...

Après Stalingrad, il change complètement son fusil d'épaule et il entre dans un réseau de résistance. Et à la fin de la guerre, il se retrouve commissaire de la République à Montpellier et se distingue par une répression terrifiante. Au point qu'il est assez rapidement largué par les autorités résistantialistes de la Libération. Il se retrouve professeur de mathématiques mais, toujours dévoré du virus de la politique, il devient l'un des apôtres de l'appel de Stockholm pour la condamnation de la bombe atomique tant que les Russes ne l'auront pas. Je me souviens très bien de ses manifestations à Nice.

Un jour, il est venu troubler une réunion de mon père. Avec mon regretté ami Pierre Vial, qui était gardien de cimetière, nous l'avons pris à bras-le-corps et sorti manu militari sous les applaudissements de la foule. Bien sûr, il m'a juré qu'il me retrouverait un jour. Mais c'était un homme qui avait assez peu le sens de l'économie : après avoir bouffé la fortune qu'il avait héritée de ses parents et entamé celle de sa femme (qui était apparentée à la banque Lazard), il est venu faire amende honorable auprès de mon père. C'était dans les années 1958-1959.

Mon père décide de passer l'éponge sur le passé et de lui confier la rédaction d'une sorte de livre blanc sur les besoins de la ville de Nice pour les années à venir. On lui trouve un bureau à la mairie et Bounin élabore péniblement ce livre blanc qui chiffre à quatre cent milliards de francs les dépenses à engager pour moderniser Nice. La somme est tellement délirante que ce livre blanc ne voit jamais le jour. Mon père ne le publie même pas.

Arrive 1965. Bounin intrigue pour figurer sur la liste de mon père qui, trop bon, accepte. Du jour où j'ai été élu maire de Nice, Bounin n'a eu de cesse de me combattre et de dénoncer mes « folies ». Alors, de guerre lasse, je me suis fait apporter le livre blanc, le fameux livre blanc et j'ai appelé Bounin dans mon bureau.

– Tu es en train de dire que je suis fou, que je suis un dictateur, que je veux faire des dépenses inconsidérées. Mais j'ai devant moi un document signé par toi qui m'inciterait, si je voulais le suivre, à en faire quatre cents milliards de 1959, donc je suppose plus de quatre milliards de francs actuels de dépenses supplémentaires. Or c'est toi qui l'as rédigé!

La discussion s'envenime, et au conseil municipal suivant, il se lève soudain pour faire une déclaration incohérente. Il était dans un état on ne peut plus bizarre. Il a commencé à m'insulter, à me traiter de tous les noms d'oiseaux, et puis il m'a dit :

– D'ailleurs, je vous donne ma démission.

Il m'a donné sa démission que j'ai acceptée, bien entendu, et il est allé s'installer dans une permanence.

Car il faut que vous sachiez que chaque fois que l'un d'entre eux a démissionné, il est allé ouvrir une permanence en disant : « Je reçois les gens qui en ont assez de la dictature Médecin, etc. » Ils recevaient toujours les mêmes cinq cents personnes qui, à Nice, veulent ma mort et me poursuivent jusqu'ici, à Punta del Este, de leurs insultes et menaces. Bref, il a recruté ces cinq cents personnes, il a publié un petit journal ronéoté qu'il a appelé *le Mal niçois* (c'était l'époque où Peyrefitte faisait recette avec son *Mal français*). Il en a sorti trois numéros. Il a tenu sa permanence pendant trois mois, puis il a tout fermé et il est passé à la trappe. Un beau jour, j'ai appris sa mort tout à fait fortuitement. Bounin a un fils qui est un gentil garçon et qui, de temps en temps, m'envoie des lettres très aimables. Il m'a d'ailleurs écrit ici pour me dire que sa maison de Paris était la mienne, que si j'avais besoin de lui...

– *Du temps de votre père, y a-t-il eu des scandales à Nice ?*

– Oh ! Ça n'a jamais arrêté. Vous savez, nous faisons partie des villes du Midi... et nous sommes gâtés, en matière de réputation ! Bien sûr il y a des scandales, des gangs, à Marseille ou à Nice. Mais il existe aussi le gang des Lyonnais et le gang des Grenoblois. Or, curieusement, on ne parle presque jamais de ce qui se passe à Grenoble ou à Lyon. Quant à Lille, où il y a autant de crapulerie qu'à Marseille ou à Nice, elle bénéficie d'une espèce d'étiquette de sérieux, d'honorabilité que rien ne salit.

La presse a pris l'habitude d'enfler démesurément tout ce qui se passe sur la Côte d'Azur. Quand on vole un œuf sur la Côte d'Azur, ça fait plus de bruit que quand on vole un bœuf à Lille. Cela a toujours été ainsi et il n'y a pas de raison que ça cesse. Et du temps de mon père, c'était exactement la même chose.

Je me souviens de l'assassinat de madame Garola dans le rapide Paris-Vintimille. Madame Garola était la gérante de la Marquise de Sévigné à Nice. On avait découvert son cadavre à l'arrivée du train à Nice, les journaux en ont fait leur une pendant au moins un mois. A la même époque, il y avait eu à Paris une histoire de malle sanglante, mais on en a seulement parlé pendant six jours.

Du temps de mon père, il y avait eu aussi l'histoire de l'Eldorado. On avait dit que la Mafia avait provoqué l'incendie de l'Eldorado afin de toucher des assurances et, bien sûr, on avait suggéré que mon père faisait partie du complot.

On a également affirmé que mon père était actionnaire de l'entreprise Spada. J'ai connu et aimé Spada comme tous ceux qui l'ont approché. C'était un homme absolument fantastique, venu d'Italie avec un tombereau tiré par des chevaux. Il avait monté à Nice l'une des plus grandes entreprises de bâtiment de France alors qu'il savait à peine signer son nom sur un chèque. C'était un homme d'une générosité extraordinaire et qui avait su doter son entreprise d'un matériel tellement spectaculaire qu'en 1939, lorsqu'il s'est agi de placer les pièces d'artillerie dans la ligne Maginot, on a fait venir depuis Nice les grues de Spada qui étaient les seules susceptibles, en France, de descendre les affûts des canons dans les fortins... C'est vous dire que Spada était un génie de la construction. Jean Spada était l'ami de mon père et, vu l'importance de son entreprise, il réalisait à Nice quantité de travaux d'intérêt général qu'aucune autre entreprise locale n'était susceptible de fournir et que des entreprises parisiennes elles-mêmes n'étaient pas certaines de pouvoir réaliser.

Et voilà qu'environ un an et demi après la mort de mon père, un fonctionnaire du fisc vient me trouver en me disant :

– Vous avez fait une déclaration de succession de monsieur Jean Médecin, vous avez parlé de sa propriété mais vous n'avez, ni vous ni vos frères et sœurs, fait aucune allusion aux actions que monsieur Médecin possédait dans l'entreprise Spada.

Je lui dis :

– Mais, monsieur, je ne savais pas que mon père possédait des actions dans l'entreprise Spada...

– Ah mais si ! C'est connu ! me répondit-il.

– Mais c'est connu de qui ?

Spada était encore en vie et je lui ai aussitôt téléphoné pour demander des précisions.

– C'est une connerie, me répondit-il. On raconte ça depuis avant-guerre. C'est honteux, il n'y a pas d'actions. Mon affaire était en nom propre et, ensuite, j'en ai fait une entreprise à participation ouvrière en 1949. Ça a été la première entreprise de travaux publics à participation ouvrière du midi de la France. Les seuls actionnaires sont mes ouvriers et moi ! Tu n'as qu'à m'envoyer ce petit con...

Je n'ai envoyé personne, mais une lettre au fisc expliquant la situation. Les inspecteurs sont allés chez Spada. Ils ont fouillé toute sa comptabilité pour voir s'il avait fait des travaux chez mon père. Il se trouve qu'il en avait fait quelques-uns avant la guerre, d'ailleurs vraisemblablement payés. Et s'ils n'avaient pas été payés, c'est que Spada avait voulu témoigner une sorte de reconnaissance à mon père. Il faut tout de même que l'on sache qu'il y a des gens qui savent témoigner leur reconnaissance aux élus sans pour autant les « acheter », et qu'il n'y a pas un élu en France qui refuse les témoignages de reconnaissance! Ce n'est ni un scandale, ni une nouveauté!

Ils sont donc allés fouiller dans la comptabilité récente de l'entreprise Spada, mais l'affaire s'est terminée de façon heureuse car, à l'époque (c'était en 1965-1966), les argousins du fisc n'étaient pas ce qu'ils sont devenus aujourd'hui, c'est-à-dire une véritable Gestapo avec des méthodes révoltantes qui, d'ailleurs, ont tendance à paralyser complètement toute volonté d'entreprendre.

Il y a eu d'autres scandales. J'ai toujours entendu parler de scandales sur la Côte d'Azur... Stavisky y passait ses étés et se faisait photographier avec des personnalités. Mon père n'a jamais voulu le recevoir dans sa loge du concours hippique et j'ai retenu la leçon : je me suis toujours gardé de me laisser photographier avec des gens que je ne connaissais pas, ne serait-ce que dans des lieux comme ma loge au carnaval, à la bataille de fleurs ou à l'opéra. Dans la rue, dans une cohue, au milieu des gens, il est possible qu'on m'ait photographié avec des personnages peu recommandables, mais en tout cas on ne m'a pas surpris, comme monsieur Mauroy, en train de boire du champagne dans son bureau avec Roger Knobelspiess.

– Et l'affaire Leroux, que nous avons déjà évoquée? On n'a vraiment aucune idée de ce qu'est devenue Agnès? Ça reste un mystère, ou un mystère entretenu?

– J'ai toujours eu la conviction que c'était un mystère entretenu. Agnès avait une vie assez déréglée... Je crois qu'elle a vécu un certain temps avec cet Agnelet que j'ai connu à l'époque mais pas fréquenté. C'était déjà un type un peu bizarre, un peu bohème, pas antipathique d'ailleurs. Un bohème qui n'a jamais grandi... Et quand il s'est acoquiné avec Agnès, il a été grisé par la fortune de la famille, parce que madame Leroux est une femme qui étale sa fortune de façon très visible. Un jour, elle m'a reçu dans son bureau du Palais de la Méditerranée. Son fauteuil était installé devant son coffre-fort. Il était grand ouvert et une puissante lampe y faisait scintiller les ors et les diamants. Moi, personnellement, rien ne m'impressionne à ce niveau de fatuité.

Agnès, elle était une fille un peu étrange. Elle avait un magasin qui s'appelait « Ah! », une espèce de boudoir d'orientaleries dans lequel brûlait de l'encens. Des gens qui ont fréquenté l'endroit affirment volontiers qu'on ne faisait pas qu'y brûler de l'encens, mais que l'on y fumait beaucoup. Quoi qu'il en soit, Agnès était une fille à l'existence assez curieuse, bohème elle aussi, ce qui ne l'empêchait pas de juger sa mère avec une certaine sévérité. C'est ce qui l'a poussée un jour à vendre ses actions à Fratoni. En tout cas, ce que je sais, c'est ce qu'elle a dit à Fratoni :

– Maman ne comprend rien à l'exploitation des casinos. Et si nous la laissons faire, le jour où notre association pourra être dissoute en 1982, nous serons tous ruinés.

Elle a dit ceci en présence de trois personnes que je connais et qui me l'ont confirmé. Parmi ces trois personnes, un avocat, un vieux copain de la faculté de droit, m'a dit qu'Agnès avait reconnu devant lui que Fratoni était un excellent professionnel. Elle connaissait ses antécédents, qui étaient irréprochables. On a voulu faire de Fratoni une espèce de fripouille poursuivie par tous les tribunaux du monde, mais il n'a jamais été condamné une seule fois!

– Mais enfin, il est quand même sous le coup d'un mandat d'arrêt et d'un ordre d'arrestation immédiate?

– Depuis ce que la presse a appelé l'affaire des casinos de Nice, oui. Mais avant, il n'avait jamais été condamné.

– Oui, mais depuis ?

– Ah, depuis, bien sûr ! C'est comme moi. Je sais mieux que personne que je suis innocent et je suis aussi sous le coup de je ne sais trop quelle décision de justice. Il est vrai que Jean-Dominique est aujourd'hui condamné pour un délit douanier et un délit fiscal. Il n'était pas présent au procès. Il a donc été condamné par défaut. Or vous savez que, dans ces circonstances, on prend le maximum de la peine. Cela, c'est depuis qu'il y a eu l'affaire des casinos et qu'on voulait l'arrêter dans le cabinet du juge d'instruction. Ce qui constituait à mes yeux une arrestation tout à fait arbitraire pour la bonne raison qu'il ne faisait l'objet d'aucun mandat d'amener. Mais quand Agnès Leroux a traité avec Fratoni, il avait un casier judiciaire vierge. Il était aussi respectable que monsieur Barrière. Ils faisaient le même métier, et Barrière est mort entouré de la considération de tous les gens qui ont mangé à ses frais ou dormi dans l'un de ses hôtels (et Dieu sait qu'ils sont innombrables). Fratoni n'avait pas d'hôtel, et c'est peut-être ce qui lui a manqué. S'il m'avait écouté, il aurait eu un hôtel, aurait commencé à offrir des chambres à tous les ministres de la République, et aurait joui de la même réputation que tous ses concurrents.

– Vous, personnellement, vous estimez n'avoir aucune part de responsabilité dans cette affaire Leroux ?

– Mais l'affaire Leroux et l'affaire Fratoni, c'est comme une compétition entre deux merceries ou deux boucheries. Il y a deux commerces qui s'appellent casinos sur lesquels la ville de Nice prélève 15 % des recettes des jeux, car c'est la loi et je ne vais pas me priver de prélever ce qui revient au budget municipal.

Ces deux entreprises, qui sont deux commerces, décident un jour de se faire une concurrence mortelle. La guerre se fait de telle manière qu'il y a des coups en douce et des coups visibles comme dans toutes les affaires commerciales. Et puis, un beau matin, l'un l'emporte sur l'autre; mais celui qui a perdu la guerre est mauvais perdant, comme beaucoup de Français sont des mauvais perdants. En Amérique, on dit « Bon, eh bien j'ai perdu. Maintenant, je vais me lancer dans autre chose ». Les Français, eux, sont toujours en train de pleurnicher. Quand un tennisman comme Lendl perd le tournoi de Wimbledon, il dit : « J'ai trouvé aujourd'hui plus fort que moi, j'ai très mal joué et ne méritais pas de gagner ». Quand c'est un Français, il dit : « Ah! j'avais la cheville tordue ou bien le juge n'a pas fait ceci ». En France, c'est toujours la faute de l'arbitre, la faute de l'articulation, la faute de Dupont, la faute de Durand, mais jamais la faute de celui qui perd. Ça, c'est le Français! Le Français ne sait pas perdre. Et comme il ne sait pas perdre, il ne sait pas gagner.

Madame Leroux n'a pas su perdre. Alors, comme elle n'a pas su perdre, elle a pris pour alliés tout ce que la médiocrité française comporte de tartuffes, pharisiens et cagots, c'est-à-dire toute la gauche pensante.

– *Cette affaire s'est mal terminée pour tout le monde, surtout pour la ville de Nice.* The Economist *parle même de « boulevard du crime » pour décrire la Côte d'Azur.*

– Ah! C'est sûr.

– *Ça vous émeut, à l'époque ?*

– Mais oui, ça m'émeut parce que je trouve scandaleux que pour des fausses histoires, des fausses affaires, on puisse nuire à la réputation d'une région ou d'une ville. Et je vous ferai remarquer que, dans le même temps, il y a eu des scandales à Deauville, à Divonne, etc. Des « affaires » pires que les nôtres, visibles à l'œil nu et qu'on aurait pu dix fois plus monter en épingle : on les a à peine évoquées. Seule la Côte d'Azur a bénéficié du talent des journalistes!

CHAPITRE V

HOMME PUBLIC ET VIE PRIVÉE

– L'amour semble avoir tenu une grande place dans votre vie. Mais est-ce l'amour ou les femmes ?

– Ah ! Je suis un incorrigible sentimental... Alors je dirais que les femmes sans l'amour ou l'amour sans les femmes, pour moi, ça ne signifie rien. Donc, c'est les deux à la fois.

– Vous étiez un homme public. Un homme public a-t-il droit à une vie privée ?

– Non.

– Alors vous avez provoqué ?

– J'ai été provocateur, c'est certain. J'ai toujours dit que je ne laisserais pas ma vie publique m'interdire d'avoir une vie privée. Je l'ai dit, mais aujourd'hui où j'ai une vraie vie privée, ici, où je peux enfin m'occuper de mes enfants, de mon petit-fils, où je peux enfin m'occuper de moi-même, je m'aperçois que je n'ai eu aucune intimité depuis plus de trente ans.

– Vous avez eu un coup de foudre pour Ilene Joy Graham ?

– Oui, bien sûr, j'ai eu un coup de foudre.

– A quel âge ?

– Quarante-neuf ans. Non! Cinquante ans... Je ne sais plus.

– Vous pouviez avoir un coup de foudre à quarante-neuf ans ?

– Et pourquoi pas? J'ai eu beaucoup de coups de foudre dans ma vie, mais des petits. Les grands coups de foudre, je n'en ai eu que deux. Ma première épouse, dont je vous ai dit les qualités, et ma seconde épouse, qui m'a apporté tout à fait autre chose. Elle était, à l'époque en tout cas, beaucoup plus primesautière, beaucoup plus dégagée des choses du quotidien. Elle apportait une fraîcheur différente et une nouveauté dans ma vie; en plus, bien sûr, du fait que c'était une fille ravissante, élégante, aimante...

– Vous en parlez au passé ?

– Non, je parle de l'époque où j'ai eu le coup de foudre pour elle. Je n'en parle pas au passé. Malheureusement, depuis un an et demi, ma femme est très gravement malade et souffre d'une maladie que personne n'arrive à véritablement identifier. Elle est atteinte d'une infection qui lui vaut des douleurs épouvantables, et elle doit vivre quasiment à la porte d'un hôpital. Sa vie est à ce point perturbée par sa maladie qu'elle n'a même pas pu conserver auprès d'elle notre fille et qu'elle me l'a envoyée ici. Elle vient de nous retrouver en Uruguay. Mais elle doit retourner en Californie, où se trouvent ses médecins, à intervalles réguliers. Il est évident que ce genre de situation (sans provoquer aucun drame familial, je vous assure, ni même l'amorce d'un divorce) crée évidemment des paramètres nouveaux dans l'organisation de ma vie. Parce que moi je ne bougerai pas d'ici pour tout l'or du monde; ceci pour des raisons multiples et diverses, dont la première est que je m'y sens dans une relative sécurité. Tant que les socialistes seront au pouvoir en France, je ne m'en irai pas de Punta del Este, même pour aller aux États-Unis d'Amérique où les accords avec la France sont devenus tels qu'on ne sait pas très bien ce que la socialie serait capable d'inventer contre moi pour me faire alpaguer par la police.

– Vous avez épousé Ilene aux États-Unis le 6 août 1978 sans être divorcé de votre première femme...

– Mais non, ce n'est pas vrai! C'était un gag, simplement! Depuis d'ailleurs, pour le prouver, j'ai contracté mariage avec Ilene quatre ou cinq fois. La dernière fois, c'était il y a deux ans, à Santa Fe, au Nouveau-Mexique. Vous savez qu'aux États-Unis on peut aller dans une *ghost-town*, une ville fantôme, et s'y marier ou y faire imprimer une affiche disant : « François Mitterrand wanted. Trois millions de dollars. » Ça fait partie des attractions touristiques. Tout comme en Espagne on peut faire imprimer une affiche où l'on annonce pour la grande corrida de Séville Luis Miguel Dominguin et Jacques Médecin.

Ma première femme et moi allions donc divorcer et, passant avec Ilene devant une de ces *wedding chapels* qui font le décor des rues de Las Vegas, je lui ai dit : « Tiens, viens, on va se marier. » On est entrés, on s'est mariés. On nous a donné un beau diplôme de mariage, mais qui n'a de valeur que dans le motel le plus proche pour être autorisé à y faire l'amour. Car voilà l'origine de ce type d'institution à Las Vegas : à l'époque où les mœurs américaines étaient encore puritaines, on n'acceptait pas un couple illégal dans un motel. Alors les gens passaient devant une officine et, moyennant vingt dollars, se faisaient marier de façon fictive, sortaient avec un certificat de mariage qu'ils présentaient au motel et allaient tranquillement occuper une chambre comme un couple légitime alors que l'un des deux était peut-être déjà marié de son côté. C'est exactement ce qui s'est passé pour Ilene et moi. Mais depuis, nous nous sommes réellement mariés.

– *Est-ce qu'Ilene est vraiment l'héritière de l'empire Max Factor?*

– Je n'ai jamais dit ça.

– *Il paraît que vous l'avez dit au journal* le Meilleur?

– Je ne l'ai dit au *Meilleur* ni au pire. J'ai simplement dit, un jour où la question m'était posée, que ma femme était par son père l'une des descendantes de Max Factor. En Amérique, les héritages se font à la tête du client; il n'y a pas d'héritage obligatoire comme en France, avec des parts découpées par avance; et par conséquent, le sachant parfaitement bien, jamais je n'aurais affirmé que ma femme fût l'héritière de Max Factor. Les journaux voudraient à la fois accréditer la thèse de l'héritière de Max Factor parce que ça fait bien de laisser entendre que Jacques Médecin a épousé une milliardaire, « c'est dire comme il se fout des pauvres gens »... Et celle selon laquelle ma femme n'a pas d'argent. En réalité, je vous dirai que le père de ma femme et la mère de ma femme sont des gens qui possèdent de belles et bonnes fortunes. Ma femme elle-même est tout à fait à l'abri du besoin. Quand je l'ai connue, elle était à l'abri du besoin, aujourd'hui aussi.

– *On dit que votre divorce avec votre première femme s'est mal passé. Vous aviez deux filles avec elle, comment ont-elles pris la chose?*

– Ma fille aînée avait quand même à l'époque aux environs de vingt-quatre ans. Elle a plutôt bien pris la chose, en ce sens qu'elle a compris que je pouvais mettre un peu d'ordre dans ma vie sentimentale en régularisant une fois de temps en temps une de mes aventures. Ma deuxième fille, qui avait dix ans, n'a pas très bien réagi parce que ma première femme, avec laquelle je suis redevenu très ami, m'a dépeint pendant près d'une décennie, aux yeux de ma fille, comme un horrible salopard, etc. Pourtant, je crois m'être très décemment conduit avec elle. Je ne pense pas avoir failli à aucun moment à mes devoirs, mais pendant longtemps mon ex-épouse m'en a tellement voulu qu'elle a donné de moi une image que notre fille a gravée dans sa tête et qui la rend d'autant plus mal à l'aise qu'elle m'aime énormément. Donc, elle a un cœur très proche de moi et une tête très réticente à mon endroit. Ceci la met dans une situation d'autant plus inconfortable aujourd'hui que, avant, elle pensait pouvoir toujours se reposer sur sa mère des déceptions qu'elle éprouverait vis-à-vis de moi, ou sur moi des déceptions qu'elle éprouverait vis-à-vis de sa mère. Or, maintenant que nous sommes de nouveau amis, ma première femme et moi, cela la déçoit énormément car elle ne peut plus jouer de l'un sur l'autre. C'est un phénomène psychologique bien connu des enfants du divorce. Mais je dois dire que je me sens très coupable envers elle...

– Est-elle toujours à Nice ?

– Elle est toujours à Nice et je communique avec elle, mais je la sens malheureuse ; je voudrais qu'elle soit heureuse, je voudrais faire quelque chose pour qu'elle le soit, mais je ne sais pas quoi.

– Est-ce que c'est facile d'être la fille de Jacques Médecin, maintenant, à Nice ?

– Je n'en sais rien. Je ne peux pas vous dire. Je ne sais pas du tout ce que pensent les Niçois. Je crois que dans la plupart des cas, les Niçois sont restés fidèles à Jacques Médecin. Je n'ai qu'à voir l'immense courrier que je reçois ici. Depuis le 19 septembre 1990, j'ai dû recevoir plus d'une centaine de kilos de courrier et tous ces messages, à l'exception de deux lettres de menaces de mort (qui font partie de la tradition parce que j'en ai déjà tellement reçu dans ma vie que ce n'est pas cela qui va m'émouvoir beaucoup), m'apportent des témoignages d'affection, de gentillesse, de sympathie, de gens qui me disent : « Si vous avez besoin de quoi que ce soit, pensez à moi, je suis à votre disposition. » Mais que pourraient-ils pour ma fille?

– Vous dites que vous êtes de nouveau en bons termes avec votre première femme. On prétend pourtant que vous deviez lui verser sept cent mille francs mais qu'elle les attend toujours...

– Ce n'est pas exactement la vérité. Dans les accords hors jugement de divorce qui ont été pris entre nous, je lui avais dit effectivement : si je vends notre villa du Soubran, je te donnerai sept cent mille francs. Et cet accord est toujours valable. Mais un jour, à l'époque où nous n'étions pas amis, elle a pensé qu'elle ne verrait jamais cet argent et elle a pris une hypothèque de sept cent mille francs sur la villa. Cette hypothèque, je ne l'ai pas contestée. Et le jour où ma villa sera vendue par le fisc, mon ex-femme devrait toucher sept cent mille francs.

– Le virement de cinq millions de francs qu'a effectué sur votre compte au C.C.F. de Nice, le 5 mars 85, la société Hamilton General Corporation S.A. de Panama, est-il un véritable prêt ou un habillage juridique destiné à rapatrier un avoir de cinq millions de francs de l'étranger?

– C'est un véritable prêt. La banque en question appartient à un armateur grec bien connu et l'enquête du fisc est remontée jusqu'à lui sans difficulté, puisque la banque qui a fait le prêt est elle-même passée par une banque suisse. Cet armateur grec était intéressé par l'achat de ma villa. Je lui ai dit : « Je vais sans doute être obligé de la vendre très rapidement parce que je dois cinq millions de francs au C.C.F., que j'ai empruntés pour payer les frais de mon divorce. Il m'a répondu : « Si tu veux, je te paye les cinq millions pour que tu n'aies plus d'intérêts à verser au C.C.F., et en échange tu me fais une lettre me garantissant que tu me vends la villa le jour où tu la mets en vente. » Je lui ai donc fait une lettre dans ce sens et lui a envoyé les cinq millions au C.C.F. C'est un homme immensément riche, il n'est pas à la recherche d'un logement, il en a d'ailleurs deux ou trois sur la Côte d'Azur. En somme il a placé cinq millions en pensant : « Le jour où j'en aurai envie, je n'aurai plus qu'à mettre le complément. »

Moi, ça m'a permis de mettre un terme à ma dette. J'ai tout expliqué au fisc, le fisc ne veut pas me croire, je ne peux pas le forcer à me croire...

– Pour en rester dans le domaine financier, revenons un peu en arrière. Vous n'êtes plus ministre depuis mars 1978, le torchon brûle entre les républicains indépendants et vous, notamment avec Jean-Pierre Soisson, secrétaire général de cette formation. La rumeur prétend qu'il voulait diriger une enquête sur vos dépenses au ministère. Vrai ou faux ?

– Je ne le pense pas. Je crois que c'est une fausse rumeur.

– Vous aviez déjà eu des démêlés avec Soisson ?

– Non, jamais. Pendant ma période ministérielle, il y a eu un contrôle des dépenses du ministère par la Cour des Comptes. Il a abouti à me demander le remboursement d'un cadeau que j'avais fait et qui, paraît-il, ne devait pas être fait : il s'agissait de livres d'une somme relativement peu importante, de l'ordre de quelques milliers de francs. J'ai été également rendu responsable de la gestion de l'Association française d'action touristique, mais avec monsieur Serieyx et avec Jean-Pierre Soisson. Donc, tous trois nous avons été condamnés à payer une somme, peu importante, en remboursement de celle qui aurait été dépensée d'une façon anormale par cette association dont je dois vous dire que je n'ai jamais eu la possibilité de contrôler les dépenses : il y avait là aussi un fonctionnaire chargé de cette tâche, et il n'a pas fait correctement son travail. Aujourd'hui, c'est monsieur Serieyx, haut dignitaire de la fonctionnarocratie et serviteur docile des grandes causes qui est chargé, en sa qualité de président de la chambre régionale des comptes de Marseille, de me juger pour des faits semblables à ceux qui nous furent alors reprochés...

– En 1978, après quinze mois de réflexion, le Conseil d'État annule les élections municipales du troisième secteur de Nice. La gauche se déchaîne contre vous, mais aussi la droite niçoise et notamment Nice-Matin *qui vous reproche vos trop nombreuses absences aux États-Unis. Vous formez une sorte de couple infernal avec Michel Bavastro. Entre vous, à cette époque-là, c'est la haine ?*

– Moi, je n'ai jamais pu avoir de haine vis-à-vis de cet homme parce que j'ai pour lui une admiration certaine. C'est, je crois, un très grand patron de presse amoureux de son journal. Autoritaire, certes, ayant des méthodes quelquefois un peu dures, un peu brutales, un peu contestables, mais tout cela est toujours dans le seul intérêt du journal, qui est son œuvre de A à Z. Et c'est une œuvre spectaculaire. *Nice-Matin* est l'un des meilleurs journaux de France, le premier à être sorti avec des pages en couleur, une présentation qui fait l'admiration de tous. C'est un journal archiconnu puisque la Côte d'Azur reçoit des gens du monde entier qui le trouvent bien fait. C'est un des premiers journaux de France à s'être installé, grâce à l'aide du maire Jacques Médecin, dans des locaux conçus pour l'édition contemporaine entièrement informatisée. C'est aussi une des premières entreprises de France à participation ouvrière, ce qui dénote le caractère social de

Bavastro. De plus, je sais que l'homme est sensible : souvent, il a su mettre la main à la poche de manière discrète pour de vieux collaborateurs sans que personne ne sache rien, pas même les bénéficiaires, de ses largesses. C'est un homme qui mène une vie relativement modeste compte tenu de la fortune qui est la sienne – car elle doit être considérable... Il vit dans une petite villa très agréable, mais enfin qui n'a rien du palais qu'il pourrait s'offrir s'il le souhaitait. Il a élevé sa famille avec beaucoup de dignité. Il a une épouse à tous égards charmante. C'est un homme que je ne peux pas haïr, c'est impossible, et même au moment où il était le plus déchaîné contre ma personne, je n'ai pas pu trouver en moi les ressources nécessaires pour avoir à son endroit un sentiment de haine.

Mais je dois reconnaître qu'il m'est arrivé de le détester parce qu'il a prêté l'oreille avec une complaisance maladive à tous ceux qui venaient lui dire du mal de moi, et encore plus à ceux qui venaient lui colporter que j'avais dit du mal de lui. En revanche, quand un homme comme Charles Ehrmann, député de la deuxième circonscription des Alpes-Maritimes, mon ancien professeur d'histoire, qui est un ami personnel de Bavastro, venait le voir en lui disant :

– Tu as tort de croire tout ce qu'on te raconte. Médecin ne dit pas de mal de toi, Médecin t'aime bien, dans le fond, et puis vous êtes deux Niçois, vous vous battez pour Nice, vous avez les mêmes objectifs et vous avez les mêmes raisons de mener un combat commun...

... Eh bien Bavastro n'écoutait pas! Mais bon, oublions! Ce qu'il y a de sûr, c'est que pour moi il représente le patron idéal. Je pense que si tous les patrons de France ressemblaient à Bavastro, il n'y aurait pas de gauche, il n'y aurait pas de syndicats, il y aurait un accord parfait entre les ouvriers et les patrons, et il n'y aurait pas de pouvoir de gauche parce que la philosophie de gauche n'atteindrait personne.

– Bavastro a quand même eu des conflits avec ses ouvriers ?

– Oui, parce que le syndicat du livre est entre les mains de la C.G.T., que la C.G.T. donne des mots d'ordre et que dans ses mots d'ordre elle prend garde de n'oublier Bavastro... On veut détruire Bavastro parce qu'il n'est pas bon qu'un homme de droite soit un bon patron. Alors la gauche le pousse aussi à quelques compromis que reflètent les colonnes de plus en plus vicieuses de son journal. Mon idéal politique, c'est une France où le monde du travail connaîtrait les relations que connaissent les travailleurs de *Nice-Matin* avec leur employeur. Mon idéal politique, c'est le patron qui sait être social sans qu'on lui force la main pour l'être.

En 1979, si j'ai bonne mémoire, quand il a été victime d'une grève scandaleuse, honteuse, au moment des fêtes de Noël, une grève qui a coûté trois cent mille francs par jour et qui menaçait l'équilibre, la vie même du journal, Bavastro et moi nous étions au plus mal. Nous ne nous adressions jamais la parole. Je ne figurais plus dans les comptes rendus de presse. Bref, Nice n'avait pas de maire, j'étais totalement ignoré. Malgré cela, j'ai pris l'initiative de téléphoner à Bavastro. J'ai dit « Ici, Jacques Médecin ». Il y a eu un silence au téléphone qui a duré presque une minute.

– Qu'est-ce que vous voulez? m'a-t-il demandé sur un ton très sec.

– Voilà, lui ai-je répondu. Je pense que je dois vous venir en aide dans l'intérêt de notre région... Je vous l'ai dit déjà à plusieurs reprises, je vous le répète. Moi, je ne fais pas de la politique pour avoir un fauteuil sous mon derrière, je fais de la politique pour défendre et faire triompher mes idées. Je suis un de ces Don Quichotte qui se bat encore pour des idéaux et vous êtes pour moi, vous le savez, le patron dans le droit fil de ma droite. Alors, je veux vous aider, je ne veux pas vous laisser tomber. Après, plus tard, le jour où *Nice-Matin* reparaîtra normalement, on reprendra le combat, cela m'est égal. Mais en attendant...

– Bon, mais, qu'est-ce que vous pouvez faire?

– J'ai un titre, *l'Action Nice-Côte d'Azur*. Il est déposé. Il a son numéro de commission paritaire. C'est un mensuel mais je peux parfaitement, de mon propre chef, le transformer en quotidien... Je le mets à votre disposition pour donner des informations pendant que vous êtes dans l'impossibilité de paraître, ce qui va permettre de réduire à néant l'effet de la grève car les Niçois commencent à se plaindre de ne plus savoir quelles sont les pharmacies de garde ou ce que l'on donne au cinéma, etc. Bien entendu, ce journal sortira demain matin avec en première page une interview de Michel Bavastro, si vous en êtes d'accord.

Là, il m'a montré combien il est soucieux de l'exclusivité qui est la sienne.

– Mais après, le jour où je reprendrai la parution de *Nice-Matin*, est-ce que vous disparaîtrez?

J'ai éclaté de rire...

– J'ai déjà du mal à sortir ce numéro alors que vous êtes absent, si demain vous êtes présent sur le marché, vous ne voulez quand même pas que j'aille vous affronter! Bien entendu, je m'engage par écrit. Je vous fais une lettre tout de suite précisant que j'abandonnerai le quotidien aussitôt que *Nice-Matin* reparaîtra.

– Alors d'accord, envoyez-moi vos gens!

Je lui envoie mes gens, dont Jean-Paul Claustres qui était à l'époque mon directeur des relations publiques, et il leur donne l'interview. J'ai cherché une imprimerie de labeur pour imprimer mon journal mais toutes les imprimeries des Alpes-Maritimes m'ont tourné le dos parce qu'elles sont toutes entre les mains de la C.G.T. J'ai trouvé finalement une imprimerie à Toulon. On a chargé les journaux dans une camionnette et on les a rapportés à Nice.

Quand on est arrivé à Nice, les N.M.P.P. ont déclaré la grève et ont refusé d'apporter les journaux aux kiosques. J'ai dû faire appel à tous mes amis qui avaient une voiture. Ils sont venus par centaines et j'ai remis à chacun une feuille de route pour apporter deux ou trois paquets de journaux dans les kiosques. Certains kiosques ont été agressés par des nervis communistes de la C.G.T. qui ont volé les paquets de journaux et les ont brûlés ; tout ça, bien sûr, sans qu'aucun journal parisien ne signale ces atteintes honteuses à la liberté de la presse. Du moment que ce sont les journaux de Jacques Médecin, on peut les voler, les brûler, c'est vous dire le parti pris permanent dont je fais l'objet. Il apparaît à tout instant de ma vie politique. Bien entendu, le gouvernement Giscard-Barre ne fait pas le moindre geste en ma faveur.

Le deuxième ou troisième jour, comme on m'avait prévenu que les communistes voulaient voler les journaux, je fais entrer la camionnette dans la cour de la mairie. Arrive un conseiller municipal communiste qui entre en force et vole dans la camionnette des paquets de journaux et les met dans une voiture. Heureusement, la police municipale donne l'alerte. La voiture du conseiller municipal file et le hasard veut qu'elle prenne la Moyenne-Corniche où se trouve une voiture de patrouille de cette police municipale : elle prend en chasse la voiture du conseiller et la bloque. L'élu communiste veut frapper un policier qui lui flanque un coup de matraque sur la tête, récupère les journaux et les rapporte à la mairie. Les communistes déposent plainte pour voie de fait et moi, bien entendu, je dépose plainte pour vol de documents, etc.

Les magistrats ont jugé très honnêtement...

Je finis par distribuer les journaux. Cette histoire rocambolesque dure une semaine et, au bout d'une semaine, *Nice-Matin* reparaît. Je retrouve ma tranquillité et mes relations avec Bavastro deviennent amicales. Depuis lors, elles n'ont jamais plus souffert la moindre altération.

Toutes les fois que j'ai eu besoin d'éditer un journal pour des élections, Bavastro l'a fait de manière tout à fait aimable. Évidemment, quand je m'adressais à l'imprimerie, on me demandait des paiements de la main à la main, portant sur des sommes considérables. Et il fallait bien que ma permanence possède des sommes d'argent liquide pour régler ces dépenses.

Alors, aujourd'hui, quand je vois certains journalistes de

Nice-Matin qui, à l'époque, ont bénéficié de mes largesses pour rédiger des articles dans mes journaux électoraux et qui se faisaient payer cher, en liquide, quand donc je les vois me piétiner en disant : « Ces sommes, où sont-elles passées ? », j'ai envie de leur répondre : « Mais dans vos poches, messieurs, elles sont passées dans vos poches ! »

Bien sûr, il faut que les hommes politiques s'arrangent d'une manière ou d'une autre pour disposer de telles sommes. Je dis bien *tous* les hommes politiques – pas seulement Jacques Médecin – car tous les hommes politiques font un journal électoral et ce n'est pas la loi de transparence du financement politique qui y changera quelque chose. Cette loi est une loi bidon, elles est chargée de toute l'hypocrisie socialiste, même si elle a été votée pendant la période de la cohabitation. C'est le prototype de la loi socialiste de circonstance, qui laisse dans le filet des trous tellement larges que les requins peuvent y passer. Et croyez-moi, les requins y passent ! Et je m'amuse beaucoup de voir l'intransigeance de *Nice-Matin,* sa rigueur morale, sa façon de donner des leçons lorsque je me rappelle certaines visites.

Il y a des témoins qui peuvent raconter. Ils sont mieux placés que quiconque puisque c'est eux qui apportaient les enveloppes d'argent. Ils peuvent donc dire qu'ils ont remis ces sommes et à qui ils les ont remises, aux différents échelons de la fabrication des journaux politiques. Tous ces témoins-là, je peux demain les réunir, je peux faire les comptes et je peux dire à mes prétendus juges : « Êtes-vous si honnêtes que vous puissiez critiquer les autres et donner des leçons ? » Je déplore vraiment ces pratiques : le journaliste d'aujourd'hui n'est plus un homme qui rend compte, c'est un homme qui se croit autorisé à juger bien que cette autorité ne repose sur aucun fondement légitime.

– Est-ce que, dans vos derniers malheurs, Michel Bavastro vous a témoigné une certaine amitié ?

– Il a été correct à mon égard. Maintenant, il n'a pas empêché ses petits fouille-merde d'écrire des choses absolument scandaleuses à propos de ma gestion. Il ne m'a pas fait de fleur. Il ne m'a pas fait de câlin dans le cou. Mais enfin, il a été aussi décent que ses intérêts bien compris lui permettaient de l'être.

– Vos relations avec Michel Bavastro sont quand mêmes meilleures que vos relations avec Mgr Jean Mouisset. En 1978, ce dernier a écrit : « Pourquoi faut-il que nous galvaudions le don que le Seigneur nous a fait d'un site exceptionnel au point de le transformer en centre de tripots ? Tous les moyens ne sont pas bons pour atteindre des fins apparemment favorables, surtout quand ils entraînent tant de dégradations humaines. »

– Mgr Mouisset a été le premier évêque « politique » de Nice. Avant lui, il y avait un évêque qui s'appelait Mgr Paul Rémond, un prélat avec tout ce que cela comporte de noblesse, une intelligence brillante, un grand pasteur qui aurait pu postuler aux plus hautes charges de l'Église. La ville de Nice pouvait vraiment se flatter d'avoir un évêque comme lui.

Quand il est mort, en 1962, il a été remplacé par Mgr Jean Mouisset. Jean Mouisset était une vocation tardive. C'était un polytechnicien, un homme un peu complexé parce qu'il avait été aumônier des chantiers de jeunesse pendant la guerre. Les résistants étaient arrivés à faire naître chez lui le complexe de la collaboration, et bien entendu, pour se dédouaner, chacun sait qu'il n'y a qu'un remède : c'est d'être à gauche. Mgr Mouisset avait donc été de ces prêtres de gauche qui tout de même ne l'affirmaient pas encore avec trop de virulence à l'époque. On était encore loin de Mgr Decourtray ou Gaillot. On était loin des évêques défenseurs d'homophiles et autres, mais il y avait quand même déjà l'amorce d'une révolution, puisqu'on était en plein Concile et en pleine réforme de l'Église.

Mgr Mouisset est entré dans la réforme avec d'autant

plus de joie que cela lui a permis de se dédouaner de ce qui pouvait constituer encore des scories du soupçon collabo. Alors qu'il n'a jamais été collaborateur une demi-seconde! Il y a eu des dizaines de milliers de Français qui sont passés par les chantiers de jeunesse et qui ne se sont pas sentis collaborateurs pour autant. Au contraire même, les chantiers de jeunesse ont fourni bon nombre de grands résistants.

Toujours est-il qu'il a immédiatement emboîté le pas aux réformistes les plus réformateurs; et lors des obsèques de mon père, il a montré aux yeux de la population tout entière de quel bois il se chauffait en faisant sur le cercueil d'un homme qui avait été l'ami de l'Église catholique, devant une ville de Nice totalement éplorée, une homélie sans faire une fois l'éloge de Jean Médecin! Dans mon chagrin, voir cet évêque capable de prononcer une homélie sans chercher une seconde à rappeler qui avait été mon père, ce qu'il avait fait pour l'Église catholique depuis trente-sept ans, je l'ai pris en grippe, je l'ai détesté et je ne le lui ai jamais caché.

Par la suite, il a autorisé les messes à la guitare électrique, la communion avec des sandwiches et l'élévation ponctuée de ballets... Oui! des ballets... Des filles en collants qui dansaient des ballets pendant l'élévation! Je me suis dit alors que ce type était un fou intégral, et je ne lui ai jamais marqué la moindre sympathie ni le moindre intérêt.

Il a finalement été remplacé par Mgr Saint-Macary. Je dois dire, pour être tout à fait sincère, que du temps de Mgr Rémond, Mgr Saint-Macary n'aurait même pas fait un vicaire acceptable dans une église de Nice. Mais c'est un brave homme. C'est l'évêque en chemise bleue, au costume gris, sourire béat... On se demande pourquoi il est évêque. Enfin, on ne se demande pas, on sait pourquoi il est évêque. Il est évêque parce que les évêques français s'autorecrutent dans les aumôniers d'Action Catholique Ouvrière, syndiqués, depuis Vatican II, à la C.G.T.

Quoi qu'il en soit, Mgr Saint-Macary ne m'aime pas

beaucoup. Et Mouisset ne m'aimait pas du tout. Tout ça parce que, moi, j'ai gardé de l'Église une conception qui m'est personnelle. Pour moi, l'Église, c'est une école de discipline, une école d'obéissance. Or, si l'Église catholique est devenue le foutoir qu'elle est devenue, c'est que chacun fait ce qu'il veut et que les ordres du pape ne sont pas suivis. Quand je pense que Mgr Mouisset s'est fendu d'une lettre pastorale pour condamner les tripots mais que l'Église française n'a même pas menacé d'excommunication les députés qui voteraient l'avortement, je me dis qu'il n'y a plus d'Église. C'est fini. Elle aussi est tombée dans le gauchisme. La presse juive américaine dit que s'il y a beaucoup d'hispaniques en Amérique, c'est parce qu'ils sont catholiques et que les catholiques interdisent l'avortement. Mais les juifs aussi interdisent l'avortement! J'ai un très bon ami qui est le rabbin des Loubavitch, et je dois dire que les Loubavitch sont des gens que j'aime énormément parce qu'ils ont vraiment une force de caractère extraordinaire. Eh bien le rabbin des Loubavitch a une femme de quarante-deux ans et neuf enfants. Un jour où j'ai parlé avec lui, il m'a dit : « La religion juive ne veut pas, ne reconnaît pas les avortements. » Il n'y a aucune religion qui reconnaisse les avortements. Les musulmans, croyez-vous qu'ils favorisent l'avortement alors que leurs familles comptent des douzaines d'enfants?

– *En 78, la gauche gagne et la première opposition organisée fait son entrée au conseil municipal. Les temps s'annoncent plus difficiles?*

– Eh bien, pas du tout! On a d'abord cru que ce serait l'enfer, et puis, je me suis aperçu que si l'opposition n'était pas d'accord et contestait avec mauvaise foi, neuf fois sur dix, cela me permettait de m'expliquer davantage. Or la presse, bien sûr, dès l'apparition de l'opposition de gauche, a suivi le conseil municipal avec beaucoup d'assiduité. Elle s'est fait l'écho de la contestation de gauche, certes, mais elle n'a pas pu ne pas se faire l'écho de mes réponses. Si bien que, tout d'un coup, les Niçois ont pris conscience qu'ils avaient un maire qui connaissait ses dossiers par cœur. Et ça, d'ailleurs, l'opposition elle-même m'en a rendu justice.

Je me souviens d'un jour où Pierre Joselet (le défunt « électricien »), avocat de profession, m'interpella de la manière suivante :

– Monsieur le maire, je sais que vous ne lèverez pas le nez de votre courrier que vous êtes en train de faire pendant que je vous parle. Vous avez, d'ailleurs, une vertu que je vous envie, ou plutôt deux : la première c'est que vous pouvez continuer à faire votre courrier, répondre au téléphone et à l'interlocuteur qui est à vos côtés tout en écoutant ce que je vous dis et en étant capable de me répondre; la deuxième, c'est évidemment que vous ne serez pas pris de court, car même si ma question est une question que vous n'attendez pas, vous en connaissez la réponse.

Et il pose sa question. Et bien entendu, je continue à faire mon courrier; quand sa question est terminée, je lève les yeux et je lui réponds... puis je reprends mon courrier. Les gens se sont dit : « c'est décidément un type un peu particulier... » et ça a beaucoup servi mon prestige.

En somme, du jour où j'ai eu une opposition, je suis devenu pour les Niçois quelqu'un de tout à fait exceptionnel. Et paradoxalement, c'est l'opposition qui m'a fait cette image-là. Les gens qui sortaient de nos réunions répandaient la nouvelle : « Venez, c'est un numéro extraordinaire... Médecin les torche, les engueule. » Chaque conseil municipal donnait lieu à un couplet politique. Quand les communistes m'agressaient, je leur répliquais : « Messieurs, quand on est responsable des crimes dont le parti communiste a les mains rouges, on ferait mieux de se taire, etc. » Je leur rappelais un certain nombre de vérités.

Je me souviens qu'un jour j'avais fait tout un cours sur le massacre de Katyn. C'était deux ans avant que les Soviétiques n'avouent effectivement qu'il s'agissait de l'un de leurs innombrables crimes. Je n'avais guère eu de mal, car je suis doté d'une excellente mémoire. Je suis un homme qui lit énormément parce que, moi, je ne regarde jamais la télévision. Pendant les heures que les Français passent à s'abrutir devant leur tube cathodique, moi je lis. De tout : des romans policiers, des romans d'aventure, des classiques, des livres politiques, des livres d'économie. Je lis toujours un livre anglais en même temps que les autres, et je lis toujours plusieurs livres à la fois car il n'y a rien de tel pour entraîner sa mémoire. Comme je dévore des tonnes de livres, j'ai toujours des réponses. Des réponses incontestables, avec des faits précis.

– Aux cantonales de mars 79, vous n'êtes quand même réélu qu'avec 145 voix d'avance. Est-ce que la chance est en train de tourner?

– Non, pas du tout, mais il y a un problème : je suis conseiller général d'un grand canton, le quatrième canton de Nice, qui va de la mer jusqu'au pied de la colline. Ce canton vient d'être divisé en deux. Une partie va de la mer jusqu'à la gare, c'est le canton sud, et une autre va de la gare jusqu'à la colline, c'est le canton nord. Alors j'ai réfléchi : « J'ai le choix entre prendre le canton sud, où je vais être élu à 70 % des voix, ou prendre le canton nord où je risque d'être battu ou élu très juste parce que le canton nord est plus à gauche. » Mais je me suis dit également : « Si je donne le sud à mon collègue Charles Ehrmann, il va être élu brillamment. Mais si je lui donne le nord, il sera battu à coup sûr. Il n'y en a qu'un qui peut être élu dans le nord, c'est moi. » C'est peut-être prétentieux de ma part, mais mon raisonnement est le bon puisque finalement je suis élu.

– En avril 1979, vous accordez à l'Aurore *une interview qui fait quelque bruit. Vous y déclarez notamment : « Si j'ai envie de dire merde à quelqu'un, je le dis... » Vous avez besoin de vous défouler?*

– Non, mais j'ai toujours été comme ça. On m'a toujours reproché mon franc-parler. Mais pourquoi faut-il reprocher à quelqu'un d'être franc et de parler? Je crois qu'à force de reprocher aux gens leur liberté de ton, on en est arrivé à ce règne de la langue de bois où les gens ne disent plus jamais ce qu'ils pensent; et s'ils le disent, ils l'expriment avec tant de circonlocutions, avec tant de précautions qu'une vache n'y retrouverait pas son veau. Moi, si je pense que le mot « merde » s'applique parfaitement à une situation, je l'emploie. Pas par un goût de la trivialité, je vous l'ai déjà dit, mais par truculence. Vous remarquerez que depuis que nous sommes ensemble, je n'ai pas usé systématiquement de mots triviaux, mais si j'ai dit par moment de quelqu'un « c'est un emmerdeur », c'est parce que je considère que le mot emmerdeur lui va comme un gant et qu'il n'y a pas d'autre mot dans la langue française qui puisse mieux le définir. Si je vous dis « c'est un petit con », c'est pareil. Mais je ne le dis pas de tout le monde. Je ne le dis pas à tout bout de champ. Alors il est vrai que j'ai mon franc-parler, et le simple fait que ça me soit reproché (toujours par les mêmes d'ailleurs) prouve que l'on veut progressivement enfermer les gens dans un style hermétique. Vous savez, il y a dans *1984*, d'Orwell, à la fin du livre, vingt-cinq pages absolument fabuleuses qui mériteraient d'être enseignées dans les écoles des pays qui sont encore sains, comme l'Uruguay, et qui s'appellent « la novlangue »...

La novlangue, c'est la nouvelle langue créée par le dictateur pour asservir les gens. Orwell a défini l'asservissement vrai. Celui-ci ne se fait ni à travers la menace, la mort ou le camp de concentration, puisqu'on peut s'apercevoir qu'en Russie soviétique, cet asservissement n'a pas réussi. Il se fait par l'avilissement du cerveau et il y a dans la novlangue toute l'étude de ce que peut représenter l'amenuisement du vocabulaire, la réforme de l'orthographe, etc. Quand on sait qu'un bachelier compose une copie de français avec trois cents mots et que les journalistes de télévision emploient un mot pour un autre ou commettent tous les soirs des barbarismes sans que personne ne le relève, on se rend compte de l'énorme complot qui fait que dans une génération on ne lira plus et on ne pensera plus...

Car à partir du moment où on ne lit plus, on perd toute imagination. Moi, je sais que lorsque j'étais enfant, et je le dis d'ailleurs à ma fille Shawn, je prenais sur les rayons de la bibliothèque *20 000 lieues sous les mers*, et le capitaine Némo n'avait pas la tête de James Mason. Il avait le visage que je lui avais composé. Le *Nautilus* se rapprochait de celui du film parce que celui du film se rapproche de l'imagerie de Gustave Doré et que mon Jules Verne a été illustré par Gustave Doré. Mais il était quand même corrigé, ce dessin du *Nautilus*, par la vision que j'avais eue moi-même de sous-marins venant dans le port de Nice, et par conséquent je m'étais imaginé « mon » *Nautilus*, je m'étais composé « mon » capitaine Némo, je m'étais créé « mes » personnages, je m'étais inventé « mes » poissons, « mes » poulpes, etc.

Bref, j'avais fait un effort de création intellectuelle en lisant le livre. Aujourd'hui, l'enfant qui lit *20 000 lieues sous les mers* après avoir vu le film ne peut recréer dans son esprit que les images cinématographiques. La civilisation du film, la civilisation de la télévision est en train de fabriquer des générations sans imagination, sans créativité, et progressivement on va réduire le champ intellectuel à un nombre de mots extrêmement minime, à un nombre d'images de plus en plus réduit, et le champ émotionnel à un nombre de sensations de plus en plus faible. On va créer des hommes primitifs dans un monde électronique.

– Vous vous présentez aux élections européennes sur la liste de Philippe Malaud. Or cette liste ne recueille que 3,27 % des voix. C'est une gifle !

– En réalité, Philippe Malaud, qui est un vieux copain, un bon ami, me dit :

– Enfin, comment? Tu n'es pas intéressé par les élections européennes?

Je lui réponds :
– Non, j'ai déjà tout ce que je peux souhaiter...
– Mais si, tu devrais venir. Ce serait formidable... Qu'est-ce qu'on risque? Si on fait 4 % des voix, on a trois élus ou quelque chose comme ça.
Je finis par céder, un peu par défi, beaucoup par amitié. J'ai fait beaucoup de bêtises par amitié. Mais je ne dirai pas que c'est là une bêtise : je ne regrette rien. Vous savez, ce n'est pas plus une gifle que celle qu'a reçue Gaston Defferre en faisant 5 % des voix aux présidentielles... Ça fait partie de ces aventures qu'un homme politique aime bien s'offrir...

– A cette époque-là, vous avez une occasion particulière d'être heureux, c'est la montée de Ronald Reagan. Vous l'admirez et le soutenez. Vous le connaissez. Que pensez-vous de lui ?

– Je suis heureux de la montée de Reagan parce que je suis inquiet de la descente de l'Amérique de Carter, qui est une Amérique humiliée, une Amérique qui tourne le dos à sa destinée. D'ailleurs, l'Amérique est sur la pente savonneuse depuis Kennedy, qui a été son plus mauvais président. Je sais que c'est très mal de médire de John Kennedy, mais pour moi Kennedy est une fabrication des médias. C'est un type qui a tout loupé, absolument tout : la guerre du Viêt-nam, la Baie des Cochons, les réformes intérieures, tout...

– Et le programme Apollo ?

– Le vrai promoteur en a été Lyndon Johnson! Le programme Apollo était inscrit dans les faits, ce n'est pas Kennedy qui l'a créé. Il a financé une œuvre scientifique qui avait déjà démarré sous Eisenhower.
Ce qui n'a rien arrangé, en plus, c'est que Lyndon Johnson a malheureusement réglé l'héritage de Kennedy dans l'esprit kennedien. L'ère Kennedy a été le début de la

chute de l'Amérique. Et si un démocrate avait succédé à ce pauvre Carter, qui était le symbole de la médiocratie, c'en était fini de la suprématie des U.S.A. D'ailleurs, la suprématie de l'Amérique... Je crois que les États-Unis d'Amérique sont malheureusement menacés de troubles internes très graves. L'Amérique va connaître une période de violences proches de la guerre civile. Toutefois, je reste confiant à long terme : les traditionalistes américains, c'est-à-dire ceux qui pourront se raccrocher au souvenir de la puissante Amérique l'emporteront, par la raison, sur ceux qui voudraient semer le désordre. Les États-Unis en reviendront à une conception plus saine de leur structure interne aussi bien que de leur interventionnisme mondial. Pour l'heure, ils sont sur une pente descendante grave. Mais il est vrai que Ronald Reagan l'a freinée, parce qu'il a redonné le sens de la nation, un certain goût du patriotisme. Il a osé dire que l'U.R.S.S. était l'empire du mal. Et puis, il faut quand même dire une chose, c'est que Ronald Reagan est l'auteur de la montée de Gorbatchev. Car si Reagan n'avait pas lancé l'initiative de défense stratégique...

– La guerre des étoiles...

– La guerre des étoiles, c'est un cliché qui a été inventé par les ennemis de l'Amérique pour désinformer. Jamais, à aucun moment, le système préconisé par Reagan ne s'est appelé la guerre des étoiles. La guerre des étoiles, ça donne une impression offensive. La guerre des étoiles, ça fait apparaître son auteur Ronald Reagan comme un va-t-en-guerre, alors que son système s'appelle en réalité l'initiative de défense stratégique, l'I.D.S. Il s'agit bien au contraire d'un système défensif pour la protection du monde libre. L'I.D.S. vise à empêcher l'Amérique d'être attaquée. D'ailleurs, l'amorce de l'I.D.S. a prouvé son efficacité au moment de la guerre du Golfe, puisque les fusées qui étaient dirigées sur Israël ont pu être interceptées et détruites en vol grâce aux premiers éléments de l'I.D.S.

C'est exactement ce que Reagan préconisait. Or les médias du monde entier, le grand orchestre rouge de la désinformation, ont lancé le slogan de la guerre des étoiles. Tous les journaux du monde, y compris les journaux d'extrême droite, ont parlé de guerre des étoiles alors qu'il fallait parler de défense stratégique! Cette défense stratégique, monsieur Gorbatchev, lui, ne s'y est pas trompé. Il a compris que cet instrument allait réduire à néant sa machine de guerre offensive qui lui coûtait déjà trop cher. Il a été l'adversaire de l'I.D.S. parce qu'elle allait l'obliger à mettre des savants à la recherche de quelque chose qui perfore l'I.D.S., et qui finirait par ruiner complètement son pays. En plus, pour faire bonne mesure, Reagan a lancé le projet de construction du bombardier stratégique B2 que les radars ne pouvaient repérer. Gorbatchev a fait tout ce qu'il a pu pour le convaincre de ne pas créer ce bombardier B2. Mais Reagan s'est entêté.

Après Reykjavik, Reagan a dit : « Nous sommes tombés d'accord sur tout mais je ne céderai pas sur l'initiative de défense stratégique ni sur le bombardier. » Et quand il est rentré en Russie, Gorbatchev s'est rendu compte qu'il ne pouvait pas couper les ponts avec l'Amérique, parce que s'il interrompait le dialogue avec Reagan, il était obligé de revenir au réarmement et la situation économique de la Russie ne le permettait plus.

Parfaitement informé de ce qui se passait en Russie (car la C.I.A. n'est pas seulement l'organisme de science-fiction qu'on trouve dans les romans d'aventure mais aussi, et par-dessus tout, un réseau d'information absolument remarquable et qui fonctionne très bien au cœur de la Russie), Reagan a su que la situation en U.R.S.S. était désespérée, que Gorbatchev était dans l'obligation de mettre les pouces et, en accentuant sa pression, il a en quelque sorte contraint Gorbatchev à la perestroïka. Alors je ne dirai pas que Reagan a été habile en tout, je ne dirai pas qu'il a été le plus brillant de tous les chefs d'État américains, mais il a été un homme très déterminé, un homme de décision, un homme d'autorité qui a quand même fait beaucoup. Et quand il a passé la main à Bush, j'ai été l'un des rares Français à dire : vous verrez que Bush sera un excellent Président parce qu'il apportera autant de conviction que Reagan à la défense des principes républicains, et il y ajoutera des capacités intellectuelles assez remarquables qui sont propres à sa nature et à sa personnalité.

– En mars 81, coup de tonnerre : vous, l'antigaulliste, vous rejoignez les gaullistes. Comment vous ont-ils accueilli ?

– Très bien.

– Même les barons ?

– Même les barons... Je me souviens qu'en 1977, je devais me rendre à la Réunion pour y installer un comité régional de tourisme. Je ne voulais pas y aller sans avoir auparavant rencontré les députés de la Réunion, ce qui était parfaitement courtois et logique. J'ai donc demandé un rendez-vous à Michel Debré qui m'a répondu : « Je vous recevrai bien volontiers. »

Debré m'accueille gentiment. J'entre dans son bureau et son bureau, vous l'imaginez bien, est tapissé de photos du général de Gaulle que je regarde les unes après les autres. Michel Debré me dit :

– Il y en a peut-être un peu trop pour vous...

– Pas du tout, monsieur le Premier ministre, pas du tout.

– Pourtant, vous l'avez combattu ?

– Oui, monsieur le Premier ministre.

– Bon. Tout ceci appartient au passé, mais vous y avez mis beaucoup de violence.

– Oui, mais imaginez-vous que j'ai été un lecteur assidu du *Courrier de la Colère*, où un certain Michel Debré a écrit que même si un jour un gouvernement de rencontre – reprenant en cela les propos du général de Gaulle dans l'appel du 18 Juin – venait à abandonner l'Algérie, tous les moyens, y compris les moyens illégaux, seraient bons pour maintenir l'Algérie au sein de la France... Enfin, quelque chose d'approchant. Vous comprendrez que j'ai été très marqué par cette littérature. Et je suis resté fidèle à cet engagement. Je suis en quelque sorte resté fidèle à Michel Debré.

– Oui, mais enfin, vous comprenez très bien que quand je me suis retrouvé Premier ministre du Général, j'étais en face de paramètres que seul un homme d'État pouvait connaître.

– D'accord, mais moi j'étais l'homme de la rue, et en tant que tel je ne partageais pas vos secrets d'État. Peut-être eût-il été bon que vous disiez à la télévision ce que vous venez de me dire à l'instant, à savoir : « j'ai des raisons pour lesquelles, en tant qu'homme d'État, après avoir été un ardent défenseur de l'Algérie française, je me trouve aujourd'hui enclin à dire qu'il faut reconsidérer cette position... » Pour ma part, je ne vous fais aucun procès, c'est promis. L'affaire est enterrée maintenant. De toute façon, nous ne repartirons pas à la conquête d'Alger.

– Oui, oui, oublions la question et parlons d'autre chose. Je dois reconnaître que j'ai trouvé parmi les barons des amis très sympathiques. J'ai été très ami avec Robert Boulin qui a été mon ministre des Finances. J'ai été sans doute l'un des derniers à lui parler. C'était un mercredi, je suis arrivé à l'Assemblée nationale, et dans la salle du Jeu de Paume j'ai vu Boulin effondré dans un fauteuil. Je me suis approché de lui :

– Ça n'a pas l'air d'aller, Robert...

– Comment, tu n'as pas lu *le Canard Enchaîné*?

– Moi, lire *le Canard Enchaîné*, avec ce qu'ils me cassent dessus! Tu ne voudrais pas que je dépense trois francs pour acheter ce torchon?

– Mais tu n'as pas vu? insiste-t-il. Ils m'accusent de ceci, ils m'accusent de cela...

– Mais qu'est-ce que ça peut bien te faire? Fais comme moi, ne les lis pas, n'en perds pas le sommeil.

– Ah non! répondit-il, non, là, vraiment c'est affreux.
Deux jours plus tard, on le trouvait noyé.

Pour en revenir aux barons, Guichard aussi a été très gentil. J'ai trouvé en lui un homme très courtois et qui aimait bien les problèmes du tourisme. Alors nous les évoquions avec sympathie. Messmer était président du groupe et il a été très correct, très gentil à mon égard.

Je peux dire que tous ont été fort aimables, même Chaban qui, je le sais, ne m'aime pas. Et avec les jeunes, disons les jeunes du type Vivien, du type Mazeaud, alors là immédiatement ça a été la grande camaraderie, la rigolade et tout... Même avec Jean de Gaulle.

Jean de Gaulle et les autres, tous très gentils, aimables, sympas, me considérant comme l'un des leurs bien qu'un peu inclassable...

En France, le grand péché, c'est d'être inclassable. Ça relève toujours du même état d'esprit : il faut être classé pour être dans un tiroir, parce que ce tiroir on peut le fermer quand on en a envie. Et il y a de braves gens qui acceptent qu'on leur enlève un centimètre de hauteur, trois centimètres d'épaisseur, et puis qu'on les introduise dans une catégorie où ils sont enfin considérés comme classés. On les tient, ils sont heureux d'être tenus... Moi, je fais partie de ces types qui refusent l'équarrissage. Je n'accepte pas qu'on enlève un centimètre d'épaisseur à mon indépendance... Je suis comme je suis et je suis inclassable, c'est vrai.

– Ce ralliement aux gaullistes, les giscardiens vous l'ont-ils fait payer? On a parlé d'un contrôle fiscal à l'époque...

– Le contrôle fiscal dont j'ai été l'objet a été déclenché par Raymond Barre alors qu'il était ministre des Finances et Premier ministre. Lui s'en défend en disant que c'est un directeur des finances local de Nice, gaulliste et ami personnel de Chirac, qui aurait été à l'origine de ce contrôle... Je veux bien, mais de toute façon le ministre des Finances, Premier ministre, a été informé. Il lui était facile de convoquer son ministre du Tourisme et son directeur des finances de la région pour leur dire : « Arrêtez de jouer aux cons parce que ça me fait perdre des voix et du prestige, alors vous êtes gentils, réglez vite vos problèmes. Si Médecin doit trente mille francs, vous lui faites payer trente mille francs, vous classez son dossier, et on n'en parle plus. »

Et l'affaire aurait été réglée comme par nos braves socialistes. Mais monsieur Barre était trop heureux de pouvoir m'alpaguer et je n'ai jamais demandé à quiconque de classer mon affaire. Jamais.

– Mitterrand est élu. Vous vous attendiez à sa victoire ?

– J'en étais persuadé. Je ne la souhaitais pas et j'ai fait tout ce que j'ai pu pour l'éviter, mais j'étais persuadé de la victoire de Mitterrand.

– Vous le connaissiez personnellement ?

– Je l'ai rencontré à deux ou trois reprises. C'est un homme séduisant mais c'est un homme dont l'ambition...

– Mais tout homme politique est ambitieux ?

– Oui, mais il y a des limites à l'ambition. Moi, dans mon ambition, je n'aurais pas sacrifié mes idées, tout de même, ni fait alliance avec les cosaques.

– Dans la foulée de cette victoire, Max Gallo déboule à Nice dans la circonscription de Virgile Barel. Vous connaissez Max Gallo ?

– Je connais Max Gallo à travers ses livres sur Nice. Il a commis trois livres sur Nice, dont le premier, *La Baie des Anges*, a fait un certain bruit. Je dois dire que j'ai souffert en le lisant parce que c'est un livre qui met en scène des personnages qui manquent totalement de chaleur, de densité humaine. A aucun moment il n'y en a un auquel on pourrait s'attacher. Mais ça m'a intéressé à cause de l'histoire, à cause de la ville.

Et là, je me suis aperçu que, pour un professeur d'histoire, Gallo commettait des erreurs monumentales, notamment celle de parler de la place Garibaldi à l'époque où Garibaldi était encore quasiment un jeune homme et n'avait pas encore atteint une gloire telle qu'on puisse appeler une place de Nice par son nom. La place s'appelait « place Victor », et ça prouvait que Gallo n'avait pas fait de recherches approfondies. Il avait également commis des erreurs géographiques. A un moment, on voit un citoyen partir à fond de train de la colline de Cimiez et se trouver quelques secondes ou quelques minutes après sur la place Garibaldi, alors que de Cimiez à Garibaldi, il y a quand même trois kilomètres. Gallo a pris Nice comme décor mais il est bien évident que ses romans sont loin d'avoir la vérité et la sensibilité des romans de Nucéra. Louis Nucéra, lui, a vraiment dépeint Nice avec l'amour du Niçois. Mais Gallo n'est pas amoureux de Nice. Gallo est amoureux de Nice comme on est amoureux d'une jolie fille dont on se sert pour entrer dans les cercles mondains... Il n'a pas de sentiments profonds pour Nice. Il n'a jamais cherché à connaître vraiment la ville dont il était le député. Il l'a démontré, entre autres, lorsqu'en 1983 il a pris la tête de la liste municipale en promettant, s'il était maire de Nice, de faire des merveilles. Mais il est resté exactement un quart d'heure dans la salle du conseil municipal. Au bout de quinze minutes, il s'est levé en me disant : « Monsieur le maire, je vous demande de me pardonner mais je suis attendu à Paris pour une émission de télévision. » Et il n'est jamais plus revenu... jamais plus! Il avait promis monts et merveilles aux Niçois, il leur avait dit : « Je suis votre défenseur, je ferai ci, je ferai ça », et il a été très exactement ce que j'ai toujours pensé qu'il était : une outre pleine de vent. Il s'est dégonflé au premier petit échec. En revanche, il a beaucoup nui à Nice parce qu'il a été de ceux qui ont imposé l'image d'une ville de gangsters, de voyous et de crapules.

– Lors des législatives de juin 1981, aucun ténor de gauche n'ose cependant venir vous affronter directement dans votre circonscription. Pourquoi ? Vous faites encore peur ?

– Oh, je présume qu'ils ont su qu'ils étaient battus d'avance.

– Ce qui est le cas, d'ailleurs, puisque vous êtes réélu dès le premier tour avec 52 %. Qu'en tirez-vous comme conclusion ?

– Que les Français ont été apeurés dès le lendemain de l'élection de Mitterrand, et que certaines régions ont réagi plus rapidement que d'autres. Or il est évident que le travail que j'ai fait depuis 61, date de ma première élection au conseil général, pour montrer aux populations de mon département et des départements voisins que la gauche est mauvaise, que la gauche ne réussit jamais, que la droite telle que je la préconise pouvait les aider, a finalement payé. Dans bien des départements, les électeurs avaient peur de se dire de droite en 1975, et même en 78. Moi, je n'ai pas eu peur. Dans bien des régions de France, des collègues qui étaient à droite comme moi n'ont osé s'affirmer de droite qu'à partir de 1983-84. Dans ces régions-là, les électeurs ont continué à voter pour les hommes de Mitterrand. Tandis que chez moi, dans les Alpes-Maritimes, Mitterrand n'a pas eu la majorité, ensuite mes concitoyens ont été tellement choqués de son élection au plan national qu'ils ont réagi. Sur l'ensemble du territoire, ils ont commencé à sanctionner le P.S. aux élections cantonales de 82, qui ont été perdues par la gauche alors qu'elle s'était dépêchée de faire la loi de décentralisation au bénéfice des conseils généraux (qu'ils imaginaient devoir être socialistes dans la foulée de la vague rose de 1981). C'était la certitude, pour eux, d'implanter d'une manière définitive la république socialiste en France. Mais la gauche a pris une calotte en 1982, calotte qui s'est aggravée en 1983 aux élections municipales, puis en 1986, lorsqu'elle a perdu la majorité.

CHAPITRE VI

ATTAQUES ET CONTRE-ATTAQUES

– Les attaques continuent contre vous, et dans tous les domaines. On vous accuse, par exemple, de vous faire appeler « comte de Médicis » aux États-Unis. C'est vrai ?

– C'est une légende qui a la vie dure! On avait déjà reproché la chose à mon père, tout ça parce que, comme je vous l'ai dit, deux historiens ont fait remonter les origines de ma famille aux Medici, alias Médicis. Quand on appelait mon père « le prince florentin », c'était parfois par allusion, parfois par dérision. De mon côté, il se trouve que dans un livre publié en 1977, qui s'appelait *Onze ans de vie commune* et qui racontait mes dix premières années d'expérience municipale, j'avais rappelé que certains faisaient remonter les origines de ma famille aux Médicis. Un jour, aux États-Unis, un ami m'a dit :

– On devrait faire chez toi une soirée déguisée sur le thème : « Une soirée chez le comte de Médicis ».

Comme il était imprimeur, il a imprimé des cartes : « le comte de Médicis vous invite à... ». Moi, j'ai horreur de ces trucs-là... J'ai horreur de me déguiser d'une manière générale et j'ai encore plus horreur des réceptions mondaines chez moi. Ce que j'aime, c'est avoir des copains qui viennent dans ma maison, se mettent les doigts de pieds en éventail, prennent un verre sur la terrasse, mangent une grillade avec moi, puis lisent un bouquin dans leur coin, bref, qui ne s'ennuient pas et ne m'ennuient pas. Mais cette réception déguisée faisait plaisir à ma femme, ça l'amusait. On n'était pas loin d'Hollywood.

Ils sont donc arrivés avec des accoutrements, des masques qui avaient autant de rapports avec les Médicis que le pôle Nord en a avec l'Équateur... Une vraie farce, quoi...

Eh bien, un de ces cartons d'invitation du « comte de Médicis » a été utilisé plusieurs années après par monsieur Polac dans une émission scandaleuse! Exhibant cette invitation (qui lui avait été fournie par l'imprimeur devenu mon adversaire pour des motifs peu avouables), monsieur Polac a dit : « Il se fait appeler le comte de Médicis ». Et puis, quelques minutes après, il ajoute : « Voilà le numéro de téléphone de monsieur Médecin et, quand on appelle, voilà ce qu'on entend ». Il compose un numéro de téléphone et on entend : « Ici le répondeur automatique de Jacques Médecin... » Or, pour quelqu'un qui se fait appeler le comte de Médicis, il y a un certain illogisme à enregistrer « Ici le répondeur automatique de monsieur Médecin », non?

– Pourquoi n'êtes-vous pas allé sur le plateau pour vous défendre ?

– Tout simplement parce que monsieur Polac ne m'avait pas dit de quoi était constituée cette émission. Monsieur Polac et beaucoup de journalistes à l'heure actuelle fabriquent de véritables tribunaux. Ils dressent des actes d'accusation et les jettent à la figure du malheureux qui ne sait pas comment se défendre parce que Boum! Boum! Boum!, de cinq côtés différents tombent en avalanche des accusations. Quand on songe qu'un voyou qui a tué deux vieilles dames et violé une petite fille peut se défendre devant un tribunal parce que son avocat a accès à l'acte d'accusation, alors qu'un homme politique parfaitement honorable peut être traîné dans la boue par un Polac sans avoir accès au dossier que l'on a constitué contre lui, on s'aperçoit que ce pays est tombé bien bas.

En l'occurrence, si j'avais eu communication de l'acte d'accusation, je serais venu avec des arguments et mon premier argument aurait été : « Vous prétendez que je me fais appeler comte de Médicis ; vous appelez mon numéro de téléphone et mon répondeur automatique répond " ici Jacques Médecin ". Soyez logique... » Ceci démontre évidemment qu'il avait trouvé là une façon de me nuire. Il en a d'ailleurs trouvé d'autres, puisqu'il a fait intervenir cette femme qui m'accusait...

– Claudette Pézenas, une amie de votre épouse ?

– On en a même fait la meilleure amie de ma femme ! Elle était, c'est vrai, une relation amicale de mon épouse, mais pas davantage. Cette jeune femme s'était proposée comme gardienne de notre maison aux États-Unis. Elle avait trouvé là la possibilité d'économiser un peu d'argent et de vivre près du centre-ville. Elle m'avait demandé de la mettre en rapport avec des sociétés françaises qu'elle voulait représenter, et elle travaillait sur le téléphone de mon propre domicile. Cette jeune femme, hélas, est vraisemblablement tombée un jour dans la dépendance de la drogue. En tout cas, elle a eu des besoins d'argent grandissants et elle a voulu me faire chanter. Elle m'a dit : « Je détiens des papiers qui peuvent, etc. »

A quoi j'ai répondu :

– Je n'ai rien à me reprocher, tu peux faire ce que tu veux.

Alors elle a commencé par me demander dix mille, puis vingt mille, puis trente mille, puis cinquante mille dollars ; et un jour, elle a écrit à Max Gallo. Max Gallo a transmis sa lettre à madame Georgina Dufoix. Celle-ci avait dans son cabinet un citoyen qui s'appelle monsieur Bernard Bragard, et elle lui a payé, sur le dos du contribuable français, des frais de mission pour aller enquêter sur mon compte aux États-Unis.

Aujourd'hui, monsieur Bragard est le coauteur avec

madame Catherine Sinet et monsieur Frédéric Gilbert d'un livre dans lequel ils m'accusent presque du meurtre de Claudette Pézenas. Or il se trouve qu'un de mes avocats américains a pu se procurer la plainte déposée par Claudette Pézenas, trois semaines avant sa mort, contre son mari. Dans cette plainte, elle accuse son époux d'être un drogué profond, de la battre au point de lui avoir provoqué des lésions internes et des vomissements de sang, de l'avoir privée de tous ses biens, d'avoir fermé ses comptes en banque et tenté de faire saisir sa voiture, de l'avoir cloîtrée dans sa maison sans téléphone et sans électricité après lui avoir dit : « Je te réduirai à la misère et tu seras sur le trottoir ». Claudette Pézenas n'avait même pas d'argent (elle le dit dans sa plainte) pour payer l'avocat devant lequel elle déposait cette demande de divorce que, Dieu merci, j'ai pu me procurer. Son mari m'a accusé de l'avoir tuée et il m'a fait un procès qu'il vient d'ailleurs de perdre. Mon avocat a pris un certain plaisir à sortir la confession de la propre épouse de l'accusateur où il apparaît que celui-ci l'a torturée physiquement et moralement.

– Elle est morte de quoi ?

– On l'a trouvée noyée dans le jacuzzi de sa villa, de cette fameuse villa dont le mari avait suspendu la fourniture en gaz, en téléphone et en électricité...

– On vous reproche aussi de ne plus payer d'impôts sur le revenu depuis 1980, vrai ou faux ?

– C'est inexact. Lorsque j'ai divorcé, j'ai été condamné à payer à Claude, mon ex-épouse, (parce que le tribunal qui m'a jugé était un tribunal fabriqué sur mesure par le Garde des Sceaux et que ma femme avait comme avocat Maître Jouanneau, du cabinet Badinter) la totalité de mon salaire de député. Je déclare donc la totalité de mon salaire de député, et je déduis la même somme qui fait l'objet de la pension alimentaire que je verse à ma femme. Et je vis sur mes indemnités de maire et de président du conseil général, qui sont des indemnités non imposables.

En 1982, Maître Jouanneau, plaidant pour mon ex-épouse, et Maître Badinter étant Garde des Sceaux, j'ai été condamné par un autre tribunal à la saisie de mon salaire, y compris de mes frais de secrétariat, directement à l'Assemblée nationale. Le juge qui s'est prononcé était d'une telle partialité que mon avocate a menacé pendant l'audience de saisir le bâtonnier de l'ordre des avocats et de déposer une plainte en suspicion légitime. Et l'avocat de l'Assemblée nationale (il assistait au débat, puisque l'Assemblée nationale devait être en quelque sorte invitée à verser directement les mensualités à ma femme), qui était un ami personnel de monsieur Mermaz, président socialiste de l'Assemblée nationale, et vraisemblablement lui-même socialiste, a fait chorus avec mon avocat en disant au président du tribunal qu'il s'associerait à cette requête en suspicion légitime. C'est vous dire la partialité dont a fait preuve le magistrat...

J'ai été condamné alors que je n'avais jamais failli au paiement mensuel de ma pension alimentaire. Il est donc normal que je déclare chaque année que mon salaire est intégralement reversé à mon ex-épouse. Ce qui fait que, effectivement, je n'ai que très peu d'impôts sur le revenu. J'en ai quand même car j'ai des petits revenus à côté de cela, et notamment les revenus qui découlent de mes droits d'auteur sur mon livre, *la Cuisine du comté de Nice*. Ces petits revenus-là, qui n'ont pas été inclus dans la transaction du divorce, font l'objet de déclarations sur lesquelles je paie quelque impôt. Et je tiens aussi à dire que je paie tous les autres impôts, dont l'impôt sur les grandes fortunes, dit de « solidarité » puisque les socialistes, toutes les fois qu'ils ont une pilule à faire passer, invoquent la solidarité, la générosité, l'humanisme et l'humanité.

– En 1980, vous achetez un appartement à Los Angeles pour trois cent soixante-quatorze mille dollars. D'où vient l'argent ?

– Je suis marié aussi bien en France qu'en Amérique sous le régime de la communauté réduite aux acquêts. En Amérique, à partir du moment où la communauté réduite aux acquêts est la loi, toutes les fois qu'un homme marié ou une femme mariée achète, on doit préciser, dans l'éventualité d'un divorce, si le bien qui est acquis fera l'objet d'un partage ou si au contraire il représente une possession unique. On vous demande alors : « Est-ce que c'est au nom de madame ou au nom de monsieur ? Si c'est au nom de monsieur et de madame, il n'y a aucun problème. Si c'est au nom de madame ou de monsieur, il faut produire une déclaration de l'autre partie, de celle qui n'achète pas, disant : « Je renonce à tout droit sur ce bien ».

Ma femme a quelque argent, je vous l'ai dit. Ma femme achète donc cet appartement et, dans le cadre de ce mariage en communauté réduite aux acquêts, le déclare à nos deux noms. Autrement dit, l'appartement est la propriété de madame et de monsieur, mais tous les chèques, tous les versements sont faits par madame. Les socialistes disent : « Médecin donne l'argent à sa femme pour qu'elle achète ». Ils ont le droit de le penser et je ne peux pas les en empêcher. Mais ça n'est pas la réalité.

Ensuite, ma femme revend cet appartement parce qu'il se trouve que, entre-temps, elle a mis au monde un enfant et que l'appartement en question, qui était de bonne facture pour un couple sans enfant, se trouve être intransformable pour un couple avec enfant. Avec l'argent qu'elle retire de la vente, plus un prêt qu'elle se fait consentir par une institution spécialisée, elle achète une maison sur les hauteurs de Beverly Hills (Ilene est originaire de Beverly Hills et elle adore son village), maison qu'on a décrite comme une somptueuse demeure alors qu'il s'agit ni plus ni moins d'une « Track house », comme disent les Américains, c'est-à-dire d'une maison de lotissement. Un bon lotissement évidemment : à Beverly Hills les lotissements miséreux n'existent pas. Nous ne sommes quand même pas obligés de nous loger dans une maison misérable ! Cette maison, nous la gardons jusqu'au jour où monsieur

Polac la photographie, la filme et la rend publique. A partir de ce moment-là, c'est un défilé permanent devant la demeure. Ma femme, écœurée, la vend... C'est elle qui la vend et c'est elle qui met l'argent sur son compte. Et voilà.

– On pourrait penser que vous avez répandu la fable que votre femme était une riche héritière pour pouvoir acheter, sans alerter le fisc français, des propriétés à l'étranger avec de l'argent que vous possédiez illégalement aux États-Unis...

– C'est absolument inexact. Encore une fois, je n'ai jamais répandu la fable que ma femme était une riche héritière. Ce sont les journaux français qui ont brodé sur l'idée de la riche héritière. Pour la petite histoire – en ce qui concerne l'argent de ma femme – Ilene a été mariée une première fois. Quand elle a divorcé, son mari lui a donné une somme d'argent pour solde de tout compte. A ce moment-là, elle a pris conseil de son père, qui est un homme d'affaires avisé et riche, et elle a acheté un petit lopin du côté de Carmel en Californie. Mais ma femme n'aime pas la région de Carmel parce que le climat y est assez humide, assez pluvieux, et elle n'a donc jamais porté une grande attention à cette propriété. Quand je l'ai connue en 1977, je lui ai dit :

– Mais pourquoi gardes-tu cette propriété?

Elle a réfléchi :

– Tu as raison, je devrais la vendre.

Et elle a mis l'affaire entre les mains d'un avocat qui s'appelait Georges Kucera. Cet avocat a vendu l'affaire de façon assez trouble en versant une petite somme d'argent ridicule à ma femme et en lui donnant des titres de propriété sur un terrain du côté de San José.

Ce terrain, nous sommes allés le voir. Il ne nous disait rien. C'était finalement un bout de désert, une espèce de bout de vallée. Et puis, peut-être six mois plus tard, Ilene reçoit une lettre de la part des promoteurs de la Silicon Valley disant : « Nous voulons procéder à l'extension de la

Silicon Valley dans telle direction. Nous avons besoin du terrain qui est en bas pour faire un accès. Si vous voulez le vendre, etc. ».

Cette fois-ci, elle a pris un bon avocat, un avocat de Los Angeles, un de ses amis. Les gens de la Silicon Valley ont acheté le terrain pour une somme d'argent importante, avec laquelle ma femme a acheté l'appartement de trois cent soixante-quatorze mille dollars. Après quoi, elle a vendu cet appartement de trois cent soixante-quatorze mille dollars à monsieur Marciano, fabricant de jeans, puis elle a fini par tout vendre, dégoûtée que les Français se comportent comme des fouille-merde et ne la traitent pas comme une fille de la libre Amérique est habituée à être traitée.

– Sur le plan politique, à Nice, la gauche tente toujours d'avoir votre peau. Est-ce que vous avez réellement eu peur des diverses tentatives de Max Gallo pour vous déstabiliser ?

– Non. Absolument pas. Max Gallo est une outre pleine de vent, je vous l'ai dit.

– Il y a une série d'attaques culturelles contre vous. La première vient de Graham Greene, avec un « J'accuse » où il dénonce en Nice la « chasse gardée du milieu criminel le plus puissant du sud de la France ». Vous le traitez de « vieux gâteux ». Pourquoi Greene s'est-il lancé à l'assaut ? Pour le compte de qui ? Pour protéger qui ?

– Greene, c'est très simple, est envoûté par une dame de compagnie dont la fille a eu des problèmes d'ordre matrimonial avec un entrepreneur niçois. Cette dame de compagnie, depuis des années, agite tout le monde administratif local, les préfets, le procureur de la République et monte jusqu'à l'Élysée pour dire : « Mon ex-gendre ne donne pas à ma fille ce à quoi elle a droit ». C'est une histoire de divorce banale. Et cette femme n'a abouti à rien parce qu'il se trouve qu'il y a beaucoup d'exagération dans les prétentions de la fille, que les tribunaux ont jugé et qu'il s'agit d'une affaire de caractère purement privé. L'affaire traîne, traîne, traîne, traîne...

J'en entends un jour parler, et je rencontre même le fameux mari; un type parfaitement honorable, dont la femme est entrée dans les transes, comme beaucoup de femmes, au moment du divorce. Et la mère de cette femme a quelque influence sur Graham Greene, qui se met à son tour à inonder de lettres tout ce que la Côte d'Azur compte de personnalités – sauf moi, bien sûr – demandant que justice soit faite. On lui répond que tout ce qui peut être fait a été fait. Et voilà que Graham Green publie ce pamphlet qu'il intitule « J'accuse »... Ce qui montre qu'il est vraiment à bout de souffle puisqu'il n'a même plus l'inspiration suffisante pour trouver un titre original... Ce pamphlet contenait des accusations contre le mari, lequel arrive à faire interdire sa vente en France. Les tribunaux reconnaissent par conséquent, une fois de plus, que tout ce qui avait été fait dans le cadre de ce divorce l'avait été de manière légale. Et moi, je vois dans ce « J'accuse » d'un nouveau genre une attaque de plus contre la Côte d'Azur, et une nouvelle fois une atteinte à son image.

– Vous n'étiez pas cité dedans?

– Je n'étais pas cité du tout. Mais ce qui était détestable, c'est que monsieur Graham Greene s'en prenait à la police, à la justice, aux préfets, aux ministres, c'est-à-dire à tous les organismes qui n'étaient pas la Côte d'Azur mais l'État et concluait : « La Côte d'Azur est le lieu du crime organisé. »

Alors, là, j'ai dit aux journaux : « Enfin, écoutez, qu'il dise que la France est un pays pourri parce que la justice, la police, l'armée, le clergé sont pourris, je suis d'accord; mais qu'il dise que la Côte d'Azur est pourrie parce que la police française, la justice française, les préfets de France ne font pas leur travail, je ne suis pas d'accord. » Voilà toute l'histoire. Je ne pouvais pas accepter qu'il y ait confusion entre les institutions administratives de la République et la Côte d'Azur. Une fois de plus c'est la Côte d'Azur qui a trinqué et, une fois de plus, on a vu monsieur Max Gallo aller voir monsieur Graham Greene, lui dire qu'il avait raison de faire des déclarations à son tour contre la Côte d'Azur...

– *Précisément à cette époque sort le film* Boulevard des assassins, *tiré du roman de Max Gallo,* une Affaire intime, *où Victor Lanoux joue le personnage du maire d'une ville du sud-est qui vous ressemble fort, au moins physiquement. Comment réagissez-vous ?*

– Je n'ai même pas vu le film. Ils m'ont demandé l'autorisation de tourner le film à Nice. Vous pensez bien que j'ai flairé le piège! N'importe qui peut tourner un film n'importe où en France. Jamais, à aucun moment, on ne m'a demandé une autorisation pareille... Et bien entendu, j'ai envoyé une lettre disant que non seulement j'autorisais le tournage du film mais que si je pouvais le faciliter d'une manière ou d'une autre en mettant la police municipale à la disposition des régisseurs, comme je le faisais généralement quand un film était tourné à Nice, ce serait avec un immense plaisir. C'était tellement, tellement gentil de ma part qu'ils sont allés le tourner à Hyères! Il faut quand même le dire, ça!

Des exemples comme ça, il y en a d'autres. Ainsi, monsieur Bernard Lavilliers, le chanteur, le familier de monsieur Lang, a un jour sorti un disque qui commençait de la manière suivante : « Je suis allé à Nice pour chanter devant les jeunes et Médecin a voulu interdire mon concert. Mais vous voyez, les gars, je suis là quand même devant vous. » Or je n'ai jamais interdit qui que ce soit ni quoi que ce soit. J'ai refusé de proscrire des films dont on me demandait l'interdiction, que j'aurais personnellement souhaitée car à mon avis c'étaient des films de provocation. C'est assez curieux : on me traite de provocateur pour des choses bénignes mais on n'a jamais traité monsieur Scorsese de provocateur pour avoir filmé *la Dernière tentation du Christ*... J'ai toujours refusé d'interdire pour la bonne et simple raison que mon interdiction serait jugée illégale selon la loi du 11 je ne sais trop quoi, laquelle ne permet pas au maire d'interdire la projection d'un film... à moins qu'il n'y ait une menace de troubles à l'ordre public.

Le film *Boulevard des assassins* est donc sorti à Nice. Le directeur de la salle m'a dit qu'il avait fait sept cents entrées... Si j'avais tenté de le faire interdire, il en aurait fait soixante-dix mille! Ça a été, paraît-il, un navet épouvantable.

– *Nouvelle attaque encore, cette fois du* Canard Enchaîné, *qui révèle que vous ne payez pas d'impôts mais que l'examen en cours de votre situation fiscale fait apparaître des excédents de crédits bancaires inexplicables. Vous répondez que vous avez les nerfs solides. Sont-ils aussi solides que cela devant toutes ces attaques ?*

– Oui. Mes nerfs sont solides parce que, là encore, j'ai une justification très simple que je donne d'ailleurs à l'inspecteur des Impôts. Il se trouve que, en tant que maire de Nice, je reçois de la part d'amis des sommes d'argent qui doivent aller sur le compte de ma permanence. Mais, pour ne pas me promener avec ces sommes d'argent, j'ai la naïveté, l'imbécillité de les faire transiter par mon compte chèque postal. Quand je reçois une somme d'argent, je la fais porter immédiatement aux P.T.T., ou je la porte moi-même au bureau de poste le plus proche, ou à ma banque la plus proche, pour la verser ensuite sur le compte de ma permanence. Je prouve que je verse ensuite sur le compte de ma permanence, mais je ne nie pas que cet argent a transité par mon compte. Les cadeaux aux permanences politiques, c'est pratiqué dans la France entière et je n'ai jamais nié que beaucoup de mes amis, entrepreneurs de travaux publics ou autres, à qui j'ai passé des commandes pour la ville de Nice et qui ont réalisé des bénéfices, m'apportaient une petite somme d'argent qu'ils estimaient utile à la poursuite de ma carrière politique. Mais ces sommes ont toujours été destinées à ma permanence et je n'en ai pas tiré un profit personnel.

– Un homme politique ne doit-il pas prêcher l'exemple? Déclarer au fisc?

– Ce n'est pas ne pas prêcher l'exemple que faire ce que j'ai fait. J'estime que le fisc n'a rien à voir sur des sommes indispensables à l'exercice de la profession. C'est tout. Si les hommes politiques étaient payés décemment en France comme ils le sont ailleurs, si les hommes politiques en France n'avaient pas cette espèce de fausse pudeur du salaire mensuel, on pourrait prétendre qu'il ne faut pas qu'ils dissimulent certaines sommes. Certains fonctionnaires de haut rang – le plus haut rang – gagnent vingt-cinq mille francs par mois. Le directeur des services techniques, qui est sorti major de l'École centrale des arts et manufactures (c'est-à-dire l'une des plus grandes écoles du monde, certainement la plus grande en France à mes yeux) et qui a sous ses ordres des services techniques qui brassent des affaires considérables, ne touche que vingt-cinq mille francs par mois : c'est absolument anormal. S'il était dans une entreprise privée, il en toucherait le triple au minimum. Mais quand on sait que le maire, qui est le patron de ce directeur des services techniques et en même temps le patron des services financiers et administratifs, de l'assainissement, qui s'occupe de trente-six choses à la fois et qui a sous ses ordres sept mille employés, ne reçoit, lui, que dans les vingt mille francs par mois, c'est encore plus anormal! Mon dernier bulletin de salaire de maire d'une ville de quatre cent mille habitants a été de vingt-deux mille francs par mois! Si un maire était payé cent mille francs par mois, on pourrait lui faire le reproche de ne pas déclarer l'argent que lui donnent ses amis pour assurer sa vie politique, mais quand il gagne vingt-deux mille francs...

Un matin, un brave homme vient vous voir et vous dit qu'il va se suicider parce qu'il n'a plus un sou pour vivre. Vous connaissez l'homme, vous savez que c'est un travailleur, mais qu'il n'a plus d'emploi et qu'il est vraiment capable de se suicider. Vous mettez la main à la poche et vous lui donnez trois cents francs. Vous le faites discrètement. Vous le faites, sans doute par charité chrétienne, parce que moi je ne connais pas la solidarité socialiste... Tous les maires de France le font un jour ou l'autre mais à ce moment-là le contrôleur du fisc n'est pas présent pour reconnaître qu'ils ont sorti l'argent. Peut-être est-ce ruineux : il serait capable de lever un impôt sur la générosité... La question, c'était quoi ?

– *C'était :* le Canard Enchaîné *vous accuse de ne pas payer d'impôts mais l'examen de votre situation fiscale fait apparaître des excédents de crédits bancaires.*

– Eh bien les excédents de crédits bancaires, je vous l'ai dit, c'est de l'argent qui m'est donné, qui m'a toujours été donné et qui continuera d'être donné à mon successeur par des entreprises qui ont réalisé des bénéfices. Un chef d'entreprise réalise un bénéfice de disons deux millions de francs grâce à la ville de Nice sur un travail quelconque. Estimant qu'il a bien gagné sa vie et ayant payé ses impôts, s'il veut faire un cadeau de, mettons... cent mille francs au maire de Nice pour sa caisse électorale, c'est tout de même plus normal et plus propre que les procédés socialistes d'Urba-Gracco qui consistent à tricher sur les factures, les fournitures et la qualité des prestations pour détourner l'argent des contribuables.

– En moyenne, ces excédents de crédits bancaires, ça représentait quoi, par an ?

– Entre deux cent mille et trois cent mille francs.

– Par an ?

– Oui. Dans l'année.

– Toutes ces attaques ont, semble-t-il, peu d'effet : aux cantonales de mars 1982, vous confortez votre majorité avec trente-neuf sièges sur quarante-six et vous êtes réélu président de l'assemblée départementale pour la quatrième fois. En vertu de la décentralisation, vous possédez même de nouveaux pouvoirs. Vous n'avez jamais été aussi puissant ?

– C'est vrai. Et je pense que c'était justice parce que, depuis 1936, les républiques de gauche successives, et l'État français qui les avait fort bien relayées, rognaient les pouvoirs des élus. Il était temps que les élus retrouvent leur autorité car il n'est pas normal que les élus soient offerts en otage à la vindicte populaire quand les choses vont mal alors qu'en réalité, les choses vont mal parce que les élus sont dessaisis de leur pouvoir au profit de fonctionnaires parfaitement anonymes et parfaitement irresponsables. La décentralisation de Gaston Defferre était la décentralisation qu'avait faite un maire d'une grande ville excédé de voir à quoi l'administration avait réduit les pouvoirs de l'élu. Malheureusement, aujourd'hui, Gaston Defferre doit se retourner dans sa tombe en voyant ce que ses amis socialistes sont en train de faire de sa décentralisation qui chaque jour est davantage amoindrie. De nouveau les préfets sont réinstallés en maîtres absolus des départements et conduisent la France à la catastrophe. J'en fais le pronostic : vous verrez que l'économie française va s'effondrer un de ces quatre matins.

– Vous aviez vraiment de l'estime pour Gaston Defferre ?

– Oui, et si j'étais resté maire de Nice encore quelques années, j'aurais certainement fait admettre par mon conseil municipal de donner le nom de Gaston Defferre à la rue qui mène à la préfecture...

– Est-ce qu'il aurait fait de même pour vous à Marseille ?

– Je ne suis pas certain. Mais je ne suis pas sûr qu'il aurait refusé. En tout cas, Gaston Defferre est trahi par les siens, si ce sont bien les « siens »... car à mon avis il était aussi peu socialiste que possible. Il vivait comme un grand bourgeois nanti, il était le patron de toute la presse marseillaise y compris de la presse qui s'opposait à lui, ce qui était quand même un très beau record. Il était à la fois président-directeur général du *Provençal* et du *Méridional*... Le *Méridional* était le journal d'opposition à Gaston Defferre... Sa remarquable loi de décentralisation aurait certainement dynamisé un peu la France car elle aurait donné une plus grande autonomie aux régions. Mais voilà ! On n'a jamais voté la loi qui devait donner les ressources de la décentralisation et, depuis qu'il est mort, on a complètement renversé la tendance : la décentralisation n'est plus qu'un souvenir...

– Vis-à-vis du Front National, vous avez une position sans complexe... Vous êtes d'accord sur le principe d'une alliance. Ça fait hurler à Paris...

– J'ai toujours considéré qu'il y a trois étages dans la vie politique d'un pays : il y a les élus, principalement les élus parlementaires, qui vivent dans le cénacle parisien et qui n'ont aucune notion de la vie des gens. Il suffit de vivre huit jours à l'Assemblée nationale pour perdre contact avec les réalités. Ça m'est arrivé, c'est arrivé à tous mes collègues. Moi, je m'en suis évadé. D'autres persistent et sont complètement envoûtés par cette espèce de lieu mystérieux qu'est l'Assemblée nationale où tout le monde devient complice d'un modus vivendi.

Il y a un deuxième niveau qui est le niveau des cénacles

politiques parisiens, c'est la rue de Solférino, c'est la place Beauveau, c'est la rue de Lille, c'est la rue Schmoll, c'est la rue Truc... J'ai toujours été ahuri des solutions proposées par ces cénacles... Giscard d'Estaing faisant de Robert Fabre le « médiateur », par exemple. Parce que toutes les fois qu'il y avait un problème, Giscard créait un personnage. Quand il y a eu un problème motocycliste, il a pris le brave Mourousi pour en faire un " Monsieur Moto ". La semaine d'après, Mourousi a eu un accident de motocyclette... Ensuite il a nommé un monsieur qui s'appelait monsieur Pinot, ça ne s'invente pas, « Monsieur Prostitution »... Et puis, il y a eu Madame je ne sais quoi en la personne de Monique Pelletier... Et puis, il y a eu monsieur Truc, monsieur Machin. Et puis un jour, il a trouvé le médiateur... Médiateur, ça a consisté à faire un cabinet du genre ministériel aux frais du contribuable, avec dactylos, services annexes, ordinateurs, voitures de fonction, mobilier et palais national. Finalement, plus personne ne se souvient seulement qu'il existe un médiateur et il n'a aucune efficacité.

Donc, Giscard avait collé là monsieur Robert Fabre, si j'ai bonne mémoire, et je me souviens de ces cénacles parisiens qui triomphaient en disant : « Vous vous rendez compte, Robert Fabre maintenant est avec nous... » Je ne suis même pas sûr que Robert Fabre ait voté Giscard d'Estaing aux élections suivantes... J'ai l'impression qu'il s'en est complètement foutu. Mais quand bien même Robert Fabre aurait voté Giscard d'Estaing à titre de reconnaissance, ça n'a jamais fait qu'amener une voix à Giscard d'Estaing. Ça, c'est le deuxième niveau, c'est l'étage des cénacles politiques.

Et puis il y a l'électeur. L'électeur n'a rien à voir avec les bureaux ni les cénacles politiques. L'électeur, c'est le type qui tous les jours est confronté à un problème. Et il se trouve qu'en France, une partie de l'électorat est constituée de braves gens, honnêtes, travailleurs, sympathiques... pas racistes pour un sou, pas antisémites pour un centime, qui élèvent bien leurs enfants, et tout et tout, mais qui sont excédés par l'insécurité, qui en ont assez des folies socialistes et des promesses sans lendemain, qui ne peuvent plus supporter le divorce entre le langage socialiste et la réalité, qui n'en peuvent plus du racisme anti-français, qui n'en peuvent plus de l'immigration qui détruit les racines mêmes de la langue et de la tradition françaises, qui n'en peuvent plus du laxisme devant la drogue et d'autres méfaits et qui disent : « Y'en a marre! » Bon. Ces électeurs et ces électrices, nous les avons dans nos familles, nous les côtoyons tous les jours, nous les avons parmi nos amis, dans nos relations : c'est notre boucher, c'est notre crémière, c'est notre comptable. Ce sont des hommes et des femmes comme tous les autres citoyens de ce pays. Et ceux-là on ne peut pas les négliger! Moi, je n'ai jamais méprisé les électeurs communistes. J'ai toujours combattu les apparatchiks communistes, les élus communistes, le parti communiste et l'idéologie communiste. Mais l'électeur communiste, je ne l'ai jamais combattu, au contraire... L'électeur communiste, j'ai toujours cherché à comprendre pourquoi il était communiste et à le ramener vers moi. Or, il est bien certain que monsieur Mitterrand, qui est un fin politique et qui n'est pas un fonctionnaire, a perçu cela et s'est dit : « Si je crée un mécontentement que peut récupérer monsieur Le Pen, je me fais une extrême droite qui va faire peur à la droite elle-même; et cette droite effarouchée, à laquelle je donnerai mauvaise conscience de s'allier à l'extrême droite, je vais ainsi la diviser et la rendre incapable de reprendre le pouvoir avant cinquante ans... »

– L'affaire des fausses factures du C.H.R. de Nice vous a-t-elle déstabilisé ? L'un de vos adjoints était impliqué...

– Non, ça ne m'a pas déstabilisé le moins du monde, et l'adjoint en question a fait l'objet d'un non-lieu. Sur l'instant, en pleine campagne électorale de 1983, les socialistes ont accéléré une enquête concernant l'affaire des fausses factures du C.H.R. Mais les fausses factures du C.H.R.

étaient le fait du directeur, qui est un employé du ministère de la Santé. Il ne faut pas oublier que dans le centre administratif hospitalier régional, il y a un conseil d'administration qui fait une place obligatoire au maire ou à son représentant. A une époque, le maire était président de la commission administrative avec un rôle efficace. Maintenant, il a un rôle purement représentatif. Le maire, en quelque sorte, représente la collectivité territoriale sur laquelle est implanté l'hôpital, mais il ne suit absolument plus les réunions de la commission administrative.

– A partir de 1983 et de votre succès municipal, vous croyez à la victoire de la droite en 1986 ?

– Absolument. Mais je suis très inquiet de savoir ce qu'elle va faire de sa victoire. Je l'ai d'ailleurs dit à Jacques Chirac. C'était au mois de septembre 1985. Je suis allé le voir souvent à la Mairie de Paris et il m'a demandé : « Comment vois-tu le scrutin de mars?

– Je le vois parfaitement réussi, mais qu'allons-nous faire de notre victoire?

– Ah! mais tu sais, je vais solliciter des types de ta trempe, qui rentrent dans le chou, de véritables kamikazes. Il faut que j'aie autour de moi une équipe de durs, des gens en acier trempé, des fonceurs... »

Alors je lui ai moi-même répondu, il vous le dira si vous le rencontrez : « Tu sais, Jacques, j'ai connu les palais nationaux et les ors ministériels, maintenant je suis lassé de tout cela, alors j'aime autant que tu fasses appel à d'autres ; toutefois, tu peux être assuré de mon soutien total. Je crois que nous allons gagner, et je crois comme toi qu'il est indispensable que nous ayons des gens musclés pour profiter de notre victoire. » Quand on pense qu'en fait de « gens musclés » il a découvert des mollassons comme Malhuret, d'anciens gauchistes comme Barzach, ou indécis comme François Léotard, qui n'a rien eu de plus pressé que de chausser les bottes de monsieur Lang et de nous préparer une télévision plus captive que jamais...

– En février 1984, vous prêtez un chapiteau à Jean-Marie Le Pen pour son meeting à Nice. C'est une vieille connaissance à vous?

– Oui. Jean-Marie est un vieux copain et je dois dire que j'ai eu avec lui des combats au coude à coude pour l'Algérie française. J'ai admiré à la fois son courage, sa remarquable intelligence, la vivacité de son esprit et son sens politique aigu, son art oratoire et la valeur de ses réflexions. Mais en l'occurrence, j'ai prêté un chapiteau à tous les partis politiques de France et ce qui est extraordinaire, c'est que toujours et encore, il y a deux poids et deux mesures. Chaque année, je mettais par exemple le palais des expositions ou le parc du château à la disposition du parti communiste : personne ne l'a jamais souligné ni remarqué. Pourtant le parti communiste est un parti que j'exècre, mais je lui ai quand même donné un lieu pour tenir ses assises.

Aujourd'hui, nous assistons à une chose extraordinaire : les socialistes au pouvoir se gardent bien de mettre hors la loi Jean-Marie Le Pen. Mais ils font de temps en temps pression sur un maire : « Vous, monsieur le maire, vous allez le mettre hors la loi dans votre commune. » C'est scandaleux, c'est une preuve de lâcheté et d'abandon devant les responsabilités! Moi, je n'ai pas de raison d'être lâche et pleutre, et par conséquent, puisque Jean-Marie m'a fait la demande d'un chapiteau, je le lui ai donné. Je ne veux d'ailleurs pas établir de comparaison entre Jean-Marie Le Pen et le parti communiste! Je souligne simplement que le fait de donner un chapiteau à Jean-Marie Le Pen semble surprendre, et que le fait de le donner au parti communiste ne paraît pas scandaleux!

– Vous pensez que Le Pen peut devenir président de la République?

– Je pense qu'au départ il n'avait rigoureusement aucune chance. Mais avec le climat qui règne actuellement en France, avec le maintien d'une politique d'immigration menaçante pour notre pays – ô combien menaçante puisqu'il y a actuellement en Algérie des millions de jeunes qui n'attendent qu'une chose : envahir la France – avec une institution judiciaire laxiste qui engendre une insécurité grandissante, avec le refus de prendre des responsabilités comme celle qui consisterait à châtier les gros trafiquants de drogue ou à rétablir la peine de mort, on peut imaginer que Jean-Marie Le Pen a ses chances.

Quand on parle de l'antisémitisme de Jean-Marie Le Pen, c'est là un épouvantail qu'agite la gauche communiste. Je sais très exactement, mais très exactement ce que vaut ce genre d'accusation de la gauche juive contre les « antisémites », puisque je fais partie du nombre des accusés.

– Précisément, pouvez-vous vous expliquer à ce sujet une bonne fois pour toutes ?

– M'expliquer à ce sujet... Je n'ai même pas d'explications à donner. J'ai toujours traité la communauté juive comme une communauté normale de la ville de Nice, ni mieux ni plus mal, avec, disons, un peu plus d'égards parce que j'ai vécu, moi, à Nice, pendant la guerre, les affres qu'a traversées la communauté juive, ce qui m'a valu quelquefois le reproche d'être enjuivé, ou « vendu aux juifs », à l'époque.

J'ai eu des reproches de la part de la communauté juive qui m'a dit que je n'étais pas assez actif à ses côtés. Je lui ai pourtant montré ma sympathie, mon amitié en toutes circonstances. Je l'ai aidée. J'ai été certainement parmi les maires des villes de France un de ceux qui s'est montré le plus ouvertement à ses côtés sur le plan politique comme sur le plan de l'administration.

Et voilà que mettant à profit le vote du budget par la fraction Front National de mon conseil municipal, les juifs me déclarent la guerre, emportés dans leur élan par Maître Sfar, originaire d'Afrique du Nord et frère de madame Guedj, Président de la Wiso à Nice. C'est sur la recommandation de madame Guedj que les associations juives avaient désigné Maître Sfar pour être sur ma liste leur interlocuteur favori. Et cela alors que j'avais déjà comme interlocuteur de la communauté juive le sympathique Harry Lévy, qui faisait son travail très correctement.

Je n'ai pas hésité une seconde... J'aurais pourtant dû le faire car c'est là encore une générosité qui m'a coûté cher. J'ai passé l'éponge sur ce qu'avait été Maître Sfar par le passé. Bien que pied-noir, il avait été un gaulliste militant et avait été candidat à plusieurs élections dans la ville de Nice comme U.N.R. Il avait été candidat malheureux dans le troisième canton de Nice, contre mon ami Ferdinand Garino qui était l'ami intime de mon père. Et puis Maître Sfar avait été candidat sur la liste du général Delfino contre mon père. Bien entendu, il avait été battu chaque fois à plate couture. Mais j'ai pensé que le temps avait passé et que je devais lui pardonner.

Seulement Sfar, lui, ne m'a pas pardonné et il a profité du vote du budget par le Front National pour me déclarer la guerre. Il est arrivé à ébranler la conviction de deux autres conseillers israélites, l'un qui est mon ami Harry Lévy, l'autre qui est l'excellent professeur Gilles Cassuto.

Au lendemain de ce vote, ils sont venus me trouver, outrés à l'idée que j'avais accepté les voix des conseillers municipaux du Front National.

– Ce n'est pas normal, m'ont-ils dit. Le Pen a été condamné pour antisémitisme et vous acceptez le soutien des conseillers municipaux du Front National!

– Mais moi aussi j'ai été condamné pour des fautes que je n'ai pas commises, ai-je rétorqué, et là je crois vraiment que vous allez un peu trop loin.

Finalement ils ont repris leur démission et les choses sont rentrées dans l'ordre.

Trois semaines plus tard, les sept conseillers municipaux Front National, élus de la ville de Nice et représentant 20 % des suffrages exprimés, viennent me trouver et me disent :

– Nous tenons un congrès à Nice, Jean-Marie Le Pen va venir. Il souhaiterait être reçu par vous à la mairie comme vous recevez tous les dirigeants de congrès.

Je réponds : « Il n'y a aucun problème. »

Je fixe le rendez-vous et je suis présent à la mairie le jour où Jean-Marie Le Pen vient. Il arrive du monument aux morts. On s'entretient une demi-heure ensemble avec les sept conseillers municipaux. Jean-Marie Le Pen et deux de ses collaborateurs du congrès. En partant, Jean-Marie me demande si je veux bien lui donner une plaque avec l'aigle de Nice que j'avais sur mon bureau, ce qui n'était pas la médaille de la ville de Nice, contrairement à ce qui a été écrit. C'est simplement une petite reproduction du drapeau niçois. Je la lui donne et il s'en va.

Dans la rue, Le Pen dit :

– Jacques Médecin m'a donné la plaque de la ville de Nice.

Bon, il est normal qu'il fasse sa propagande. Il était environ midi, midi et demi. A trois heures de l'après-midi, il y a l'ouverture du congrès auquel je n'assiste pas et Jean-Marie Le Pen présente le président du parti républicain allemand, monsieur Schönhuber, qui a été S.S. comme six cent mille Allemands encore vivants aujourd'hui. Il a été S.S. sur la fin de la guerre et vraisemblablement dans une unité de Marie-Louise, compte tenu de son âge. On ne lui a certainement pas donné à garder un camp de la mort, certainement pas !

J'ai pour ma part des amis, notamment le maire de Dortmund qui est un socialiste et qui est un ancien S.S. plus âgé. Et le maire de Stuttgart est le fils du maréchal Rommel. Et je m'honore de ces amitiés...

Quoi qu'il en soit, moi, je n'assiste pas à ce congrès. Ce monsieur Schönhuber est présenté à l'assistance qui l'acclame, et le lendemain les trois israélites de mon conseil municipal font une déclaration en disant que j'ai accepté les voix du Front National (comment pouvais-je les refuser ?) et que, en plus, j'ai reçu Jean-Marie Le Pen, lequel venait de recevoir le nazi Schönhuber. Or, il n'a jamais été dit que Schönhuber était un nazi. Il est éligible en Allemagne; ce qui prouve qu'il est passé devant une commission d'épuration et qu'il est donc reconnu qu'il n'a rien à se reprocher. En outre, il est faux de dire que j'ai reçu Jean-Marie Le Pen « qui venait de recevoir » Schönhuber, puisque quand j'ai reçu Jean-Marie Le Pen, il venait du monument aux morts où il était allé rendre hommage aux morts de toutes les guerres et de la Résistance.

Bref, ils annoncent tous les trois leur démission, et aussitôt je suis assailli par les radios et les télévisions qui me demandent toutes à peu près la même chose : quel sentiment éprouvez-vous à la suite du départ des juifs du conseil municipal?

Je leur ai dit : « C'est très triste. »

– Que pensez-vous de la raison de leur départ?

– Ça me paraît un peu tiré par les cheveux parce que me faire aujourd'hui le reproche d'accepter les voix du Front National pour le vote du budget, c'est un grief qui vient un peu tard et qui, de toute façon, me paraît très injuste étant donné que je ne connais personne qui puisse refuser un cadeau qu'on lui offre, même s'il ne lui plaît pas.

Le soir, peut-être à la dixième interview que j'ai donnée ce jour-là, FR3 vient, me cuisine et la journaliste insiste sur le fait que les démissionnaires sont juifs.

– Ça ne vous fait rien que les juifs ne soient plus représentés sur votre liste?

Je lui réponds :

– Écoutez, ce n'est pas ma faute, c'est la faute des juifs qui sont partis.

– Oui, mais quel est votre sentiment à l'égard...

– Oh, moi, mes sentiments pour la communauté juive sont bien connus. Je les ai vus souffrir ici à Nice pendant la guerre et, croyez-moi, je sais très exactement ce qu'ils ont subi. Mon père et moi nous les avons aidés au péril de notre vie en ce temps-là. Je resterai tel que j'ai été vis-à-vis d'eux mais je ne connais pas d'Israélite qui refuse un cadeau qu'on lui offre, même s'il ne lui plaît pas, et je ne connais aucun maire qui puisse refuser les voix qu'on lui apporte.

Le soir, FR3 passe cette déclaration en entier sur l'antenne régionale en présence des trois démissionnaires et Maître Sfar déclare : « Mais monsieur Médecin tient des propos antisémites ! Il est inadmissible qu'il puisse dire qu'il ne connaît pas un juif qui refuse un cadeau même s'il ne lui plaît pas. » Dans une déclaration qui était totalement sympathique aux juifs (qui faisait apparaître que c'était plutôt un geste de courtoisie de leur part d'accepter un cadeau même s'il ne leur plaisait pas), il a isolé un membre de phrase qui a été interprété comme une déclaration antisémite. Déjà, je vais vous dire, il est difficile de trouver de l'antisémitisme dans la phrase : « je ne connais pas un juif qui refuse un cadeau même s'il ne lui plaît pas. » Or, en admettant qu'il y ait un relent d'antisémitisme là-dedans, c'est la phrase qui a été isolée. Une heure plus tard, sur Antenne 2, le membre de phrase isolé est repris et je suis accusé d'avoir fait une déclaration antisémite invraisemblable.

Cette déclaration a été imprimée le lendemain dans tous les journaux. *Nice-Matin*, le surlendemain, a rétabli la vérité en publiant l'intégralité de la phrase qui était tout à fait normale à l'égard de la communauté juive. Ça n'a rien fait. L'affaire était lancée. Le monde entier a imprimé « ma » phrase. Tous les journaux du monde, les journaux juifs, bien entendu, les journaux de l'État d'Israël n'en parlons pas, tout le monde a écrit : Déclaration antisémite de Jacques Médecin, deux points ouvrez les guillemets...

J'ai hurlé en disant : « Mais enfin, je n'ai pas prononcé de phrase antisémite ! Reprenez toute ma déclaration ! » Mais on ne m'a pas donné la parole. La première fois où j'ai eu l'occasion de m'exprimer en public et en direct, ça a été à Antenne 2 trois mois plus tard, au cours des « Dossiers de l'écran », à propos d'un film sur l'antisémitisme qui avait été réalisé aux États-Unis. Là, monsieur Jospin, qui devait se dresser en accusateur, a battu en retraite en reconnaissant que les explications que je donnais éclairaient l'affaire d'un jour nouveau. Mais entre-temps et avant que Lionel Jospin ne me rende justice, Pierre Mauroy avait monté un scénario odieux avec la complicité des caméras de télévision le jour même où éclatait l'affaire du cimetière juif de Carpentras.

Alors que je me tenais dans la salle en train d'écouter ce qui se racontait, il a rassemblé devant lui toutes les caméras et il a déclaré : « Je pars pour Carpentras. D'ailleurs, je ne serais pas resté car il m'est intolérable de demeurer dans une salle où se trouve l'antisémite Médecin. »

J'ai été pris de court. Devant une sortie aussi scandaleuse de la part d'un ancien Premier ministre en présence de représentants de nations étrangères, je me suis contenté de dire : « Je suis surpris que monsieur Mauroy perde son sang-froid. Je trouve honteux qu'en tant qu'ancien Premier ministre de la France, il puisse s'abaisser à faire une déclaration inspirée par la politique intérieure devant les représentants de l'Europe. »

L'agression de Mauroy a été retransmise en entier mais ma réaction a été coupée. Comme de juste dans un pays où la liberté de l'information a cessé d'exister depuis longtemps.

Voilà donc comment cette histoire antisémite s'est répandue à travers le monde. Bien entendu, j'ai souffert de ne pas trouver un seul des juifs qui avaient bénéficié de mes bienfaits à Nice pour se dresser et clamer : « Mais enfin, vous êtes fous ! Vous accusez Médecin de façon scandaleuse, vous vous attaquez à un de nos meilleurs amis, vous vous attaquez à un homme qui, il y a quelques mois encore, nous a offert les terrains nécessaires à l'extension de notre cimetière. Vous vous attaquez à un homme qui, à tout instant, a pris des risques pour nous. Comment pouvez-vous vous comporter de la sorte ? »

Je suis allé voir le grand rabbin de Nice qui est un homme de qualité. Et j'ai demandé au rabbin Ben Soussan : « Comment se fait-il qu'il n'y ait pas un seul membre de votre communauté qui ait volé à mon secours ? »

– Vous comprenez, m'a-t-il répondu, il aurait fallu savoir exactement que vous aviez dit... cette phrase entière.

– Vous-même, monsieur le grand rabbin, vous ne le saviez pas ?

– Non, non... Vous me l'apprenez aujourd'hui.

– Mais *Nice-Matin* a publié en encadré, avec des caractères lisibles, la phrase entière que j'avais prononcée. N'importe qui pourra vous dire qu'elle était empreinte de sympathie à l'égard des juifs et ne comportait aucune trace d'antisémitisme. Or, d'une phrase banale, toute une machinerie, toute une orchestration en ont fait... un délit, puisqu'on envisageait même de me poursuivre !

A la suite de cette affaire, j'ai été très fortement ébranlé car j'ai vu jusqu'où pouvait aller l'entreprise de démolition de la désinformation, ce que pouvait faire une télévision qui ne donnait pas le moyen de se défendre. Un jour que j'assistais à l'inauguration des nouveaux locaux des H.L.M. sur la zone de l'Arénas (qui est une des grandes réussites de mon administration), il y avait là Henri Viterbo que je connais depuis l'école. Mon père était un grand ami de son père, Jules Viterbo, qui fut le président de la communauté israélite de Nice. J'ai moi-même travaillé avec Jules Viterbo et ses successeurs. Henri m'a marqué une certaine amitié. Il était confectionneur à Nice. A cette époque, il organisait un salon qui battait un peu de l'aile et c'est moi qui lui ai tenu la tête hors de l'eau à coups de subventions pour que sa manifestation annuelle puisse survivre. Donc, il sait non seulement que je ne suis pas antisémite, mais que je suis un ami fidèle sur lequel on peut compter. Or, quand je me suis avancé vers lui pour lui serrer la main, il m'a toisé puis, après un long temps de réflexion, il m'a tendu la main comme s'il la tendait vers un vieux merlan pourri... Avec une sorte de dédain, de mépris extraordinaire. Lui aussi a dû croire que j'étais devenu antisémite. Or ce n'est pas un homme de gauche. C'est un homme de droite qui m'a beaucoup soutenu dans mon action politique parce qu'il a pu juger qui j'étais : j'ai défilé à ses côtés au moment de la guerre des Six Jours, j'ai défilé à ses côtés au moment de la guerre du Kippour, j'ai été à ses côtés dans toutes les manifestations juives...

Ce jour-là, il m'a vraiment fait comprendre que mon combat était inégal. J'ai compris ce jour-là que j'étais monté maintenant sur un terrain dangereux face à un challenger qui se battait avec des fers à cheval dans les gants et que, s'il n'y avait pas un arbitre pour arrêter cette boucherie, je finirais par être tué. Cette réflexion, je me la suis faite à l'inauguration en question qui devait se situer vers le mois de mai ou de juin de 1990, c'est-à-dire relativement très peu de temps avant que j'aie pris la décision de démissionner.

– Vous recevez des coups mais vous en donnez aussi. En 1983, vous accusez le gouvernement de gauche d'être « une association de malfaiteurs actuellement occupée à conduire en état d'ivresse le char de l'État... »

– Oui.

– Vous n'y allez pas un peu fort quand même?

– Non, je ne pense pas. Voyez l'association Mauroy-Knobelspiess, l'association Badinter-Mme Von Opel...

– Mais ce dernier est avocat... Il défend sa cliente!

– Oui, d'accord, mais le jour où il est devenu Garde des Sceaux, il l'a libérée et là, il n'était plus avocat... Si l'on fait le compte des amnisties diverses accordées par monsieur Mitterrand à toutes les canailles de la socialie, si l'on recense toutes les malversations et toutes les opérations douteuses de ce règne, on arrive à penser qu'il s'agit vraiment d'une association de malfaiteurs et qu'ils conduisent en état d'ivresse le char de l'État. Ils sont tellement encensés par la télévision, par la radio et par la presse à leur botte qu'ils sont ivres de leur pouvoir, ivres de leur extraordinaire impunité! On croit, bien sûr, que c'est une image un peu... forte. Elle est pourtant d'une précision rigoureuse.

– Un Premier ministre comme Pierre Mauroy, c'était pain bénit pour l'opposition ?

– Non. C'était pain bénit pour le fonctionnaire Mauroy. Mauroy est arrivé dans la politique comme... petit instituteur de l'Éducation nationale dans une école technique et il a profité de ce qu'il était Premier ministre pour se faire assimiler professeur agrégé. Si demain Pierre Mauroy était battu aux élections, contrairement à monsieur Médecin, il aurait droit à la fois au traitement de professeur agrégé et à la retraite de parlementaire. C'est pourquoi les fonctionnaires font de très mauvais élus et c'est pourquoi je trouve que Jean-Marie Le Pen a raison d'avoir repris ma proposition de 1967 ou 1968 qui tendait à ce que les fonctionnaires ne puissent se présenter aux élections que dans la mesure où ils auraient démissionné, six mois avant d'être candidats... C'est-à-dire qu'une fois battus aux élections, s'ils veulent redevenir fonctionnaires, il faut qu'ils redémarrent en bas de l'échelle. Nous crevons des fonctionnaires carriéristes dans la fonction publique, mais nous crevons bien davantage des fonctionnaires carriéristes qui font en même temps une carrière politique, c'est-à-dire qui continuent d'avancer en grade dans la fonction publique en perdant complètement contact avec leur corps d'origine, tout en gravissant l'échelle politique avec la certitude de retomber sur leurs pieds...

– La manifestation pour l'école libre a été un grand moment de votre vie politique ?

– Absolument. Ça n'était d'ailleurs pas une manifestation pour l'école libre mais une manifestation pour la liberté de l'enseignement, ce qui est différent. Je suis pour l'école publique et je suis même, je dirais, un fabricant d'écoles publiques. Mon père, qui a été conseiller municipal adjoint chargé de l'Instruction publique dans la ville de Nice, m'a légué une mission : celle de créer des écoles de bonne qualité, dans lesquelles les élèves et les maîtres se trouvent bien. C'est d'ailleurs ce qui m'a inspiré lorsque, au moment de la décentralisation, en tant que président du conseil général des Alpes-Maritimes, j'ai hérité des trente-quatre collèges départementaux pour lesquels l'État dépensait la somme « colossale » de six millions de francs par an. Nous, conseil général, nous avons dépensé, dès la première année, cent vingt millions, c'est-à-dire vingt fois plus que l'État, et la deuxième année deux cent cinquante millions de francs, c'est-à-dire quarante fois plus.

Donc, j'ai toujours été, moi, un appui de l'enseignement public et j'ai toujours fait tout ce qui était en mon pouvoir pour que les écoles de Nice soient remarquables. A l'exemple de mon père, j'y ai, sans subventions de l'État, développé toutes sortes de techniques nouvelles. Ainsi, je suis l'un des premiers maires de France à avoir fait des écoles en verre et en aluminium avec Saint-Gobain et Aluminium de France. Je suis l'un des premiers maires à avoir fait des gymnases intégrés, etc. A Nice, l'école publique connaît les meilleures conditions d'épanouissement. Mais, parallèlement, je n'ai jamais refusé un franc de subvention à une école privée quand elle m'en a fait la demande, parce que j'estime que l'école privée n'a pas à être maltraitée. Par-dessus tout j'ai toujours considéré que la liberté d'enseignement était un principe dont l'État devait assurer le respect et les moyens.

CHAPITRE VII

PERSÉCUTIONS...

– En août 1982, vous créez aux États-Unis la société American Corporation (ARC) dont l'objet est la commercialisation en Amérique du système vidéobus. Le système de régulation informatique des transports en commun fonctionne déjà avec succès à Nice et y a été installé par la société SEREL. Mais vous n'apparaissez pas dans les statuts. Pourquoi ?

– Parce que ce n'est pas moi qui ai créé la société. C'est madame Pézenas qui l'a faite en son nom. Je ne suis absolument pour rien dans cette affaire si ce n'est que madame Pézenas a voulu très gentiment y réserver quelque chose pour moi, mais j'ai toujours refusé.

– Et pourtant, le 13 septembre 1982, vous avez ouvert avec Claudette Pézenas un compte commercial à la West Coast Bank pour la société ARC.

– Pour être précis, Claudette Pézenas m'a dit : « J'ai ouvert un compte en banque pour l'ARC et je veux te donner la deuxième signature. » Il s'agissait d'une signature de conformité afin qu'elle ne puisse pas tirer de chèque sans mon contreseing.

Ce que Claudette voulait, c'est que je puisse contrôler la manière dont elle manageait les comptes de cette société, parce qu'il se trouve que cet argent venait d'entreprises que je lui avais recommandées et qui étaient susceptibles de travailler avec elle. C'est tout. J'ai d'abord accepté, puis me rendant compte que n'étant pas dans les statuts de cette société, je n'avais aucune raison d'avoir cette signature, je m'en suis ouvert à mon avocat qui m'a déconseillé de garder cette signature et il s'est proposé de se substituer à moi. J'ai aussitôt retiré ma signature. Voilà.

– A la suite de l'enquête fiscale diligentée sous le gouvernement Barre, une hypothèque au profit du Trésor Public est prise sur votre villa Lou Soubran pour un montant de deux millions et demi de francs en décembre 1984. Ceci vous atteint encore, ou vous êtes déjà californien dans votre tête ?

– Non, cela m'atteint énormément. D'autant plus que je suis très attaché à ma maison. C'est quand même la maison de mes rêves sur la colline de mon enfance, construite au fil des années avec des petites économies, avec l'aide de mes parents... Il est certain que cela m'attriste, mais j'ai l'espoir de pouvoir démontrer ma bonne foi, et que cette amende considérable dont on veut me frapper sera réduite par le tribunal le jour où l'affaire sera jugée en dehors des pressions qui s'exercent aujourd'hui dans ce pays de France où la séparation des pouvoirs a complètement disparu et où malheureusement les juges, pour courageux qu'ils soient, ne peuvent passer outre aux consignes qui leur sont données. On a vu il n'y a pas si longtemps, dans une certaine affaire, les magistrats manifester leur mécontentement à l'égard des pressions qu'ils subissaient en réduisant à quelques centaines de francs une amende de plusieurs millions que l'État voulait imposer à un malheureux contribuable. Mais évidemment, c'était au bénéfice d'un contribuable tout à fait anonyme. Les juges n'en feront pas autant au bénéfice de Jacques Médecin. Je comprends leur situation, ils ont des femmes et des enfants à nourrir. Mais ce qui est scandaleux, c'est d'entendre répéter à longueur de journée par les socialistes : « Nous sommes dans un État de droit ! » alors que jamais la France n'a été davantage dans un État de lettres de cachet qu'aujourd'hui. Ressasser à longueur de temps : « Au nom des droits de l'homme... » et faire complètement fi de ces droits dans une multitude de cas, c'est la tactique des socialistes qui vont ainsi au-devant des critiques que l'on pourrait leur faire.

Aujourd'hui, il n'y a plus de séparation des pouvoirs en France. Il y a même une confusion des pouvoirs par la création ou l'octroi de pouvoirs anticonstitutionnels.

Je pense au soi-disant « domaine réservé » du président de la République. Et puis, il y a aussi le pouvoir du gouvernement sur le parlement qui fait que l'Assemblée n'a aucune autonomie, car elle n'est même pas maître de son ordre du jour. Le gouvernement a également barre sur le pouvoir judiciaire parce que celui-ci n'est pas indifférent à l'avancement et que le gouvernement contrôle hiérarchiquement les Parquets. Et l'on parle de démocratie !

– Vous n'avez pas seulement des difficultés avec vos compatriotes. Vous avez aussi des ennuis avec les Américains. Le 12 juillet 1984, les douaniers de l'aéroport de Los Angeles saisissent sur vous deux montres ainsi qu'une chaîne en or de chez Cartier pour une valeur de trente-neuf mille francs, et deux bijoux pour une valeur de cinquante et un mille francs. Vous devez acquitter une amende mais cette amende sera ramenée à trois mille cent soixante-cinq dollars. Pourquoi avoir prétendu dans une dépêche de l'A.F.P. du 25 septembre 1985 n'avoir eu ni amende ni suites ni poursuites dans cette affaire ?

– Parce que je n'ai pas eu d'amende. Les trois mille cent soixante-cinq dollars sont simplement les droits afférents à l'importation et à l'acquittement des taxes... L'amende se serait élevée, elle, à vingt mille dollars, mais quand j'ai pu démontrer ma bonne foi aux Américains, ils l'ont supprimée et n'ont maintenu que les taxes.

Mais ce qui est intéressant, c'est la genèse de l'histoire. Il y avait à l'aéroport de Nice un douanier qui m'avait demandé de faire venir à Nice sa femme, employée à la Régie Renault à Billancourt, au titre des personnels roustaniens (la Loi Roustan permet à des couples de fonctionnaires de se réunir). Il se trouve que je connaissais à la Régie Renault un ami de François Mitterrand, mais qui est aussi un ami à moi et qui s'appelle Philippe Lamirault. Il avait, je crois, un poste de directeur général. Je lui demande s'il serait possible de faire venir la femme de ce douanier à Nice mais il me répond que c'est absolument impossible, que cette femme est très mal notée et qu'il n'y a aucune raison qu'on lui fasse une sinécure de quelque nature que ce soit. Je garde ça pour moi et ne parle plus de rien.

A quelque temps de là, le douanier revient à la charge. Alors je recontacte Philippe Lamirault et lui dis : « Soyez gentil, envoyez-moi, s'il vous plaît, une lettre m'indiquant que vous êtes intervenu, mais en vain, et donnez-moi un motif ». Ce qu'il fait.

Puis je pars pour les États-Unis. Ma fille, qui tenait un restaurant à Los Angeles avec une amie, m'avait demandé de leur apporter à chacune une montre en acier. « Ça nous arrangerait, dans notre métier, une bonne montre, etc. », et je leur avais donc acheté deux montres Cartier en acier. J'avais aussi acheté pour moi une chaîne pour mettre autour du cou. De son côté ma femme, qui était déjà à Los Angeles, m'avait demandé de lui rapporter deux bijoux qui se trouvaient dans un coffret à la maison, des bijoux achetés normalement par sa mère, citoyenne américaine, par conséquent sans T.V.A.

Il faut donc que je régularise tout ceci vis-à-vis de la douane. Et qu'est-ce que je fais ? Je vais voir mon douanier.

Il tamponne les documents mais... furieux de ce que je n'ai pu réussir à faire venir sa femme à Nice, il court se venger de moi en allant prévenir Giolitti que j'allais partir avec des bijoux.

Moi, j'ai mis ces bijoux dans ma serviette, avec les récépissés de la douane, les factures, tout...

Quand j'arrive aux États-Unis, je suis immédiatement dirigé vers l'immigration, puis de l'immigration vers la douane. Là, on me fait déshabiller, on fouille les talons de mes bottes, on me fouille de la tête aux pieds. Pour finir, les douaniers trouvent dans mon attaché-case, non dissimulés, les deux montres en acier dans leurs écrins, le bracelet avec une petite tête en saphir si j'ai bonne mémoire, et puis la chaîne que je m'étais achetée et que, bêtement, j'avais laissée dans ma serviette. Et la douane américaine me demande : « Pourquoi n'avez-vous pas déclaré ça ? »

– Parce que je pensais que ce sont des effets personnels et que, comme tels, je n'ai pas à les déclarer.

– Mais pas du tout ! s'exclame la douanière, et elle me dresse un procès-verbal en précisant que les droits à payer sont de trois mille et quelques dollars, l'amende de tant, la suramende de tant, et la superamende de tant. Coût : vingt-quatre mille dollars.

Moi, terrifié parce qu'il ne m'était jamais arrivé une aventure semblable, je téléphone à un de mes amis avocats qui prend l'affaire en main et, quatre ou cinq jours plus tard, je suis convoqué au port de Los Angeles devant une cour... Et quand la cour douanière américaine lit l'acte d'accusation, je m'aperçois que, sur dénonciation du directeur général des Douanes au ministère des Finances à Paris, je suis désigné comme un trafiquant de bijoux. Je précise bien : dénoncé, comme par un Gestapiste, par l'un des plus hauts fonctionnaires nouvellement nommés par le gouvernement socialiste. Le ministère des Finances m'a dénoncé à la douane américaine en donnant le numéro de mon vol, l'heure de mon arrivée et en disant : « Voilà, monsieur Médecin arrive avec des bijoux. C'est un trafiquant habituel de bijoux... » C'était dans l'acte d'accusation !

Mon avocat a plaidé en disant tout simplement : monsieur Médecin, maire de la cinquième ville de France, ne se livre pas à ça. Nous sommes là devant un complot politique. Les Américains en sont convenus et je me suis acquitté aussitôt des taxes d'importation. Ma femme a immédiatement rédigé un chèque dans la salle d'audience et j'ai reçu quatre ou cinq jours après, par le courrier, un attendu, un résultat de jugement qui me blanchit, qui reconnaît que je ne suis pas trafiquant de bijoux.

Seulement, la dénonciation avait été saisie sur l'ordinateur des douanes américaines, et pendant un an, chaque fois que je suis entré aux U.S.A., j'ai fait l'objet d'une fouille de pied en cap. Jusqu'au jour où j'ai écrit à Ronald Reagan en lui disant : « Enfin, je ne comprends pas que sur la dénonciation manifestement politique d'un monsieur qui n'est qu'un fonctionnaire socialiste, je sois traité de la sorte aux États-Unis. »

Quelques semaines plus tard, j'ai reçu un coup de téléphone de l'ambassadeur Galbraith à Paris qui m'a demandé d'aller le voir et de lui expliquer l'affaire. Ce que j'ai fait en quelques mots : « C'est un douanier mécontent parce que je n'ai pas rendu service à sa femme qui est allé me dénoncer à un député qui a dit au ministère des Finances : voilà une bonne occasion de coincer Médecin. » Galbraith s'est alors proposé de faire un rapport à qui de droit aux États-Unis pour que la mention de trafiquant de bijoux accolée à mon nom soit supprimée de l'ordinateur; et je dois dire que la fois suivante, quand je suis allé aux États-Unis, je suis passé comme une lettre à la poste. Mais c'est quand même un bel exemple de la persécution dont je suis l'objet. Et pourquoi pas trafiquant de drogue, pendant qu'ils y sont?

– Précisément, après cette dénonciation et après la fameuse émission de Polac du 5 octobre 1985, est-ce que vous ne commencez pas à sentir que tout cela risque de mal se terminer pour vous?

– Je suis encore dans la phase extraordinaire qu'on pourrait appeler l'état de grâce du boxeur. Les coups font mal mais j'en donne, j'en porte et je vais quand même encore gagner car je remporte des victoires non seulement électorales mais aussi sur le plan des équipements de ma ville. Ainsi, mes adversaires se sont répandus contre l'opération de rénovation du vieux Nice en prétendant que le quartier, jusque-là pacifique, allait devenir infernal. Mais, l'opération s'est traduite par une résurrection, un rajeunissement de la cité pendant la période estivale. Le quartier du cours Saleya devient vivant, bouillant d'énergie, de joie de vivre. Bref, une fois encore, je réussis parfaitement et les Cassandre se taisent. Comme ils se taisent pour la zone piétonne après avoir hurlé au scandale, pour l'usine d'incinération et tout le reste. Car la population, elle, n'est pas dupe : elle voit les résultats.

Donc, si vous voulez, mon sens du combat reste intact, mon courage aussi, et je crois encore à ma bonne étoile. L'appui de la population me dope, et je ne désarme pas dans ma lutte politique. Je mourrai d'ailleurs sans avoir désarmé.

– *A la suite de l'émission « Droit de réponse », vous faites un procès à TF1, à Michel Polac, à Claudette Pézenas, à Bernard Bragard, au dessinateur Chenez et au* Matin de Paris. *Mais vous renoncez à votre plainte au dernier moment. Pourquoi ?*

– J'ai compris que je prenais un risque, devenu inutile lorsque j'ai renoncé. Au début, tout de suite après l'émission, j'ai demandé communication de la bande enregistrée de Claudette Pézenas. Dans son émission, Michel Polac avait dit : si monsieur Médecin veut avoir communication de cette bande, nous la tenons à sa disposition. Mais quand j'ai demandé la bande, Polac a répondu pas question. J'ai été obligé de lui faire un procès que j'ai gagné en première instance. Il a fait appel et j'ai gagné en appel. Il m'a alors traîné devant la Cour de cassation et j'ai gagné devant celle-ci. Ensuite le procès de fond a été engagé par mon avocat, mais il a fallu une instruction extrêmement longue car madame Pézenas était aux États-Unis. Là-dessus, après plusieurs années de procédure, la loi d'amnistie est intervenue.

Quatre ou cinq ans après l'émission, le procès n'avait plus aucun intérêt et mon avocat m'a expliqué qu'il ne pouvait plus y avoir de sanction pénale, mais uniquement une action civile pour un franc symbolique de dommages et intérêts.

Claudette Pézenas était intouchable aux États-Unis, et Polac avait été viré de la télé. En revanche, le procès que j'avais gagné sur TF1 et Polac m'avait permis d'obtenir l'intégralité de la bande. Lorsque je l'ai enfin entendue, j'ai remarqué que Claudette Pézenas dit à un certain moment (cela a été coupé bien entendu par Polac) : « Mais alors, dans ce montage contre Médecin, qu'est-ce que l'on fait, nous ? » Elle emploie donc cette expression de « montage contre Médecin » et une personne lui répond : « Il ne s'agit pas d'un montage contre médecin... »

– Dans cette même interview, Claudette Pézenas dit que vous êtes un « grand acteur », que vous méritez davantage l'Academy Award que la mairie de Nice. C'est vrai que vous êtes acteur ?

– Quel homme politique n'est pas acteur ? D'ailleurs, bientôt, c'est le meilleur acteur qui sera le plus grand homme politique, parce qu'il ne s'agit plus d'avoir des compétences, de l'intelligence, du caractère, une idée, un engagement, il faut d'abord être un grand acteur pour être un grand homme politique. Ronald Reagan l'a emporté sur tous les autres parce qu'il était le meilleur acteur et qu'il a su se présenter devant la télévision de manière absolument irréprochable. J'ai suivi au parlement français la vie de deux Républiques : la IVe et la Ve. J'ai vu sous la IVe République des hommes de la stature d'Édouard Daladier. C'était un acteur fabuleux. A la tribune, il était capable de convaincre n'importe qui, même les communistes, tellement il était bon comédien, avec la voix, l'accent, le style et une maîtrise de la comédie extraordinaire... Tout homme politique est un comédien.

– Et ici, dans cette boutique de tee-shirts, est-ce que vous continuez à jouer ?

– Pas du tout. Je suis marchand de tee-shirts, et cela me passionne. Ma vie entière, j'ai tout fait avec passion. Que ce soit peindre, jouer aux boules ou au golf, faire de la bicyclette, aller à la pêche au saumon, m'occuper de l'éducation de mes enfants, faire de la cuisine, et bien entendu exercer ma profession, j'y ai mis tout mon enthousiasme.

J'ai lancé cette affaire de tee-shirts parce que je me suis aperçu qu'ici il n'y avait pas de tee-shirts à la gloire de Punta del Este. Dans une ville fréquentée par des centaines de milliers de touristes du monde entier, je me suis dit qu'il y avait quelque chose à faire. J'en ai parlé à mon gendre qui a le sens du commerce et l'esprit orienté vers ces choses-là, et il m'a dit : « Je suis prêt à jouer le jeu avec vous. »

Et à partir du jour où je suis entré dans la boutique, j'ai pris plaisir au contact des gens, cela m'a plu de fabriquer des tee-shirts, de les composer, de m'amuser à découper des dessins pour créer des motifs nouveaux, et je me suis lancé dans cette fabrication avec passion.

– Compte tenu de toutes les attaques dont vous étiez l'objet, la victoire de la droite aux législatives de 86, ça a été une chance pour vous ?

– Ça n'a pas été une chance, mais ça a été vraiment un grand moment d'exaltation parce que j'ai enfin trouvé la droite que j'espérais, c'est-à-dire une droite qui tournait le dos aux nationalisations et qui voulait en finir avec le dirigisme, une droite qui épousait l'économie moderne. Ça n'est pas par sectarisme que je m'en suis réjoui, c'est parce que l'économie moderne ne peut plus évoluer dans un cadre étatique. On le voit aussi bien en Argentine qu'au Chili, aux États-Unis d'Amérique, aux Philippines qu'en Europe. On ne peut pas continuer dans cette folie des économies de style ou d'inspiration marxiste. Et quand j'ai vu les propositions de Balladur, quand j'ai senti qu'on allait enfin dénationaliser, quand j'ai compris que Jacques Chirac y parvenait, ça a été merveilleux. Le jour où Jacques Chirac m'a parlé de dénationalisations, j'ai bondi de joie.

Et puis, dans les quelques minutes qui ont suivi, je me suis inquiété : est-ce que les Français vont aimer jouer le jeu de la privatisation? Est-ce qu'ils ont encore le goût du risque? Est-ce qu'ils n'ont pas pris l'habitude de l'assistanat au point de ne plus vouloir mettre dix francs dans une privatisation?

Or, dès la première privatisation, les Français ont joué le jeu. Je crois qu'il y a une banque, le C.C.F. si je ne m'abuse, dont 76 % du personnel a pris des actions au moment de la privatisation.

– Est-ce que vous étiez partisan de la cohabitation?

– Je n'étais ni pour ni contre. Entendons-nous... Il est vrai que refuser la cohabitation eût été une manière de mettre Mitterrand dans une impasse. Mais refuser la cohabitation, c'était aussi offrir un fauteuil en or à des gens de compromis. Je crois que si Chirac l'avait refusée nous aurions eu deux années de pouvoir edgarfaurien – un pied à droite, un pied à gauche –, qui se serait situé quelque part entre le socialisme de monsieur Mauroy et le dirigisme de monsieur Barre. Finalement, nous aurions vécu deux nouvelles années de socialisme rampant. A mon avis la cohabitation a été une bonne chose, mais aussi un grand risque pris par Jacques Chirac parce que, malheureusement pour lui, il ne se remettra jamais de ces deux années-là. Et je le déplore car c'est certainement un grand homme d'État. Son sacrifice à cette occasion le prouve.

– Selon vous, pourquoi la droite a-t-elle perdu les élections?

– Parce qu'elle n'a pas eu assez de courage. Comment voulez-vous qu'on puisse gagner les élections en laissant à la gauche le pouvoir médiatique? Lorsqu'après ma décision de m'implanter ici, en Uruguay, la justice française a lancé contre moi un mandat d'amener, toutes les télévisions et toutes les radios m'attaquaient.

Un après-midi, en rentrant chez moi, j'écoute les messages enregistrés sur mon répondeur automatique et j'entends celui de Michèle Cotta qui me dit très exactement : « Jacques, salut, c'est Michèle à l'appareil. Il faut absolument que nous t'ayons ce soir à 20 heures. Nous t'appellerons à 19 h 57 et on te passera immédiatement à l'antenne. Tu as trois minutes pendant lesquelles tu peux dire tout ce que tu veux... mais attention! Ne déconne pas tout de même, on a assez d'emmerdes comme ça. »

C'est-à-dire qu'au mois d'octobre 1990, Michèle Cotta, qui m'aime bien et que j'aime bien, me téléphone pour me dire que dans son journal de TF1, qui est soi-disant la plus libre et la plus privatisée de toutes les chaînes de France, on va me donner trois minutes pour m'expliquer, trois minutes... Alors qu'il y a des mois et des mois qu'on bavarde sur mon compte sans me laisser ouvrir la bouche! Et que signifie son « Ne déconne pas, on a assez d'emmerdes comme ça »? La grande prêtresse de la télévision voudrait-elle insinuer qu'il y a des choses qu'il ne faut pas dire à la télévision française « libre » à la manière socialiste, parce que le pouvoir peut faire des emmerdements à un média prétendument privé? Pour ma part, en tout cas, j'ai cru voir dans cette phrase le procès-éclair d'une privatisation bidon.

Tout ce qu'a apporté le pouvoir politique de 1986 à 1988 aux Français, ce sont les jeux télévisés. Point final. On s'est complètement foutu le doigt dans l'œil.

Léotard – cela m'ennuie d'en dire du mal parce qu'il m'a marqué beaucoup d'amitié en certaines circonstances, et je dois dire que cela m'a touché – je me souviens d'un jour où il rentrait de Calédonie et où un journaliste de gauche lui a lancé au visage : « Vous parlez comme Médecin; on voit que vous étiez là-bas avec lui. » Et Léotard a répondu : « Médecin est un homme de qualité, Médecin est un homme d'honneur, et je vous interdis de dire du mal de lui en ma présence. Si vous voulez que je continue à vous répondre, parlez-moi de moi et ne parlez pas de Médecin. »

J'ai dit : « Tiens! Léotard est un homme courageux. »

Et puis, j'ai été bien obligé de déchanter lorsqu'il a fait chorus avec les juifs de gauche pour condamner mon prétendu antisémitisme sans même avoir entendu la phrase que j'avais prononcée. D'ailleurs, Alain Juppé n'a pas fait mieux, puisqu'avant même de se faire communiquer la teneur de ma déclaration, il avait dit que j'étais horrible et condamnable. Quant à monsieur Lang, qui est à la fois bête et immonde, il m'avait qualifié de « bête immonde »...

– Si la droite était au pouvoir, est-ce que vous seriez encore en France à cette heure-ci ?

– C'est certain. Car si la droite était au pouvoir, je pense que j'aurais pu obtenir du ministre des Finances en place que mon cas soit jugé comme tous les autres, et que les fonctionnaires des Finances susceptibles de commettre des indiscrétions à propos de Jacques Médecin soient sanctionnés aussi durement qu'on a sanctionné l'inspecteur Gaudino pour avoir été soupçonné d'une petite indiscrétion à propos du dossier Urba-Gracco.

Or, pour moi, que s'est-il passé?

Pour s'occuper de moi, il y a un inspecteur Moris qui téléphone au *Canard Enchaîné* pour raconter ses perquisitions à Nice, commenter mes réactions et livrer en pâture à la population un dossier confidentiel, censément frappé du sceau du secret. Et non seulement ce monsieur n'est pas suspendu, mais il reçoit de l'avancement ! Je pense que si la droite avait été au pouvoir, mon dossier aurait été traité comme celui de n'importe quel autre citoyen, dans la discrétion et dans le calme. Et j'aurais certainement trouvé un terrain d'entente avec l'administration fiscale.

Tandis que là ! Un magistrat, ancien président du tribunal administratif, un homme d'une qualité rare que je connais bien, m'a dit quelque temps avant que je ne quitte Nice : « Vous savez, monsieur Médecin, je n'avais pour vous ni sympathie ni antipathie. Je n'avais que de l'admiration pour la manière dont vous administriez votre ville et c'est la raison pour laquelle je suis venu m'y retirer. Mais je peux vous dire que jamais, dans la vie judiciaire de ce pays, jamais un homme n'a vu son dossier livré en pâture à la presse comme le vôtre. Et jamais, fût-il un criminel de la pire espèce, il n'a fait l'objet d'investigations livrées au public comme c'est le cas en ce qui vous concerne. »

– Selon vous, quelle est la raison de cet acharnement à votre endroit ?

– Ma réussite, tout simplement. Ma réussite « à droite ». Quand je suis arrivé à la mairie de Nice en février 1966, le département des Alpes-Maritimes était un petit îlot bleu dans un océan rose contrôlé de main de maître par Gaston Defferre.

Or moi, je n'étais pas socialiste. Je me suis donc dit qu'il fallait que je renforce ma position dans les Alpes-Maritimes, puis que j'essaie de rayonner autour des Alpes-Maritimes en montrant à ces départements qu'ils avaient tort d'être socialistes. Vous avez fait l'analyse de ce phénomène en évoquant les différents scrutins qui ont vu se conforter ma position. Mais en même temps que ma position s'est confortée, j'ai consolidé celle de mes amis, et ainsi le conseil général des Alpes-Maritimes a gagné une majorité substantielle de droite. Quand je me suis présenté au conseil général en 1961, la droite devait y avoir trois voix de majorité. Lorsque j'en suis parti en 1990, elle y avait quarante-six sièges sur cinquante et un. Cela signifie que j'avais renversé la vapeur dans chaque canton par un long, patient et puissant effort, et vraiment réussi une droitisation du département.

Est-ce que cela voulait dire pour autant que j'en avais fait un département conservateur ? Je ne crois pas, puisque je me suis fait, par mes actes, la réputation solidement établie d'être un homme au contraire un peu aventureux, en tout cas prospectif, dynamique, moderne, à la recherche des dernières technologies, des dernières nouveautés, donc pas conservateur pour un sou.

Est-ce que j'en avais fait pour autant un département antisocial ? Pas du tout. Nice est la ville qui possède le meilleur service social de France avant Strasbourg. Nice est-elle une ville dont l'équipement scolaire a eu à souffrir d'une orientation droitière ? Pas du tout, parce que j'ai accompli sans faillir ma tâche de tuteur municipal de l'enseignement public. Parce que je suis de droite, étais-je intolérant ? J'ai fourni mille exemples de ma tolérance à l'égard de toutes les minorités dans la mesure, bien sûr, où elles se comportent correctement et où elles ne mettent pas en danger la culture ni la tradition françaises.

Je suis un homme de droite qui réussis, qui construis, qui prépare l'avenir, qui arrive à établir une certaine justice sociale, qui ne connais même pas de remous au sein de sa municipalité, car en vingt-cinq ans de mairie je n'ai jamais eu une grève dirigée contre moi, fût-elle de dix minutes.

C'est vous dire que j'étais arrivé à faire en sorte que les Niçois étaient contents de vivre à droite parce qu'on s'épanouissait à droite. Bien entendu, cette réussite a été contagieuse. Les gens du Var ont dit : « Mais enfin, regardez les Alpes-Maritimes, c'est un département qui avance, c'est un département dynamique. » Et c'est ainsi que l'un après l'autre les départements ont viré de bord. Voyez à Marseille... Monsieur Vigouroux a été élu maire de Marseille avec trois mille voix de moins que Jean-Claude Gaudin, et dans le département du Vaucluse, quand on additionne les voix de tous les cantons, on s'aperçoit que la droite est majoritaire.

*
* *

Donc, par contagion et par réussite, j'ai délogé complètement tous les hommes de Gaston Defferre. Un jour, Gaston m'a dit (c'était dans les années soixante-dix) :

– Je suis désolé mais je vais avoir à te rentrer dans le chou parce que tu commences à me gêner dans ma région.

– Ta région? Elle ne t'appartient pas en propre et un jour j'entends bien que la majorité du conseil régional soit une majorité de droite.

C'est réussi depuis les dernières élections puisque nous y avons une majorité de droite. Les Alpes-Maritimes sont le seul département à avoir neuf députés de droite sur neuf! Quatre sénateurs de droite sur quatre! Le seul département de France!

Alors, évidemment, je suis un empêcheur de tourner en rond, je suis un emmerdeur et l'exemple de Médecin est un exemple qu'il ne faut pas suivre.

Or qu'est-ce que c'est l'exemple de Médecin?

Eh bien... l'exemple de Médecin, c'est celui d'un homme qui, une fois pour toutes, a désigné son adversaire, qui refuse de tirer sur les autres et qui considère que tous ceux qui l'épaulent dans son combat sont ses alliés. C'est simple comme bonjour. C'est de la tactique militaire et j'ai combattu avec courage. Car cela ne va pas sans risque. D'Ornano lui-même l'a dit une fois :

– Tu comprends bien que peu de députés ont envie de suivre ton exemple quand ils voient les coups que tu ramasses.

Une façon de me conseiller le calme? Mais moi, je me suis fait élire pour mener un combat politique et les Niçois le savent. Ils sont orgueilleux et fiers que j'aille au charbon, et ils m'ont soutenu dans ma lutte. Seulement, tant que j'ai mené mon combat en face d'adversaires comme les communistes qui, tout en étant détestables, combattent sur le terrain des idées politiques, j'ai gagné. A partir du moment où la guerre est devenue sournoisement fondée sur la calomnie la plus basse, la plus facile, celle qui a toujours réussi contre l'homme politique, la diffamation qui consiste à l'accuser de malversations et de tripotages, eh bien j'ai été progressivement abattu.

***

Remarquez, vous êtes en droit de dire : « Mais enfin, Jacques Médecin, vous êtes ici en Uruguay, vous vivez quand même, vous n'êtes pas mort de faim, vous avez monté une petite entreprise qui vous rapporte de l'argent, vous n'êtes pas malheureux ! » C'est vrai. Je suis représentant d'une société d'immeubles à laquelle j'ai déjà rapporté deux contrats, sur lesquels j'ai touché une commission tout à fait normale et logique, que j'ai encaissée dans ce pays où il n'y a pas d'impôts sur le revenu. J'ai trouvé un ou deux marchés dans le cône sud de l'Amérique latine pour des sociétés françaises, et chaque fois j'ai été honoré, donc j'ai de quoi vivre.

Mais il est vrai aussi que j'avais mis de côté quelque argent...

– Ah! enfin la vérité? Voulez-vous signifier par là que vous n'avez pas toujours été totalement désintéressé?

– Tout dépend de la manière de voir les choses. Je n'ai jamais vendu mes services et je n'ai jamais négocié un marché. Avec personne. Et je mets au défi quiconque de venir proclamer, preuves à l'appui : « Voilà, j'ai négocié un marché avec la mairie de Nice qui m'a tordu le cou et obligé à faire des fausses factures... » Je mets au défi quiconque de le démontrer, de le dire, de le prouver, de trouver la trace de ces fausses factures... S'il y a une trace, qu'ils disent à quelle heure, à quel moment, quel jour... en tout cas, je les mets au défi de démontrer que c'est avec moi que la chose s'est passée.

Maintenant, il n'est pas prouvé que parmi ceux qui, aujourd'hui, disent qu'il faut éradiquer le médecinisme, il n'y en ait pas quelques-uns qui aient tripatouillé... Mais ça c'est autre chose. Je parle de Jacques Médecin puisque c'est moi qui ai été personnellement attaqué et qui continue de l'être.

– Mais alors, qu'est-ce que vous avez fait ?

– C'est simple, j'ai commencé à vous le dire : n'ayant pas les moyens de mener dignement la vie qu'ils doivent mener et de donner l'image qu'ils sont obligés de donner et de maintenir, les hommes politiques de France sont obligés d'accepter ce que l'on appellerait des cadeaux, et moi-même j'ai accepté des cadeaux. C'est vrai. C'est-à-dire que lorsque des entrepreneurs, lorsque des fournisseurs, lorsque des gens qui ont servi la ville de Nice sont venus me trouver après que le service a été rendu et qu'ils m'ont dit : « Grâce à vous j'ai gagné X et je suis prêt à donner 10 % de ce X pour vos actions politiques », c'est vrai, j'ai accepté ! Mais à aucun moment, je n'ai demandé d'argent. Mieux encore, c'est, je crois, Jean-Claude Decaux qui disait : « Je témoigne que Jacques Médecin est un des rares maires de France qui ne m'a jamais rien demandé. » Il l'a dit, je crois, publiquement. En tout cas cela m'a été rapporté par un témoin.

Et beaucoup de fournisseurs de la ville de Nice que vous pouvez interroger (et je demande aux lecteurs de les interroger s'ils en connaissent) vous répondront : « Il est exact que Jacques Médecin ne nous a jamais demandé, avant de passer un marché, de détourner 10 % ou 15 % par le jeu de fausses factures ou de combinaisons diverses. Mais une fois que nous étions payés pour nos services et que nous avions réglé nos impôts, bref dès que cet argent nous appartenait nous en remettions une partie, en remerciement et en soutien, aux permanences politiques de Jacques Médecin. »

C'est vrai que j'ai reçu cet argent, que je l'ai gardé pour financer mes campagnes et aussi pour faire le bien autour de moi. Un ministre socialiste a été amnistié, c'est-à-dire que la loi a proclamé que les faits n'ont jamais eu lieu. De quels faits s'agit-il? De quelques dons privés dissimulés? Non, et Maître Vergès le rappelle dans son livre qui n'a fait l'objet d'aucune poursuite : « Il s'agit de millions volés au contribuable français et détournés de leur destination qui était de construire des hôpitaux en Afrique, des dispensaires pour les enfants, des écoles et des puits dans le Sahel, détournés par ceux qui chaque jour prétendent agir au nom des droits de l'homme... »

Ce qu'on voudrait aujourd'hui accréditer, c'est que je me suis prêté, par des jeux d'écritures multiples, à des détournements d'argent public. Mais dans le même moment où l'on veut accréditer cette thèse, on me fait passer pour le roi des imbéciles en disant que je détiens des intérêts dans une société privée sans en avoir le droit, et que j'ai commis l'erreur d'ouvrir un compte chèques en Amérique alors qu'on ne peut pas en ouvrir un sans autorisation de la Banque de France.

Si j'ai commis cette bourde, c'est justement que je ne suis pas un escroc. Il est clair que j'ai été trop maladroit dans les quelques opérations qui ont été menées par d'autres, à qui j'ai donné mon aval, pour qu'on puisse me soupçonner un seul instant d'être suffisamment adroit lorsqu'il s'agit de camoufler les milliards dont parlent les gazettes de gauche.

Vous souvenez-vous entre autres de ce trucage policier d'Orly? J'avais demandé à une jeune femme qui se rendait en Argentine d'avoir la gentillesse de m'apporter deux valises contenant des papiers personnels, quelques vêtements et mes clubs de golf. J'ai appris, depuis, qu'un officier des renseignements généraux en avait été informé... Quelques jours avant son départ, cette jeune femme reçoit la visite d'un homme qui se recommande de l'un de mes collaborateurs et lui remet un paquet qui m'est soi-disant destiné. Dans ce paquet, il y avait en réalité huit cent mille francs, en francs français et en dollars. Elle l'a placé dans une valise.

A la douane, ils ont bien entendu « découvert » le fameux paquet. Un peu gros, non? De deux choses l'une : ou bien l'on admet que je suis assez niais pour faire circuler de l'argent dans un paquet portant mon nom, ce qui permet à la douane de le saisir, et alors on peut difficilement me soupçonner d'avoir frauduleusement sorti des milliards; ou bien j'ai réellement sorti les milliards qu'on m'accuse d'avoir sortis, mais alors comment peut-on supposer que je suis assez stupide pour l'avoir fait à l'aide de paquets portant mon nom? La réalité, c'est qu'il s'agissait d'un sordide montage policier. Cette malheureuse amie est aujourd'hui inculpée, alors que le seul tort qu'elle ait jamais eu a été d'accepter d'emporter deux valises à Buenos-Aires, en bagages accompagnés.

– En juin 1988, lors des élections législatives qui ont ramené la gauche au pouvoir, vous attendiez-vous à triompher dans les neuf circonscriptions des Alpes-Maritimes?

– Je vous répondrai toujours de la même manière. Je ne m'y attendais pas. Mais j'ai tout fait pour triompher. J'ai tout fait pour être le premier dans les neuf circonscriptions. Je n'aurais pas pris de pari sur l'affaire mais finalement, comme j'ai tout fait pour gagner, je n'ai pas été étonné du résultat.

– N'avez-vous pas pressenti que cet indéniable succès pouvait être aussi le dernier, car le Front National avait déclaré au soir du premier tour que c'était la dernière fois qu'il se retirait?

– En 1988, le Front National n'avait pas les moyens de s'offrir une ligne politique trop ferme parce que ses troupes étaient trop fraîches et n'avaient jamais que quatre ans d'âge. Alors... il lui était indispensable de dire : on s'est retiré, mais c'est la dernière fois, n'y comptez plus... Ce qui permettait de signaler à l'électorat : « Vous voyez, on ne vous a pas fait trahir ceux que vous étiez habitués à soutenir dans le passé puisque les voilà élus, mais attention : ne perdez pas la trace du Front National. Nous sommes là et nous comptons sur vous la prochaine fois. » C'était assez habile, au fond. Et ce qui est sûr aujourd'hui, c'est que nous ne gagnerons plus sans un accord avec le Front National. Je vous assure que nous allons voir des choses extraordinaires se passer au niveau des reniements et des alliances de circonstance, aussi bien à gauche qu'à droite ou au centre – s'il s'en trouve encore un après les prochaines législatives.

– Sur quoi, selon vous, se jouera la prochaine élection présidentielle ?

– Au train où vont les choses, j'ai l'impression qu'elle se jouera sur l'immigration. Beaucoup de Français – même parmi ceux qui ont cru à toutes les balivernes de la socialie concernant l'égalité entre les peuples, la France multiculturelle, la France multiraciale – savent très bien désormais qu'en dépit des dénégations, il y a un taux de criminalité dans la population immigrée beaucoup plus élevé que dans la population locale, que le pays est menacé de disparition en tant qu'entité nationale, que la France va devenir une espèce de magma, de dépotoir où chaque voisin enverra son trop-plein d'étrangers, et que nous deviendrons une sorte de nation informe.

– En ce qui concerne l'immigration, précisément, pensez-vous toujours qu'il faudra remplacer la loi du sol pour l'obtention de la nationalité française ?

– Absolument.

– Et par quoi faudra-t-il la remplacer ?

– Je pense qu'il est indispensable de revenir à l'expression de la volonté d'être français et qu'il faut absolument, par exemple, interdire à tout jeune ayant choisi de faire son service militaire ailleurs qu'en France de prétendre être français par la suite. C'est un choix qu'il a fait, alors qu'il s'y conforme. Il faut que les jeunes filles, qui ne sont pas soumises au service militaire, manifestent dès dix-huit ans la volonté de devenir citoyennes françaises. Il faut, avant qu'on ne les naturalise, que tous les immigrés franchissent les mêmes obstacles. Or ce n'est pas le cas. J'ai des amis libanais qui souhaitent devenir français depuis dix ans. Ils parlent français depuis l'enfance, ils ont été élevés chez les pères des écoles chrétiennes et ils attendent... Un de mes amis polonais, à Nice – un garçon remarquable qui parle un français impeccable même si son accent est terriblement marqué – attend lui aussi en vain ; un jour, on estime qu'il n'est pas suffisamment intégré ; un autre jour, on argue d'autre chose. Résultat : son dossier traîne indéfiniment. C'est invraisemblable. Il faudra bien qu'un jour un chef d'État remette de l'ordre dans tout ça. Il n'est pas admissible qu'il y ait, par exemple, des facilités d'adoption d'enfants étrangers et de naturalisation accordées à certaines catégories et refusées à d'autres ! Qu'il y ait des facilités d'intégration professionnelle pour certains seulement. Je connais pour ma part un couple de Hongrois à qui j'avais permis de choisir la liberté. Lui est chirurgien, et on se propose de l'intégrer en France en tant qu'aide-soignant. En revanche, il y a des aides-soignants qui viennent de l'hôpital d'Alger et auxquels on confie un scalpel au bout d'une semaine. Oui, il faudra un jour y mettre de l'ordre, ou supprimer la stupide « Égalité » du fronton des édifices publics. Ils sont décidément drôles, les amis de Pierre Joxe, eux qui partaient en guerre contre le délit de sale gueule et qui pratiquent le délit de sale nationalité ! Soyez chrétien polonais, vous êtes mauvais ; soyez maghrébin musulman, vous êtes bon... Ce n'est pas normal.

– Pourquoi avez-vous accueilli Jean-Claude Duvallier à Nice ? Vous le connaissiez bien ?

– Je n'ai pas « accueilli » Jean-Claude Duvallier à Nice mais j'admets que je le connaissais. Je suis sensible à l'art naïf, et un jour un artiste-peintre haïtien m'avait convaincu de venir voir sur place l'école de peinture découverte et tant vantée par Malraux. Je m'y suis rendu sans autre pensée que de passer une semaine de vacances, mais deux jours après mon arrivée, le peintre en question m'a fait rencontrer Jean-Claude Duvallier. Je l'avais tenu pour une espèce de gros lourdaud, mais je me suis aperçu en parlant avec lui que c'était un garçon qui avait beaucoup de bon sens et un certain sens de l'humain que n'avait pas son père.

A quelque temps de là, Jean-Claude s'est marié et je lui ai apporté un cadeau. Il m'a remis la plus haute distinction de son pays dont il m'a fait grand-croix. Voilà à quoi se sont limitées nos relations.

Quand il est venu sur la Côte d'Azur, j'étais pour ma part tout à fait favorable à son installation dans la région. Nous y hébergeons quantité d'anciens potentats d'autres régions du monde, parfaitement sanguinaires, parfaitement crapulards, qui ont le mérite d'être de gauche, ou en tout cas de s'être prétendus démocrates à un moment... Jean-Claude Duvallier, lui, on ne pouvait pas dire qu'il était démocrate, ni de gauche, alors il y a eu cette levée de boucliers... On m'a demandé d'empêcher sa venue ; c'est évidemment grotesque car un maire n'a pas le pouvoir d'interdire le territoire national à qui que ce soit, c'est l'affaire du gouvernement. Et le gouvernement a, je crois, en la circonstance, bien agi en évitant d'échauffer les esprits...

Quant à Jean-Claude Duvallier, il n'a jamais cherché à me voir ou à me rencontrer. Il a dû comprendre que j'avais assez d'emmerdements comme ça, et je regrette un peu de n'avoir pas pu le saluer tranquillement ne serait-ce qu'une fois depuis sa venue sur le territoire national.

CHAPITRE VIII

CE QU'ON A FAIT DE GRAND, C'EST CE QUI RESTE...

– Ce qu'on a fait de grand, c'est ce qui reste. Que reste-il, aujourd'hui, à Nice, après Jacques Médecin?

– Je vous l'ai dit. Quand je suis arrivé à la mairie, j'étais le fils de mon père. Tout le monde m'attendait au tournant : les plus indulgents espéraient que je me casserais la gueule dans les six mois, les plus sceptiques pensaient que ce serait dans les deux mois. Seuls quelques braves amis, m'ayant vu au travail, estimaient que mon ouverture d'esprit et mes activités journalistiques – lesquelles m'avaient amené à fréquenter les grands de ce monde ainsi que des lieux aussi variés que divers – pouvaient me permettre d'apporter à Nice une dimension nouvelle.

Nice était une belle alanguie. Le fait d'y installer une université allait provoquer évidemment un changement dans les habitudes. Sans pressentir mai 68, on sentait quand même dans la jeunesse française une sorte d'exaspération devant l'insuffisance des équipements collectifs.

Lorsque j'ai été élu maire, ma première préoccupation a été de doter ma mairie d'un système informatique. J'avais comme directeur des services techniques Pierre Mathis, un major de Polytechnique ayant fait carrière au Maroc comme directeur général des services techniques de la Résidence. C'était un homme brillant, de très grande qualité, mais qui arrivait à l'âge de la retraite. Lorsque je lui ai dit que je voulais informatiser ma mairie, sa réponse a été : « Mais nous venons d'acheter une machine électro-comptable ! » C'est-à-dire que pour lui, l'informatique se limitait en tout et pour tout aux feuilles de paye.

Et quand il m'a demandé :

– Mais qu'est-ce que vous allez lui faire faire, à votre informatique ?

...Et que je lui ai répondu : « Tout », il m'a pris pour un fou...

Je me suis alors rendu à Paris pour rencontrer, dans un bureau du boulevard Saint-Germain, au fond d'un dédale de couloirs, un homme qui s'ennuyait ferme. C'était Robert Galley. Il avait été nommé par le général de Gaulle et par le Premier ministre du moment directeur du Plan-Calcul (il s'agissait alors de fabriquer un ordinateur français). Il m'a reçu en me disant :

– Vous savez, vous êtes le premier maire qui franchit cette porte.

– Eh bien j'en suis ravi ! lui ai-je répondu. Et je voudrais savoir ce que vous pouvez faire pour moi.

Lorsque nous nous sommes quittés, nous nous tutoyions et nous étions devenus des amis. Nous le sommes d'ailleurs restés.

Robert Galley, je dois le dire, m'a fortement aidé bien que j'aie finalement fait appel aux services d'I.B.M. Pourquoi I.B.M. ? Tout simplement parce que I.B.M. était sur place, à La Gaude, et m'avait proposé des contrats de location fort intéressants, lesquels comprenaient l'entretien et la mise à disposition de nouveaux matériels pour assurer une qualité de service jamais démentie. Ils ont d'ailleurs tenu parole et j'ai été la première mairie à posséder un téléphone totalement informatisé, ainsi que des tables traçantes conjointement mises au point par le laboratoire de recherches de La Gaude, appartenant à I.B.M., par Texas-Instruments à Villeneuve-Loubet et par la mairie de Nice. Donc, toutes les tables traçantes qui servent dans le monde – elles sont aujourd'hui des dizaines de millions – ont été mises au point grâce au concours de la mairie de Nice.

Puis nous avons travaillé à la voix synthétique et nous travaillons en ce moment, toujours avec I.B.M., à la transcription de la voix sur écran, c'est-à-dire la machine à écrire qui affiche à l'écran et enregistre ce qu'elle entend (directement ou au téléphone). C'est vraiment un progrès fabuleux...

J'ai donc décidé de moderniser ma mairie. Je l'ai fait en douceur, de manière à ne pas trop bousculer les habitudes, mais aussi avec une certaine fermeté. En effet, j'ai rapidement compris que lorsqu'on sollicite des responsabilités et qu'on se les voit accorder par les électeurs, il faut les exercer avec autorité. Ce qui veut dire que tout ce que je pourrais faire, on m'en tiendrait rigueur en cas d'échec, et l'on m'en saurait gré en cas de succès. Dès lors, ma responsabilité étant engagée, il me fallait faire preuve d'autorité. Et cette autorité, d'autres l'ont taxée de dictature.

– De toute façon, l'élection confère l'autorité...

– Certes. Mais après, il faut l'exercer avec fermeté. Et bien sûr, cela a eu des conséquences au moment de mon départ. Certains fonctionnaires de la mairie ont affirmé qu'ils n'osaient pas me faire de rapports sur la mauvaise gestion des fonds de la ville, de crainte d'être mal reçus, parce qu'ils avaient peur de moi. Ils n'avaient qu'à partir en ayant le courage de claquer la porte!

J'ai donc pris les affaires en main. Je me suis dit qu'il fallait changer l'image de marque de la ville de Nice. J'ai compris qu'il fallait organiser des activités. J'ai donc entrepris à la fois une politique sportive, une politique éducative avec l'université et une politique culturelle dynamique, je dirais « d'avant-garde » même si quelquefois, dans le domaine culturel, certaines « productions artistiques » n'ont d'artistique que le nom... Je n'ai jamais fait prévaloir mes goûts. Un artiste communiste niçois du nom de Dola à un jour écrit en substance dans un journal marseillais d'obédience socialiste : « Pour ma part, je n'ai qu'à me féliciter de travailler dans la ville de Jacques Médecin, parce qu'il a compris que l'intervention des pouvoirs publics doit se limiter à donner aux artistes des lieux dans lesquels ils peuvent créer, s'exprimer et se faire connaître, mais que, à aucun moment, ne doit s'exercer une pression quelconque qui découle des préférences du pouvoir public. Et a aucun moment, je peux le dire, Jacques Médecin n'est intervenu pour faire varier mon art, jamais je n'ai subi la moindre pression de sa part. »

Bien entendu, quand on met en parallèle cette déclaration d'un communiste avec le fait que Jack Lang, par exemple, impose son propre goût qui est de coller dans la cour du Palais-Royal des colonnes dessinées par son ami Buren, on peut considérer que l'existence en France d'un ministère de la Culture se traduit par une dictature de l'art officiel. Les pays les plus en avance dans le monde sur le plan culturel, à savoir l'Allemagne d'après Hitler et les États-Unis d'Amérique, n'ont pas de ministère de la Culture. Aussi bien l'un que l'autre se refuse à toute intervention étatiste dans un domaine tel que celui-là.

J'ai donc fait un effort pour donner aux artistes des lieux de création, de présentation, d'exhibition. J'ai également fait ce que j'ai pu pour offrir à notre jeunesse des débouchés divers. J'ai créé des instituts d'initiation à l'informatique individuelle qui équilibrent leur budget, s'autogèrent et s'exportent, ainsi que des écoles de dessin, de musique, de danse, d'expressions artistiques multiples. Ces écoles ont eu des résultats très positifs, de très loin les meilleurs résultats de tous les conservatoires de musique de province. Chaque année, sept ou huit jeunes Niçois entrent au Conservatoire Supérieur national à Paris. Chaque année, nous avons un ou deux jeunes musiciens qui s'en vont à l'école Philips de New York, etc.

Bien sûr, la population a perçu un changement de dynamique dans notre ville. Et il s'en est suivi un grand rayonnement. Mon ambition était de faire de Nice une des capitales culturelles de la Méditerranée. Je sais que Barcelone bénéficie actuellement d'aides substantielles de l'État espagnol tandis que moi je n'ai jamais bénéficié de rien. Je n'ai jamais été favorisé par personne. J'ai construit un musée d'art contemporain. J'ai construit un palais des congrès qui est, aujourd'hui, considéré comme le meilleur d'Europe. Je possède un auditorium dont Rostropovitch a dit qu'il avait la meilleure acoustique du monde. Mettons qu'il soit parmi les trois ou quatre meilleurs auditoriums mondiaux. Or j'en ai été personnellement le concepteur. J'ai travaillé avec une équipe d'excellents architectes, les « 3 B », qui ont merveilleusement interprété mon schéma... Ce palais des congrès, personne ne m'a aidé à le réaliser, ni la région ni l'État. Je l'ai fait tout seul. Or, ce palais représente quand même chaque jour des dizaines de milliers de francs que l'État empoche sous la forme de taxes diverses grâce à son activité.

J'ai donc été le mal-aimé incontestable parmi tous les maires de France. Peut-être en faisais-je un peu trop, et peut-être l'État estimait-il ne pas pouvoir me suivre, mais je n'allais pas m'arrêter pour autant.

J'ai entrepris des travaux très audacieux : les premiers, ce furent les passages souterrains que personne n'estimait possibles et qui ont permis de fluidifier la circulation nord-sud dans une ville très complexe, parce que Nice avance comme des doigts vers la mer. Entre chaque doigt, il y a des vallons assez profonds. Toute la circulation d'est en ouest (très importante et internationale) passe dans le quartier Sainte-Hélène sur cent trente-sept mètres de plat, à partir de quoi il y a un pied de colline qui précède une montagne, laquelle ne s'achève que dans la plaine de Genève. Par conséquent, tout devait passer par là, et cela engendrait d'énormes embouteillages.

J'ai pris à bras-le-corps le problème le plus urgent, qui était la création de tunnels; et j'ai, bien sûr, apporté ma contribution à la création de l'autoroute de contournement. Nice est la seule ville de France qui ait accordé une subvention municipale à une œuvre d'intérêt national, entreprise par une grande société autoroutière. J'ai achevé la Promenade des Anglais dont le doublement n'était pas terminé, j'ai couvert le Paillon jusqu'au palais des expositions, j'ai fait des parkings dans toute la ville – dont l'un, en plein centre, de deux mille deux cents voitures, et ce malgré l'État qui a fait traîner le dossier quatorze ans. J'ai réalisé un des premiers grands hôtels, le premier grand hôtel moderne construit sur la Côte d'Azur depuis 1928. Avec mon ami Ehrmann, j'ai construit en 1973 le premier stade olympique dont la France a été dotée depuis la réalisation du stade de Colombes, en banlieue parisienne, en 1935!

J'ai même fait imprimer en idéogrammes Kanji, pour les commerçants, une affiche très courtoise qui disait: « Nous ne parlons pas japonais, mais si vous entrez chez nous nous ferons l'effort de vous comprendre, de nous entendre avec vous, de vous faire apprécier les charmes de notre ville en même temps que les charmes de notre établissement », et je l'ai fait distribuer gratuitement. Pas un seul commerçant ne l'a mise dans sa vitrine. A l'époque, j'entendais des réflexions du genre: « Les Japonais sont des gens qui n'ont pas de revenus, qui n'ont pas de ressources, on ne peut pas les considérer comme des touristes intéressants, on ne les verra jamais. » Trois ans plus tard on me suppliait de retourner au Japon pour faire de la propagande en faveur de Nice... De la même manière, j'ai fait connaître Nice aux États-Unis, en Grande-Bretagne, en Allemagne, en Hollande, en Belgique. Nice, certes, était connue; mais pas assez, et pas en tant que cité moderne. Je suis même allé, malgré les critiques, faire de la propagande pour Nice dans des régions touristiques comme la Thaïlande. Et elle a porté, parce qu'en Thaïlande, il n'y a pas que des Thaïlandais...

J'ai donc fait en sorte que le nom de Nice rayonne et j'y suis parvenu. En 1980, j'ai senti que le travail entrepris dès 1966 commençait à payer.

En 1982, parce que l'urgence s'en faisait sentir, nous avons mis en chantier le palais des congrès Acropolis. Inutile de vous dire que j'ai eu droit à toutes les critiques possibles et imaginables, à tous les quolibets. J'ai même fait faire un bêtisier de ce qui a été dit au conseil municipal et quand on lit ce que des gens de bon sens, des professeurs de médecine, des professeurs de sciences, des avocats ou des commerçants ont pu dire comme sottises concernant le palais des congrès, c'est à se demander si vraiment les gens ont la tête sur les épaules et comprennent quelque chose... J'ai fabriqué mon programme, je l'ai mis en forme, je l'ai donné aux architectes, je l'ai fait remoudre par mes services touristiques, bref, ça a été un extraordinaire travail d'équipe. Je savais ce que je voulais mais j'ai dû apporter des modifications, à mon corps défendant, parce que j'étais martyrisé par les services préfectoraux qui voulaient donner la priorité à Cannes.

Le préfet Lambertin a fait preuve d'une rigueur imbécile contre Nice : ainsi, il m'a empêché d'avoir un cadre de scène de la hauteur souhaitée en me refusant de construire en hauteur deux mètres de plus. Je me suis donc contenté de mes vingt-huit mètres de cintres, ce qui m'a privé d'un mètre supplémentaire qui aurait fait de moi la scène la plus grande d'Europe avec Salzbourg.

J'ai dit au préfet :

– Si je construisais une cabine de bain – on en construit tous les jours – je comprendrais que vous ne me donniez pas de dérogation, mais comme je construis une œuvre pour cinquante ans, il est honteux que vous me la refusiez.

Mais à cette époque-là, en 1982, j'étais déjà mal vu... J'étais un peu le pestiféré dont il fallait se méfier.

Ce palais des congrès a connu, bien sûr, un succès fabuleux qui a même dépassé mes propres espérances. Je ne vous le cache pas, jamais ne j'aurais imaginé qu'il puisse devenir dans un laps de temps aussi bref une telle référence. C'est la star mondiale des palais des congrès! Tout le monde en parle, tout le monde veut y venir et surtout les gens qui l'animent, les professionnels qui y travaillent, le personnel qui en est responsable, ont accepté mon point d'honneur de faire en sorte qu'il soit chaque jour plus neuf que le jour de l'inauguration. C'est la mission que je leur ai donnée et ils l'ont suivie. Même moi absent, je sais qu'ils continuent.

Plus tard, j'ai entrepris le musée d'art moderne. Je l'ai fait sur un projet d'architecture de Bayard : un projet fabuleux, surprenant, avec de grandes tours de marbre, etc. J'ai été évidemment critiqué. Jack Lang m'a fait dire par ses services qu'il était inutilisable comme musée. Néanmoins, je dois rendre hommage à François Léotard qui, pendant les deux ans de cohabitation, m'a permis d'amorcer ce chantier et m'a assuré de la subvention de l'État sans laquelle il n'eût pas été réalisable. Léotard a fait en sorte que le ministère de la Culture rompe pendant deux ans avec les habitudes de Jack Lang : au lieu d'être simplement un ministère de la Culture à Paris, il est devenu le ministère de la Culture française en créant quelque chose en province. Ce musée a cependant été inauguré dans des conditions lamentables, Jack Lang ayant refusé de nous prêter des œuvres qui appartiennent au patrimoine national, prenant comme prétexte mon soi-disant antisémitisme.

Monsieur Arman, lui, n'était pas prêt à assurer l'exposition d'inauguration, et cela menaçait de nous mettre en retard. Il a profité de la campagne dirigée contre moi pour rompre son contrat. En réalité, d'une part il était en retard, et d'autre part monsieur Nahon, son marchand, avait acheté un magasin juste en face du musée et lui avait conseillé d'y exposer ses œuvres... pour pouvoir les vendre. Donc, c'est encore, comme toujours dans l'art moderne, une histoire de marchands. Et les sentiments de monsieur Arman sont d'une élasticité totale. En plus, c'est un menteur : lors d'une conférence de presse à New York, il a inventé tout un tas d'histoires. Il a dit que j'avais embrassé Schönhuber, ou que je lui avais serré la main. Arman est un hurluberlu qui sait qu'il a besoin de publicité, et je dois dire que je lui en ai fait. En dépit des valises qu'il avait accumulées devant la gare Saint-Lazare, à Paris, personne ne savait qui était Arman en France. Mais du jour où il a levé le bouclier contre moi, il a bénéficié de cette propagande sulfureuse et nauséabonde qui fait aujourd'hui grimper la cote des « artistes », seule préoccupation des grands prêtres du siècle de la laideur.

J'ai fait aussi des multitudes de petites choses dont je suis fier, et quelques autres grandes choses comme, par exemple, une station d'épuration (qui a coûté presque aussi cher que le palais Acropolis) et que j'ai traitée avec un grand souci de la présentation. Cette station d'épuration emploie les technologies les plus modernes sur le plan de l'assainissement des eaux usées. Elle est visitée par des centaines et des centaines de gens venus de tous les coins du monde, et toutes les fois qu'ils voient l'immense décor de céramique qui couvre mille mètres carrés, les gens ont l'impression qu'on leur montre quelque chose de beau et pas seulement quelque chose d'utile.

– *Est-ce une station d'épuration, ou un monument?*

– J'ai toujours souhaité que, dans ma commune, le fonctionnel soit beau. Ça a coûté, c'est vrai, peut-être deux cent mille francs de plus. Mais ces deux cent mille francs ont rapporté beaucoup de prestige à Nice. C'est ainsi que je voyais la grandeur de ma ville. Je me suis fait, bien sûr, attaquer en permanence par les socialistes qui disaient que pour le prestige j'aurais fait n'importe quoi, et que cela coûtait cher. Mais moi je suis amoureux du prestige. Eux sont amoureux du médiocre, de la laideur, de l'imperfection, de l'improvisation et, de ce fait, économes. Mais font-ils vraiment des économies? Ils dépensent leur argent en plusieurs étapes et la première addition paraît moins lourde, certes. Mais ensuite, il faut retaper ici et là, et au bout du compte, ça finit par coûter plus cher que le prestige. Exemple: le palais des congrès de Cannes que madame Dupuy a traîné comme un boulet, la malheureuse, et qu'elle a été obligée de remettre d'aplomb à des coûts absolument effroyables, quelque chose comme vingt millions supplémentaires, je crois... Quand elle est partie et que Michel Mouillot a pris sa succession, le pauvre a trouvé encore une ardoise et des travaux à faire. Ce palais des congrès qui devait coûter à peu près cinq millions de moins que celui de Nice, a fini par en coûter trente de plus et, en outre, il n'a ni l'aspect fonctionnel, ni les qualités, ni la réputation – tant s'en faut – du palais des congrès de Nice... Pour preuve, ses utilisateurs l'appellent le « Bunker ».

Je tiens aussi à mentionner les deux usines d'ozonation de l'eau que j'ai réalisées, lesquelles apportent à la ville une eau irréprochable sur le plan bactériologique et chimique. Nous effectuons tous les jours un contrôle de l'eau de mer et nous offrons en tous domaines des qualités d'équipement remarquables.

Enfin, il y a la multitude des petites interventions qui ne sont pas quantifiables ni chiffrables : les constructions d'écoles, de stades, d'équipements de gymnastique, l'ouverture de petites voies, l'ouverture de plus grandes voies, les redressements de trottoirs, les élargissements, la création de marchés, etc. en même temps qu'un fonctionnement administratif absolument impeccable. A Nice, les habitants reçoivent des permis de construire dans un délai qui est de très loin le plus court de France. Bien sûr, on a prétendu que le maire de Nice se faisait graisser la patte pour délivrer les permis de construire. Mais mes fonctionnaires peuvent témoigner que jamais je n'ai assisté à une réunion de la commission de délivrance de ces permis; sauf une fois : parce qu'il s'agissait d'un équipement municipal et que c'était moi le constructeur.

Je sais qu'un de mes adjoints, José Calza, m'a accusé de monnayer les permis de construire. Eh bien je mets au défi publiquement tout constructeur ou particulier qui a pu faire construire sur le territoire de ma commune de prouver qu'il m'a versé dix francs pour l'obtention de son permis de construire.

On m'accuse de tous les forfaits mais il est quand même surprenant qu'aucune des victimes de mes supposés forfaits ne se soit encore dressée pour dire : « Oui, c'est vrai, Médecin m'a fait ceci, Médecin m'a fait cela, et en voilà la preuve. » Évidemment, on trouvera toujours un socialiste de service pour dire : « Médecin a mangé son petit garçon un matin au petit déjeuner. » Encore faut-il qu'il le prouve.

Or, de preuve, aucun constructeur n'en possède. Et pour cause! Il y a bien un architecte qui a prétendu avoir fait de la publicité dans mon journal pour obtenir son permis de construire parce que sinon, selon lui, il ne l'aurait jamais eu. Mais quand on sait avec quelle « bienveillance » j'ai traité cet architecte depuis que je suis maire de Nice, je pense que tous ses confrères on dû éclater de rire quand ils ont entendu ses déclarations. Pauvre Marguerita contraint désormais à fréquenter Pastorelli sous la haute protection de Bailet...

Un mot des services de nettoiement, lesquels sont absolument impeccables. Nice est une ville propre. On y relève les ordures six jours par semaine. Ce qui est rare en France, et l'est encore plus à l'étranger puisque la plupart des pays du monde ne relèvent les ordures qu'une fois par semaine, comme aux États-Unis... Et les rues sont lavées tous les matins à grande eau. Les services niçois justifieraient à eux seuls des impôts cinq fois plus élevés qu'ailleurs.

Il y a également le service social, dont je suis assez fier. Songez que le budget d'aide sociale du département des Alpes-Maritimes représente plus de neuf cent millions sur trois milliards de budget, c'est-à-dire que nous consacrons 30 % de notre budget à l'aide sociale, auxquels viennent s'ajouter presque cinquante milliards de centimes émanant des communes. Cette aide sociale s'explique en grande partie parce que nous sommes une région où il y a beaucoup de personnes âgées... mais aussi parce que nous sommes l'hôpital du Maghreb et qu'il y a des patients d'outre-mer qui viennent se faire soigner chez nous sous de fausses identités et repartent en nous laissant des ardoises que nous sommes obligés de régler.

A un moment, j'ai été pris à partie par la gauche parce que j'avais refusé d'ouvrir un Restaurant du Cœur. Je ne connais pas la loi qui rend obligatoire d'ouvrir un Restaurant du Cœur : elle n'a pas encore été votée, que je sache! Lancés par un histrion qui en faisait sa publicité, les Restos du Cœur sont sans doute une œuvre charitable, animée par des bénévoles. Le maire de Grasse leur a offert un local municipal où ils ont installé leur cantine. Moi, je ne leur ai pas offert de local municipal. On m'a accusé d'être un homme sans esprit charitable. Or j'avais observé ce qu'étaient ces Restaurants du Cœur : des soupes populaires qui ouvrent aux environs de Noël pour une période de vingt et un jours, c'est-à-dire que les gens peuvent crever avant, peuvent crever après, ce n'est pas leur problème.

Il se trouve que dans la commune de Nice fonctionnent huit restaurants municipaux d'entraide qui sont de véritables restaurants, pas des soupes populaires où les gens viennent quêter avec une timbale un malheureux bol de soupe. Non! des vrais restaurants où les clients s'asseyent à une table recouverte d'une nappe, mangent dans des assiettes de faïence, boivent dans des verres en verre et reçoivent une nourriture excellente préparée dans une cuisine collective, réchauffée dans la cuisine d'appoint de chaque établissement. Nous servons des déjeuners tous les jours de l'année, pas seulement pendant vingt et un jours! De plus, j'ai un service de camionnettes municipales qui apportent les repas à domicile aux personnes qui ne peuvent se déplacer. Plus de quatre cents repas sont ainsi livrés chaque jour depuis ma cuisine centrale jusqu'aux personnes âgées, impotentes, nécessiteuses de la ville de Nice. Où, en France, trouvez-vous le même service? Nulle part. Dès lors, que les Restaurants du Cœur aient une raison d'exister ailleurs, je veux bien, mais pas à Nice!

Je crois donc que, sur le plan des repas, nous avons fait la preuve de notre intelligence. Nous avons voulu des cuisines centrales qui sont parfaitement équipées et qui, évidemment, répondent à des normes d'hygiène tout à fait rigoureuses. Mais nous avons en outre quatre ou cinq foyers-logements qui sont de véritables hôtels trois étoiles pour personnes âgées et nécessiteuses.

Nous avons également les foyers-résidences qui n'ont rien à voir, je vous le garantis, avec les hospices de vieillards du temps jadis peuplés de gâteux bavant sur leur canne! Ce sont des foyers-résidences qui proposent des animations, des cours de langues vivantes, des ateliers de poterie, de vannerie, etc. Si bien qu'il y a à Nice des personnes âgées tellement vaillantes que notre grand problème devient le quatrième âge. Nous avons de plus en plus de « jeunes vieux » qui se portent comme le Pont-Neuf et vont à la culture physique tous les matins. Un jour, je me suis trouvé dans un de ces foyers où j'ai trouvé trois centenaires, dont l'une de cent trois ans! Le quatrième âge, c'est un problème sympathique que l'on résoudra.

– C'est incontestablement une réussite...

– Oui, mais on n'en parle jamais. Ce qui me met en rage, c'est d'être cloué au pilori par des socialistes qui sont incapables d'avoir une politique sociale à la mesure de la mienne. Je suis un homme de réalisations sociales, d'action sociale, et je reste leur victime favorite.

« Oui, bien sûr, disent-ils, nous ne nions pas les réalisations de Médecin, mais c'est un homme malhonnête, etc. »

Malhonnête? Ce n'est pourtant pas moi qui ai trempé dans les délits d'initiés, ni dans les trafics du Carrefour du Développement, ni dans les affaires X, Y et Z que l'on n'a pas encore révélées mais qui sont innombrables. Il n'y a qu'à voir le nombre de petits profiteurs du régime socialiste qui sont aujourd'hui nantis, qui ont villa et pignon sur rue pour s'en rendre compte! Un jour, dans l'affaire Gaudino, un de ces fonctionnaires du parti socialiste, un fonctionnaire de l'Éducation nationale à la retraite, a été interviewé à la télévision. On le voyait devant la datcha qu'il s'est fait construire pour ses vieux jours... Une maison somptueuse auprès de laquelle ma maison de Beverly Hills, qui a fait couler tant d'encre, est une cabane à lapins. Avouez qu'il y a quand même une espèce de distorsion des choses qui m'a poussé à l'écœurement total. Car moi au moins j'ai le courage de mettre mes actes en harmonie avec mes idées.

– Quel est l'acte de reconnaissance de la ville de Nice qui vous toucherait le plus ?

– Aucun ?

– Est-ce que vous croyez que...

– Vous ne pensez pas qu'un jour on donnera votre nom à une rue ?

– Qu'est-ce que vous voulez que ça me foute ! Quand mon père a eu une rue qui portait son nom, il était mort... Donc, s'il faut être mort pour avoir droit à un bout de trottoir, je ne suis pas pressé. Ça ne m'intéresse pas, ça m'est d'ailleurs complètement égal ! Mais il y a une chose dont je suis certain : c'est que dans cent ans, quand des enfants passeront devant le palais des congrès ou devant la couverture du Paillon, ils auront entendu dire par le père de leur père et ils répéteront à leur tour que Jean et Jacques étaient des maires fabuleux comme aucune ville de France n'en a jamais connus. Voilà ce que sauront les enfants... Et même s'il n'y a pas de rue « Jacques Médecin », d'avenue « Jacques Médecin », de boulevard « Jacques Médecin » ou d'esplanade « Jacques Médecin », ça n'a aucune importance, vraiment aucune.

Contrairement à ce qu'en pensent ceux qui me connaissent mal, je n'ai jamais été un homme de vanité. Jamais. A la Libération, mon ami Raymond Comboul, qui était président des comités d'union de la Résistance, siégeait avenue de Verdun. Je suis allé le voir et lui ai dit :

– Raymond, je viens te voir parce que j'aurais besoin d'un certificat stipulant que j'ai été résistant pendant la guerre, qu'à ce titre mon existence a été perturbée et que j'ai le droit de présenter mon baccalauréat en session spéciale.

Le brave Raymond m'a répondu tout de suite :

– Jacques, tu fais partie des plus jeunes résistants de la ville de Nice. Si tu veux, je te ferai avoir la médaille de la Résistance et puis, mon vieux, pourquoi pas, un jour, peut-être la Légion d'honneur.

– Écoute, Raymond, lui ai-je rétorqué, mon père a eu la Légion d'honneur pour toute la famille à Verdun, il l'a eue pour lui et pour sa descendance... La médaille de la Résistance je veux bien l'avoir, mais je veux surtout que tu notes sur le certificat que j'ai été authentiquement un résistant. Non pas un de ces résistants héroïques qui ont capturé Adolf Hitler le soir de ses noces, mais un de ceux qui ont fait leur petit travail à un endroit où ils pouvaient le faire convenablement avec patriotisme. Ça me suffirait largement.

Et Raymond, quelques années plus tard, alors que nous dînions ensemble à Paris, m'a fait remarquer :

– Si tu avais accepté la Légion d'honneur quand je te l'ai proposée, tu avais à l'époque dix-huit ans, aujourd'hui tu serais grand officier. Tu te rends compte du service que cela te rendrait sur le plan politique?

– C'est possible, Raymond, mais pour moi, la Légion d'honneur ce n'est pas fait pour rendre service mais pour *reconnaître* des services. Pas pour se frayer un chemin dans le monde politique.

Ce qui m'a servi en politique, c'est d'être moi-même et de faire mon travail. Je n'ai jamais été à la recherche des honneurs. C'est un peu ce que je confiais à Tatayet, la marionnette qui me demandait : « Quel effet cela fait d'avoir été le roi de la Côte d'Azur et de se retrouver en exil et de n'être plus rien? » J'ai répondu :

– Vous vous trompez, je suis toujours le roi. On n'est pas roi parce qu'on a un royaume; on est roi parce qu'on porte en soi la royauté. Or, moi, je me sens tout à fait roi ici, roi en exil, un roi qui n'a peut-être plus les mêmes raisons de faire ce qu'il a fait jusqu'à maintenant... mais je porte en moi ma royauté.

Alors, vous savez, les témoignages de reconnaissance, pfutt... Qu'est-ce que vous voulez que ça me fasse?

Lorsque j'étais maire de Nice, la commission des noms de rues m'a proposé un jour la disparition d'un nom qui appartenait à l'histoire locale (mais ils ne le savaient pas) pour le remplacer par un autre. Il existe à Nice un vaste quartier qui s'appelle « le parc Liserb », et ceux qui l'habitent ignorent certainement qu'il s'agit de la propriété d'un ambassadeur du Brésil. Après la chute de l'empereur Paul II, celui-ci a été remplacé en France par un ambassadeur de la République et il n'a plus osé rentrer dans son pays. Il a voulu soustraire à la curiosité le vaste domaine qu'il possédait (et qui était vraisemblablement fondé sur la possession de mines d'or ou d'améthystes, que sais-je?) et au lieu de l'appeler le « parc Brésil », il a renversé le mot Brésil et il en a fait le parc Liserb. A Nice, beaucoup de personnes s'interrogent en disant : pourquoi le parc Liserb? Et je suis persuadé que le jour où les gens comme moi qui ont ce souvenir (non pas parce qu'ils ont vécu l'événement mais parce que leurs parents le leur ont raconté) auront disparu, le parc Liserb s'appellera sans doute le parc Tintin et Milou parce qu'il y aura quelqu'un qui voudra rendre hommage à Hergé, et puis quand Hergé sera complètement oublié et que Tintin et Milou auront été jetés à la poubelle – parce que ce sont certainement deux héros débilitants étant donné qu'ils ne sont pas de gauche – on donnera au parc le nom d'Allende... Bon alors, non, non, je n'ai pas d'appétit particulier... La reconnaissance des Niçois, elle est dans leur cœur. Ils me l'écrivent, d'ailleurs.

– *C'est le plus bel hommage...*

– C'est le plus bel hommage. Mais l'hommage ne dure que le temps de la mémoire des hommes. Un jour, je me suis amusé (si l'on peut dire) à sonder des jeunes sur cette extraordinaire aventure qu'a été pour ma génération l'Aéropostale. Je leur ai posé la question de savoir ce qu'était Jean Mermoz pour eux... La meilleure réponse que j'ai obtenue, c'est : « La rue où il y a un restaurant vietnamien à Paris... »

– *Pour en revenir à Nice, comment y avez-vous vécu les derniers moments ?*

– Je sentais que chaque jour la population commençait à me reprocher la mauvaise image que je donnais à la ville. Mauvaise image de marque purement factice, fabriquée par les médias de gauche, sans aucun fondement et avec une sorte de mépris total de la vérité, de l'authenticité, de l'honnêteté, de la loyauté. Je commençais à peser aux Niçois et beaucoup, beaucoup auraient souhaité que je ne sois plus là. Le jour où je n'ai plus été là, alors ils se sont rendu compte que mon absence était pire que ma présence, et ils ont réalisé que j'avais été victime moralement, physiquement, intellectuellement, nerveusement, d'une campagne qui avait été menée de main de maître par le parti communiste et le parti socialiste. Cette campagne a été conduite comme une opération militaire, méthodiquement : à aucun moment, depuis dix ans, depuis 1981, ces gens ne m'ont laissé en repos. Il l'ont fait avec une science de la désinformation tout à fait remarquable, avec ce génie de la dissimulation qui fait que le système Mitterrand est aujourd'hui considéré à travers le monde comme un système parfaitement démocratique alors que la démocratie a cessé d'exister en France...

– *Vous pensez qu'ils vous ont abattu parce que vous offriez l'exemple d'un contre-modèle performant ?*

– C'est sûr ! Et s'ils ont montré cette détermination, c'est parce que je devais servir d'exemple à ceux qui avaient la velléité de se montrer courageux, de se montrer résolus dans le combat anticommuniste, antisocialiste... Ils se servaient de mon exemple comme pour dire : attention ! si vous allez trop loin, il vous arrivera la même chose qu'à Médecin. Voyez déjà comment on a traité Michel Aurillac : moins durement que moi, sans doute, parce qu'il s'est effacé et qu'il n'est pas maire d'une grande ville, mais tout de même Michel Aurillac est aujourd'hui ignoré des médias, ignoré de tout le monde... y compris par la droite, parce qu'il a osé porter la main sur nos sacro-saints socialistes en révélant les honteuses escroqueries du Carrefour du Développement.

Avec moi, l'opération prenait une autre envergure. Avec Médecin, il fallait faire un exemple. Un exemple brutal, marquant, féroce, pour que d'autres n'aient pas la volonté de suivre le modèle « Médecin » et de devenir à leur tour des emmerdeurs, des empêcheurs de socialiser en rond... Et l'exemple a été fait : l'exemple de la manipulation générale de l'État socialiste, la preuve d'une non-démocratie.

CHAPITRE IX

DE CHOSES ET D'AUTRES

– Honoré Bailet, votre successeur à la mairie de Nice, vous a téléphoné ici à Punta del Este. Pour vous dire quoi ?

– Honoré Bailet est un brave garçon. Il est extrêmement gentil et je lui fais réaliser un beau rêve, mais je me garderai bien de le considérer comme un successeur, tout au plus un « remplaçant temporaire ». Il est entré sur la liste de mon père en 1965 parce que je suis intervenu auprès de mon père pour vanter ses qualités de robustesse et de bon sens qui sont manifestement grandes. Une fois élu, mon père m'a dit : « Qu'est-ce que tu penses que je puisse en faire ? »

– Honoré Bailet connaît le peuple de Nice et il parle très bien le niçois. Moi, je le verrais à un poste d'adjoint chargé de la propreté, parce qu'il faut aller à quatre heures du matin bousculer un peu les gens du service du nettoiement qui sont souvent des gens un peu rudes. Je pense qu'Honoré fera très bien l'affaire.

Effectivement, comme Bailet est chevillard, qu'il travaille aux abattoirs jusqu'à trois ou quatre heures du matin et que les abattoirs sont à deux pas des ateliers municipaux, il a merveilleusement bien réussi. Il a tenu en main le service du nettoiement avec une très grande autorité et beaucoup de compétence. C'est alors mon ami et il me manifeste une très grande affection. Il grandit dans mon ombre, devient même conseiller général du canton de Lantosque. Mais Honoré n'est pas un combatif. Il ne se bat pas comme il le devrait dans son poste de conseiller général et le perd très rapidement. Après l'avoir perdu, il comprend qu'il ne peut pas jouer un rôle politique direct, que toute élection dont il pourra bénéficier doit être une élection de caractère indirect. C'est-à-dire qu'il brigue un poste d'adjoint au maire de Nice et qu'il aperçoit dans le lointain la possibilité d'être sénateur. Je l'ai aidé à être élu sénateur, du reste. Puis il est devenu premier adjoint parce qu'il avait su, avec mon appui, gagner des sympathies dans le cercle restreint du conseil municipal, même auprès d'un de mes « persécuteurs obsessionnels », le gauchiste Max Cavaglione.

Ma démission l'a certainement surpris mais, poussé en cela par quelques amis politiques, il s'est dit : « Il faut que je sois maire de Nice. » Je trouve cela parfaitement légitime mais, ce qui l'est moins, ce sont ses déclarations à Brigitte Rinaldi, d'Europe 1, sur le thème du : « Je vais balayer le médecinisme, je vais balayer la ville de Nice. Je vais faire la propreté, etc. » Lui, le plus pur produit du médecinisme ! Il parle de faire la propreté, lui qui, pendant vingt-cinq ans, a été l'adjoint chargé de présider la commission d'appel d'offres. Or, c'est dans la commission d'appel d'offres que les occasions d'affaires louches se présentent le plus souvent. S'il parle de faire la propreté, c'est qu'il sait donc mieux que quiconque que cette commission n'aurait pas agi proprement sous son autorité. En fait il s'est laissé griser d'une façon sans doute humaine mais difficile à accepter par les amis... Il s'est, par ailleurs, fait le bras séculier de Max Cavaglione.

Bailet ayant vraiment dépassé les limites, je l'ai tancé dans une interview que j'ai donnée à je ne sais plus quel journal, lequel a écrit en substance : « Médecin pense que Bailet est un homme sans courage, qu'il essaie de chausser des bottes qui ne sont pas à sa pointure et qu'en plus, il exécute les basses œuvres de monsieur Cavaglione. » Cette déclaration a fortement ébranlé sa position auprès de la population niçoise. De plus, comme j'ai préconisé le retour devant les électeurs plutôt que cette municipalité de transition, Bailet a dû recevoir un jour le conseil de me joindre pour me calmer.

A la veille de Noël, il a donc joué à celui qui venait de découvrir mon numéro de téléphone alors que je sais pertinemment qu'il le possédait depuis déjà fort longtemps (parce que je sais qui le lui avait donné) ; et il m'a appelé sur mon répondeur automatique à une heure qui correspondait à mes heures de... sommeil. J'ai découvert son message un matin sur le coup de huit heures.

La première partie est jouée avec une certaine redondance comme s'il lisait un texte dactylographié, la seconde semble de son cru, fautes de français à l'appui.

– Lesquelles ?

– C'est du genre : « tu peux t'en être sûr » ou « je peux t'en garantir », je ne sais plus. Mais surtout, ce message sentait la fabrication plus que la spontanéité. Je n'y ai même pas répondu. J'ai dit une fois pour toutes que je n'interviendrais pas dans la vie municipale niçoise. Je réponds cependant quand mes anciens « amis » m'insultent ou crachent dans la soupe. En ce qui concerne monsieur Bailet, d'ailleurs, je ne pense pas que son nom figurera longtemps dans l'histoire de la ville de Nice...

– Est-ce que vous aviez un candidat ou une candidate préférée à votre succession ?

– Non. J'avais, pour ma part, fait confiance à un certain nombre de jeunes.

– Ceux que l'on a appelés les « bébés Médecin » ?

– Oui. Parmi les bébés Médecin, il y a à coup sûr du meilleur et du pire, et quelquefois chez le même individu.

La réalité est qu'ils sont encore très bébés. Il aurait peut-être fallu que je reste là encore une dizaine d'années pour qu'ils grandissent et ne soient plus guidés uniquement par leurs propres intérêts. Ils sont tellement avides de profits personnels, d'avantages ou de réussite que cela transparaît dans leur comportement. La population ne doit pas être dupe... Ainsi peut-on reprocher à Martine Daugreilh d'avoir voulu s'occuper de l'urbanisme de la ville de Nice parce qu'elle vit avec un architecte qui, soudain, grâce à elle, se trouve propulsé au premier rang des affaires de la ville. Mais Martine a eu du courage politique, c'est une fille qui ne manque pas d'entregent... Michel Falicon est un garçon extrêmement gentil, instruit, cultivé, et qui fait de bonnes analyses politiques, mais il n'est pas l'homme des tempêtes. Peut-être que l'expérience lui apportera un peu plus de sérénité... Estrosi est impétueux, c'est un garçon qui a de très grandes possibilités, dont celles du self-made-man qui ne s'arrête jamais de progresser. Mais il lui manque encore le sens de la réflexion, et, en politique, on ne doit jamais réagir sans avoir réfléchi... Le petit Salles, outre qu'il est ambitieux à l'excès, croit aux pythonisses : n'est-ce pas un peu scabreux ? Quant à Gérard Renaudo, je lui ai suggéré d'aller à Beaulieu mais il a préféré aller à Antibes jouer la combinaison politique avec Pierre Merli, pensant que celui-ci allait être élu sénateur. Lui, Renaudo, aurait pris la place de Merli comme député, etc. C'était évidemment jouer sur des probabilités. Or, en politique, on joue un certain nombre de certitudes. En outre, dès mon départ, Renaudo est revenu précipitamment sur Nice pour prendre la direction du comité des fêtes, en remplacement de Jean Oltra à qui il jurait amitié et fidélité quelque temps plus tôt. A méditer...

Ce tour d'horizon de mes successeurs possibles est, j'en conviens, un peu décevant. Je comprends que les gens aient des appétits, c'est dans la logique des choses... mais j'aurais quand même souhaité que ceux qui sont devenus quelque chose grâce à moi prennent un peu mieux ma défense. Je finis par en conclure que cette droite qui n'a pas de bravoure est une droite qui ne mérite pas de gagner. Seul Le Pen montre un vrai courage, les autres laissent dire ou faire...

– Quelles sont les qualités qui selon vous, pourraient faire de Le Pen un chef d'État ?

– Il est intelligent. Il est remarquablement cultivé et il est marin... Je disais tout à l'heure d'un de mes jeunes qu'il implosait dans la tempête. Jean-Marie, au contraire, est un homme qui s'exalte dans la tempête et il serait parfaitement capable de tenir la barre dans une tourmente. On m'a dit que dans la guerre du Golfe, il avait eu des positions difficiles à comprendre, difficiles à suivre. C'est possible. Je ne suis pas certain qu'il ait toujours raison dans ses analyses politiques. Si je l'avais pensé, j'aurais adhéré au Front National, mais...

– Il a pris parti contre la guerre pour laquelle penchaient plutôt ses électeurs...

– Je comprends que Jean-Marie, dans cette affaire, ait pris parti contre la guerre qui m'est apparue, du reste, comme une simple opération de police... Il est assez plaisant, d'ailleurs, de voir François Mitterrand se transformer en va-t-en-guerre quand on se souvient que l'un de ses premiers actes a été de faire désarmer les avions au salon du Bourget avant de devenir le lendemain un marchand d'armes à l'Irak. Car monsieur Mitterrand a vendu des armes à l'Irak en quantités industrielles. Après avoir prêché la morale pacifiste, il a continué à faire de la France un pays de marchands d'armes... Il n'y a pas de honte à avoir, d'ailleurs : la France fabrique des armes de qualité. Ces armes, si elle ne les vendait pas, un autre pays le ferait. En outre, cela donne du travail à quantité d'ouvriers, même cégétistes !

Par conséquent il ne faut pas avoir honte de ce que l'on

est, mais avec les socialistes c'est toujours le pharisaïsme à l'ordre du jour... La sempiternelle contradiction entre la parole et les actes.

Monsieur Mitterrand, donc, est devenu un va-t-en-guerre dans le Golfe... Je ne sais pas si la France s'est grandie dans cette opération mais, ce que l'on peut dire, c'est que cette guerre démontre que les démocraties occidentales n'ont rien compris au Moyen-Orient. Ainsi, j'ai entendu proclamer que l'on se battait pour le Koweït mais qu'il fallait donner un régime démocratique à ce pays. On dit que le Koweït est soumis au pire des régimes, mais si les Arabes aiment ce régime-là on ne peut pas leur en faire grief, après tout... Nous, nous avons tendance à vouloir démocratiser les gens malgré eux. Ça me fait penser à un dessin américain où l'on voyait deux boy-scouts à la recherche d'une bonne action, d'une « B.A » à faire, et qui apercevaient un aveugle sur un trottoir... S'emparant de lui à bras-le-corps, ils le transportent sur le trottoir d'en face. A ce moment-là, l'aveugle se retourne vers le premier passant venu et lui dit : « Pardon, monsieur, auriez-vous l'amabilité de me reconduire sur le trottoir d'en face? Deux jeunes fous à qui je ne demandais rien m'ont emmené ici de force. » Le régime démocratique ne colle pas à l'Islam. Il n'y a qu'à voir ce qu'ont fait les régimes soi-disant démocratiques en Algérie, en Libye ou ailleurs. L'Islam a besoin de chefs, de chefs autoritaires, et je suis sûr que si demain Saddam Hussein fusille les prisonniers qui ont levé les bras pendant la guerre du Golfe, la foule applaudira.

– Selon vous, vous êtes victime d'un complot animé par Pierre Joxe, du temps où celui-ci était ministre de l'Intérieur, et peut-être même par quelqu'un placé au-dessus de lui ?

– Dès que les socialistes sont arrivés au pouvoir, ils ont commencé à me harceler. Il y avait à Nice un citoyen dénommé Jean-Hugues Colonna, un personnage d'ailleurs assez étrange puisqu'il siégeait au parlement français pendant que ses propres enfants étaient arrêtés en Corse pour menées antifrançaises et actes terroristes (sans doute amnistiés depuis lors...). Jean-Hugues Colonna s'est voulu à un moment leader du socialisme à Nice, mais tant qu'il était député il s'est tenu relativement tranquille bien qu'il ait chargé un certain nombre de responsables parisiens de mener des enquêtes contre moi. C'est d'ailleurs ainsi que madame Georgina Dufoix finançait dans son cabinet le citoyen Bernard Bragard pour mener des enquêtes sur mon compte.

Ainsi donc monsieur Colonna menait la lutte anti-Médecin depuis Nice, mais il estimait sans doute que la lutte anti-Médecin n'était pas menée avec assez de vigueur par les instances parisiennes. Lorsque j'ai fait battre Colonna en aidant mon ami Christian Estrosi à emporter à la hussarde – et je dois dire avec un beau courage et beaucoup de tempérament –, la circonscription détenue par monsieur Colonna, ce dernier m'en a voulu à mort... Il s'est présenté quelque temps plus tard aux municipales avec une liste qu'il avait intitulée « Nice Clarté », ce qui fait que je l'ai baptisé « l'Ampoule »! Premier de la liste, monsieur Colonna est élu, mais trois jours après il démissionne (il a donc siégé une journée de plus que Max Gallo), et il s'en va à Paris comme attaché au cabinet de Joxe.

En fait, il est entré comme attaché au cabinet de Joxe pour constituer à Paris une cellule anti-Médecin, car il était arrivé à convaincre Joxe qu'on pouvait avoir ma peau, ceci à la condition de coordonner toutes les opérations menées contre moi. Par la direction des Impôts au ministère des Finances et du Budget, éventuellement par le ministère de la Justice, le ministère du Travail ou le ministère de je ne sais quoi.

Tout ceci avec plaintes à l'appui et, au ministère de l'Intérieur, une cellule qui convoque les journalistes d'extrême gauche et de gauche pour leur faire confidence de ces plaintes déposées contre Médecin. Bien sûr, on peut en déposer une tous les matins et, bien sûr, ils ne s'en sont pas privés... Cette cellule coordinatrice a mené, avec une précision militaire et dans une stratégie bien arrêtée, une campagne qui a fini par avoir raison de ma résistance. Monsieur Joxe a même été interpellé par un député RPR, Éric Raoult, qui lui avait demandé s'il était vrai qu'il y avait eu au cabinet du ministre de l'Intérieur un ancien élu devenu fonctionnaire chargé d'avoir la peau de Médecin. Joxe n'a jamais répondu.

– *Éric Raoult est donc venu à votre secours?*

– C'est l'un des très rares parlementaires qui a eu le courage d'interpeller le gouvernement à plusieurs reprises, qui a fait des déclarations qui me sont favorables, qui a accepté de répondre à une interview me concernant au moment où j'ai été l'objet d'une inculpation. Il n'y en a pas dix. Eric Raoult est le premier...

– *Comment pourrait-on résumer en quelques mots la raison ultime de cet acharnement de la gauche contre vous?*

– Je vous l'ai dit : ma détermination, ma créativité, et le fait que la droite que je représente a complètement renversé la tendance dans une région jadis socialiste.

– *Y a-t-il une autre raison qui explique cet acharnement? Votre personnage picaresque, peut-être?*

– Picaresque! Si être picaresque est un défaut! Je suis ce que je suis... et si à un moment mon caractère, mon comportement épousent une certaine forme de tradition et acceptent un certain nombre de contraintes, à d'autres moments ma nature se rebelle contre le conformisme, même si ce conformisme se pare des couleurs de la révolution socialiste.

– Cette haine socialiste à votre égard a-t-elle encore une autre raison ?

– Je crois que les choses se dévoilent peu à peu : la gauche se sert de l'affaire Médecin qu'elle gonfle démesurément pour faire oublier ses propres « affaires », autrement plus graves, autrement plus importantes. Au point que le journal *le Monde*, pourtant peu suspect de manque d'égards envers la gauche, n'a pas hésité à titrer récemment à la une sur le « syndrome des diamants ».

Mais très sincèrement, je ne pense pas que l'affaire Médecin puisse longtemps encore servir d'épouvantail ou de paravent aux turpitudes de la gauche. Elles sont si flagrantes, elles sont si énormes que plus rien désormais ne peut les dissimuler.

– Vous ne pouvez quand même pas nier qu'il y a eu un certain nombre de graves irrégularités dans vos associations municipales ?

– Je ne nie pas du tout mais je les ignorais. Quand Gaston Defferre était président de la région Marseille-Provence-Alpes-Côte d'Azur, il avait lui-même, pour des questions d'adéquation de la vie administrative à la vie économique de notre temps, créé de très nombreuses associations 1901. Son successeur, Michel Pezet, socialiste lui aussi, avait multiplié ces associations au point que cette même région en comptait une quarantaine qui toutes, bien entendu, étaient entre les mains d'amis sûrs et en cartes du parti socialiste et étaient chargées d'être des relais économiques entre le budget public et les activités de conseil régional. C'est sur ce modèle que j'ai composé mes associations, et je me suis même inspiré des arrêtés pris par Michel Pezet. Donc, je n'ai fait que copier une technique socialiste. Et bien entendu, comme mes adversaires, j'ai mis des amis à la tête de mes associations. Mais j'y ai ajouté – ce que les socialistes n'avaient pas fait – des contrôleurs financiers. Or jamais ces contrôleurs financiers n'ont attiré mon attention sur une mauvaise utilisation des fonds ou sur des irrégularités comptables. Bien mieux, leurs rapports annuels n'ont jamais mentionné aucun problème... Aujourd'hui, il se trouve que la Chambre régionale des Comptes découvre – et c'est vrai... je le reconnais – qu'il y avait dans certaines associations des salaires excessifs. Certains des responsables d'associations touchaient des salaires quatre, cinq et même dix fois supérieurs à celui du maire de Nice. J'apprends aussi que certaines de ces associations avaient des activités annexes extérieures... Tout cela, je l'apprends aujourd'hui. Si j'avais connu ces irrégularités, j'y aurais mis bon ordre mais, encore une fois, les contrôleurs ne m'ont pas prévenu. Aujourd'hui, leur seule excuse c'est : « On n'a pas prévenu le maire parce qu'on avait peur de lui. » C'est un peu facile! Ils savaient que je les mettais précisément là pour exercer un contrôle, ils n'avaient pas à avoir peur de l'exercer. La vérité est ailleurs, et on l'imagine aisément... Les contrôleurs financiers désignés, et qui sont des fonctionnaires payés par la ville de Nice, recevaient-ils eux aussi des subsides de l'association? Si tel a été le cas, c'est évidemment contraire à la morale et à l'éthique de la profession. Mais comment savoir si ce fut le cas? Les juges et les fonctionnaires de l'État ne poursuivent que les élus et les présidents d'associations qui ne sont pas fonctionnaires.

– Cela vous fait-il plaisir que votre sœur – après votre départ – se lance dans la politique et gagne?

– Oui et non. Je crois qu'elle a eu une réaction très féminine, très affective : elle n'a pas cherché à analyser les causes de mon départ. Elle s'est dit : « mon frère s'en va d'une manière honteuse, il faut que je sauve l'honneur du nom... » Elle aurait dû réfléchir un peu, peut-être me joindre au téléphone, me poser la question de savoir pourquoi j'étais parti, pourquoi j'avais démissionné, et alors je lui aurais fourni toutes les raisons que je crois bonnes et qu'elle découvre en ce moment à la lecture de ce livre. Elle aurait sans doute considéré différemment la nature de sa candidature. J'ai eu peur pour elle, parce que je n'aurais pas voulu qu'elle soit battue – c'eût été un camouflet cinglant pour la famille. Mais, d'un autre côté, j'ai l'impression qu'elle est apparue aux électeurs comme une candidature de revanche... Commencer une carrière à cinquante-trois ans dans ces conditions, c'est virtuellement avouer que l'on considère que sa carrière n'a pas de lendemain, et ça, c'est une attitude regrettable vis-à-vis de l'électorat...

– Vous lui reprochez de ne pas vous avoir demandé quelles étaient les raisons de votre départ. Mais vous, avant de partir, avez-vous téléphoné à vos frères et sœur ?

– Ah non, sûrement pas. Je ne pouvais téléphoner à personne ni dire quoi que ce soit à personne. Il n'en était pas question...

– Même à votre mère ?

– Non, non... Ma mère est trop âgée... Je l'aurais dit à ma mère, elle m'aurait répondu : « Tu as raison, mon fils », parce que ma mère ne me critique jamais, ne me donne jamais tort depuis que je suis marié. Mais elle en aurait parlé autour d'elle et je ne pouvais me résoudre à faire ce que j'ai fait que dans la mesure où je m'entourais du plus grand secret. Vous savez, j'ai vécu pendant trente ans sous le contrôle permanent de l'opinion publique. Vous n'imaginez pas ce que c'est que d'aller boire un verre avec un ami à San Remo et de s'entendre dire le lendemain par dix personnes : « Ah! quand vous étiez en train de boire un verre à San Remo... » Vous n'imaginez pas ce que c'est que de sortir dans la rue et de s'entendre demander tous les jours de son existence : « Ah, dites-moi, monsieur le maire, mercredi prochain vous déjeunez à tel endroit, est-ce que je pourrai vous rencontrer à ce moment-là ? » Bon, cela fait partie des aléas du métier, mais cela implique qu'il faut garder le secret.

Je me souviens que lorsque j'ai décidé de me présenter au conseil général, en 1961, mon père m'a dit dans son bureau : « Mon petit, il est absolument indispensable que le secret de ta candidature soit gardé. Pour l'instant, il n'y a que toi et moi qui le connaissons. Si demain la chose se répand et que tu n'as pas parlé, tu sauras que c'est moi. Si la chose se répand et que je n'ai pas parlé, je saurai que c'est toi. Mais si nous mettons fût-ce ta mère dans le secret, à partir du moment où la nouvelle se répand, nous ne saurons plus lequel des trois aura parlé. » Ça m'a servi de leçon pour la vie entière. Toutes les fois que j'ai eu à surprendre mes adversaires, j'ai forgé ma tactique dans le plus grand secret. Même si j'avais besoin d'un bras séculier, je ne l'ai informé qu'à l'ultime seconde, jamais avant. C'est d'ailleurs ce qui s'est passé au moment de ma démission : j'avais remis des courriers différents à mon avocat, courriers qui étaient à rendre publics dans l'éventualité où je risquais d'être destitué par le préfet (à la suite de la décision prise par la chambre de Marseille de me déclarer comptable de fait). Je voulais démissionner avant que la destitution n'intervienne. Mon avocat n'a ouvert ce courrier que sur mon appel depuis Buenos-Aires, après que j'ai appris l'ignoble montage des huit cent mille francs placés dans la valise d'une amie.

– Votre amitié avec Carlos Menem est-elle réelle, ou les médias l'ont-ils fabriquée ?

– Non. Menem est un ami, un ami comme j'en ai beaucoup dans le monde. Je ne dirai pas que nous sommes des intimes, tant s'en faut, mais Menem est un homme que j'aime bien, qui possède un charisme extraordinaire, qui est un orateur merveilleux et qui professe des idées intelligentes. Il croit en l'économie de marché et il veut tourner le dos à ce populisme étatiste, péroniste, imbécile, qui a infecté l'économie de tous les pays sud-américains depuis cinquante ans... Pour ce faire, il voulait arriver au pouvoir. Alors il s'est fait péroniste parce que la structure sociale argentine ne permet pas à un autre qu'un péroniste d'être élu.

Ses discours électoraux étaient un peu différents de ce que pouvaient attendre les péronistes, mais il a gagné haut la main et, aussitôt, il a entrepris un redressement de l'économie qui n'a pas encore porté ses fruits. Mais...

– *On dit qu'il vous a lâché...*

– Non. Simplement, au moment où tous les médias argentins et sud-américains se sont complus à reproduire des articles de *Libération* et que j'apparaissais comme plus redoutable à fréquenter qu'un criminel de guerre, il a pris ses distances en faisant dire par quelques-uns de ses collaborateurs : « le Président n'a jamais été un ami personnel de monsieur Jacques Médecin qui n'était qu'une relation, etc. »

Je comprends très bien que Menem n'ait pas eu envie de dire, à ce moment-là : « Médecin, c'est mon copain... »

– *Dans les premiers temps, vous vouliez vous installer en Argentine ?*

– Non. En Uruguay. J'ai tout fait dans ma vie pour pouvoir me retirer tranquillement, sous ma tente ; et comme je suis marié à une Américaine, j'avais prévu d'avoir un domicile aux États-Unis et un domicile à Nice. Mais aux États-Unis, je n'aurais pas trouvé la paix... Finalement, comme j'avais ici de grands amis...

– *Vous les connaissez depuis longtemps ?*

– Depuis cinq ans. A l'époque, on ne parlait pas de démission. Il ne s'agissait que de retraite. Mes amis me disaient : « Pourquoi n'achèterais-tu pas une maison à Punta del Este ? Regarde comme c'est agréable ! » De surcroît, je connaissais les conditions de vie en Uruguay, le système fiscal, le système bancaire, le droit des sociétés uruguayennes... L'Uruguay est un vrai pays de liberté, pas un pays de fausse liberté comme le deviennent les États-Unis d'Amérique, où la pression des lobbies s'exerce de façon scandaleuse.

Je prends par exemple le cas du lobby homosexuel. Si je dis, en Amérique, que j'en ai ras-le-bol de ces homosexuels qui défilent dans les rues et qui donnent un spectacle navrant à nos enfants, je suis poursuivi deux jours après pour atteinte à la liberté, aux droits de l'homme... Mais si les homosexuels descendent dans la rue en déguisant en femelle, avec de gros nichons, un bonhomme à qui ils auront fait la tête de Jésus-Christ, et que je dis : « C'est une agression intolérable à ma foi », eh bien on m'enverra au bain. Ça commence à devenir pareil en France, d'ailleurs.

Aux U.S.A., si l'on n'appartient pas à une minorité, on n'est pas sûr de faire entendre son droit. Ainsi les groupes de pression noirs ont privé Phoenix de la finale du championnat américain de football (c'est-à-dire du « *Super Bowl* » 1993) parce que les électeurs de l'Arizona ont refusé de voter comme journée fériée chômée le « Martin Luther King's day ». On punit donc les électeurs qui sont l'expression la plus démocratique qui soit de la liberté parce qu'ils n'ont pas voté dans le sens imposé par la mode.

– Mais les lobbies sont des acteurs politiques naturels en Amérique...

– Les lobbies commerciaux, les lobbies d'affaires ont, c'est vrai, beaucoup influencé la politique américaine. Mais jusqu'à présent la liberté démocratique a toujours été respectée. Récemment, certains lobbies financiers ont pu se payer des campagnes telles que la majorité des électeurs encline à voter « Non » s'est mise à voter « Oui ». Il y a autre chose aussi : autrefois on tenait pour valable le fait que les électeurs avaient voté « Non ».

Maintenant on les punit de s'exprimer librement, et ça, c'est très grave. L'Amérique glisse lentement vers une situation explosive.

Une communauté prend une importance gigantesque aux États-Unis, c'est la communauté jaune; parce qu'elle est discrète, calme et sage... Mais dans les écoles mixtes, quand il y a dix Jaunes dans la classe, ils occupent les dix premières places. C'est au point qu'aujourd'hui on ne fait plus de classement pour ne pas humilier les autres. C'est une manière hypocrite de se masquer la réalité : les Jaunes deviennent l'élite de l'Amérique et, dans dix ans d'ici, la plupart des postes clés seront tenus par des Japonais, des Coréens ou des Chinois... Les Jaunes travaillent, s'instruisent, se cultivent, tout en continuant de parler leur propre langue, ce qui les protège considérablement, parce que leurs langues et leurs écritures sont impénétrables pour l'Américain moyen. Ils peuvent donc tout à la fois pénétrer nos secrets et conserver les leurs. Un jour, j'en suis certain, cette communauté régnera en Amérique. Elle mettra au pas les Hispaniques, les Noirs, les juifs, les catholiques et les protestants... Au pas! Mais après combien de remous, combien de drames? Il y a quelque vingt années, à Los Angeles, il existait une petite rue coréenne qui devait avoir soixante mètres de long. Aujourd'hui, le quartier coréen est l'équivalent du quartier japonais qui est déjà l'équivalent du quartier chinois... Vous avez donc trois villes asiatiques en plein sud de Los Angeles. Dans la rue, le dimanche, quand les familles coréennes s'en vont vers les jardins publics, on peut compter le père, la mère et six enfants. Quand on voit passer les Blancs, on ne compte que le père, la mère, de temps en temps un enfant et souvent un couple sans enfant du tout... Quant aux Noirs, ils ont été prolifiques mais la drogue a fait chuter considérablement leur taux de natalité.

– Selon vous, l'avenir de l'Amérique est donc jaune?

– Je crois que l'avenir de l'Amérique, c'est en tout cas une maîtrise du pouvoir par les Jaunes.

– *Le communisme représente-t-il encore un danger pour vous ?*

– L'U.R.S.S. est indiscutablement agonisante; mais une bête blessée, même grièvement, peut toujours se redresser et donner un coup de patte mortel. Avec l'armée qu'elle possède encore, l'U.R.S.S. peut demain matin donner un assaut redoutable à une partie du monde. Tout est possible... Gorbatchev, je pense, n'a rien abdiqué du communisme. Il aurait voulu que son peuple lui permette de surmonter la crise économique pour reprendre les rênes d'un communisme politique pur et dur. Mais il échoue et il échouera parce que le peuple russe n'existe plus. Après soixante-quinze ans de communisme, le peuple russe, abruti, aboulique, corrompu, alcoolique, trafiquant, tout ce qu'on voudra, est un peuple détruit. Il renaîtra de ses cendres, c'est sûr, mais il lui faudra des années pour se débarrasser du virus qui lui taraude l'esprit, et après il faudra qu'il retourne à ses sources. Déjà, d'ailleurs, des mouvements s'amorcent en Union soviétique pour le retour aux identités nationales (il y a même des mouvements tzaristes). Donc, il n'est pas interdit de penser qu'il se régénérera mais, pour l'heure, le peuple russe est inutilisable et Gorbatchev le sait très bien.

A long terme, je crois à une Russie démocratique et fédérale. Je crois d'ailleurs beaucoup à la fédération. Quand on voit le succès des petits pays par rapports aux grands, on s'aperçoit que la grande erreur a été de vouloir faire de grands pays. La constitution de grands ensembles comme l'ensemble européen s'accompagne d'ailleurs inévitablement de la montée des nationalismes corse, catalan, breton... Pour ma part, je regrette qu'il n'y ait plus de nationalisme niçois parce qu'il y a encore trente ans ce nationalisme-là existait. Au moment où j'ai pris ma mairie, j'ai eu des mouvements de ce type qui sont venus me demander quelle était mon attitude à leur égard. Comme je parlais niçois, ils ont été, bien sûr, rassurés. Ils étaient non violents mais ils existaient. Aujourd'hui, ils ont disparu.

– *Que voulaient-ils ?*

– L'indépendance du Comté de Nice; et ils avaient raison parce que le Comté de Nice s'est donné à Napoléon III, il ne s'est pas donné à la France. Quand la France a chassé Napoléon III, quand la République a chassé l'Empire, il y a eu une rupture de contrat mais on ne nous a pas redonné notre liberté. Enfin! C'est ainsi... Les nationalismes s'exacerbent parfois simplement parce que l'homme est fait pour conserver son identité. Et dans un grand ensemble, il la perd. On trouve plus facilement ses racines dans une petite communauté. C'est pourquoi moi je suis venu ici, en pays hispanique. La population de Punta del Este, c'est trois mille habitants : très vite je suis devenu l'un deux. Je m'assimile facilement dans une communauté latine et catholique, j'y trouve le terreau de ma liberté. Les grands ensembles font peur. Je crois que le monde futur sera un monde de petites principautés, de petites royautés, de petites républiques qui auront enfin compris qu'il ne faut pas se battre entre soi mais qu'au contraire, il faut travailler dans le cadre d'un grand ensemble. On verra alors de petits pays comme le Luxembourg, la Suisse ou le Lichtenstein – mais aussi la Bavière, la Saxe, et pourquoi pas la Bretagne et la Catalogne – jouer un rôle considérable dans un ensemble européen parce qu'ils auront su garder leur identité alors que d'autres l'auront perdue.

CHAPITRE X

MÉDECIN CET INCONNU

– Après avoir administré une ville de quatre cent mille habitants, comment peut-on se résoudre à vivre la vie d'un homme ordinaire ?

– D'abord, je n'ai jamais prétendu qu'il était exceptionnel d'administrer une ville de quatre cent mille habitants et un département d'un million d'habitants. J'ai toujours pensé qu'il fallait que je fasse cela sans aucune forfanterie. Donc j'ai toujours, à mes yeux, mené la vie d'un homme normal, et je reste un homme normal qui a encore mille choses à faire...

– Oui, mais dans un cadre plus étroit.

– Pas nécessairement. Qui vous dit que demain je ne deviendrai pas, par exemple, un des plus grands peintres d'Uruguay qui exposera dans les galeries new-yorkaises et qui fera exploser les enchères à Tokyo ou à Monte-Carlo? Qui vous dit que je ne serai pas demain le plus grand importateur ou exportateur de tee-shirts en Amérique du Sud? C'est en tout cas ce que je vise.

– Vous visez quelque chose de grand?

– Je vise à jouer un rôle important dans le commerce de ce pays puisque le commerce me paraît être un secteur particulièrement prospère. Peut-être que demain j'arriverai à faire en sorte que les élégantes françaises portent toutes des manteaux de cuir exportés par Jacques Médecin, ou de ces magnifiques pull-overs que l'on vend ici cinq cents francs et qui se vendent à Londres entre cinq mille et six mille francs.

– Le Jacques Médecin artiste-peintre est peu connu...

– Il n'est pas connu du tout parce que je n'ai jamais distribué mes tableaux.

– Qui savait que vous peigniez ?

– Ma famille.

– Et vos collaborateurs ?

– Non, je ne pense pas, hormis ceux qui se sont cotisés et m'ont offert, pour Noël 1988, une boîte de peintures Rembrandt absolument fabuleuse. L'année suivante, ils m'ont offert un matériel d'aérographie. L'aérographie c'est un peu un système, et cela fait plus appel au sens de la décoration qu'au sens de la composition picturale. Mais c'est amusant ! Vous savez, mes tableaux sont très médiocres...

– Ce sont des tableaux figuratifs ?

– Ah oui...

– Ils représentent quoi, essentiellement ?

– N'importe quoi. Je suis autodidacte en matière de peinture, comme je suis autodidacte en anglais, en espagnol. Et comme tout autodidacte, j'ai commencé par peindre ce que j'avais devant moi : une chaise, une bouteille, une pomme... Les transparences et glacis m'ont fasciné pendant des années. J'ai donc fait beaucoup de verre, beaucoup de choses en verre... et puis je me suis essayé aux techniques. Les glacis, bien sûr, parce qu'on ne peut pas peindre sans glacis, mais j'ai étudié également les grands maîtres, Rembrandt, Velasquez, Vinci, leurs évolutions, la progression des techniques depuis Jan Van Eyck. J'ai étudié pour mon compte personnel. J'ai appris les règles des valeurs et des couleurs qui fascinaient Van Gogh.

– *A quelle école ou à quel peintre vous apparentez-vous ?*

– On retrouverait chez moi un peu d'impressionnisme attardé et un peu de fauvisme naissant.

– *C'est une peinture relativement violente ?*

– Oui et non. Oui, dans la mesure où l'on considère que l'impressionnisme a fait considérablement évoluer la peinture, puisqu'il a découvert que le noir n'existait pas et que toute ombre est complémentaire de la couleur de l'objet... C'est donc un progrès qui a donné une certaine force à la peinture puisque, dans l'ombre d'une chemise violette, par exemple, il y a nécessairement du jaune qui est la couleur complémentaire primaire du violet. Tout comme il y a du violet dans l'ombre d'une pomme jaune. C'est dur à expliquer...

– *Pour quels peintres avez-vous une passion ?*

– J'ai une passion pour la peinture qui m'émeut, pour les petits maîtres romantiques du XIXe. J'aime toute l'école de Fontainebleau, ces forêts... vous avez trois cents verts différents avec leurs ombres et puis... entrant dans la forêt, un petit chaperon rouge avec une tache vermillon dans le tableau... C'est assez excitant... J'adore Lépine. J'aime beaucoup Boudin, j'adore Van Gogh, j'aime Monet, Manet, Renoir, Corot...

– *Utrillo ?*

– Utrillo, c'est bon, mais c'est anecdotique.

Je suis un touche-à-tout de la connaissance. J'adore découvrir, j'aime m'instruire, photographier. Je suis un photographe passionné.

J'aime la musique, sans idée préconçue. J'aime, par exemple Verdi, et l'on me dit « Mais Verdi, c'est facile ». Bon, d'accord, c'est facile. Qu'est-ce que vous voulez que ça me fasse? Pour moi la musique ce n'est pas un problème de mathématiques, ce n'est pas un problème scientifique : c'est un des travers de notre époque que de toujours vouloir aller à la recherche de choses compliquées, difficiles, qui nécessitent une explication. On vous met devant une espèce de magma informe de métal en vous disant : c'est un couple en train de faire l'amour, elle est suédoise et lui arménien. Et vous voyez quoi? Une boule de métal informe... Je ne dis pas que le monsieur qui a fait ça est un fou, je ne dis pas qu'on se moque de moi, mais je dis simplement que pour parvenir à me faire admettre que cette boule informe de métal c'est le jeu de l'amour et du hasard entre un Arménien et une Suédoise, il faut qu'on me donne tellement d'explications que l'émotion artistique n'existe plus.

Moi je suis un peu... le cultivé bête. Je lis ce qui me plaît, beaucoup et des choses variées. En ce moment, je suis en train de relire *le Prince* de Machiavel dans l'édition qui comporte les annotations de Napoléon...

– *Si je me souviens bien, elles sont brèves ?*

– Elles sont très brèves mais elles sont intéressantes. Et, en plus, je crois qu'il les a faites à l'île d'Elbe, par conséquent en exil, donc dans une situation de copinage avec moi, alors... ça m'intéresse.

Quand je me mets devant un chevalet avec une toile blanche, je ne sais jamais ce que je vais peindre. Et puis tout d'un coup, je peins. Maintenant, je m'aide beaucoup de la photo. Les anciens prenaient un petit bout de carton de vingt-cinq centimètres sur trente, allaient s'installer dans un champ et posaient le décor en peignant leur pochade. Et puis ensuite, ils l'emportaient dans leur studio et là ils faisaient un tableau de trois mètres sur deux. Je me suis dit : pourquoi ne pas faire la même chose avec la photo? Lorsque j'ai quitté Nice, j'étais en train de peindre un paysage de Grèce d'après une photo que j'avais faite. C'est une rue qui donne sur la mer. Mais dans cette rue, ce sont les murs qui sont attachants. J'ai une passion pour les murs. J'adore les photographier. Quand j'ai regardé ma photo, je me suis aperçu qu'il y avait des perspectives étonnantes. J'ai donc décidé de faire un tableau mais, au lieu de le traiter à l'italienne du XVIIe ou du XVIIIe, je l'ai traité à la manière contemporaine, avec de grands à-plats, avec des détails très marqués et des contrastes de couleurs assez violents, des ombres assez fortes. Je ne l'ai pas encore terminé. Un autre jour, je trouverai la photo d'un phare dans la brume et je tenterai de le peindre. Je suis très éclectique.

En musique aussi : si vous venez regarder ma collection de cassettes, vous trouverez à côté de Beethoven de la flûte andine, et puis à côté de la flûte andine Elton John, et à côté d'Elton John de la Country Western Music.

– Une autre de vos passions, c'est la pêche...

– Pour moi, la pêche est une espèce de liturgie... Chaque année, aux environs du 14 juillet, je partais en Islande avec une équipe d'amis très chers, des gens merveilleux. Nous étions six hommes vivant un peu à la rude. Nous passions toute la journée seuls au bord d'une immense rivière, une des plus belles rivières du monde.

– Que pêche-t-on, là-haut ?

– Le saumon... Le plus beau poisson. Le plus extraordinaire lutteur, le plus intelligent. Nous pêchions à la mouche parce que c'est la pêche la plus noble, c'est celle qui laisse le plus de chances au poisson.

Il y avait dans notre camp de pêche cette atmosphère délicieuse de camaraderie, de chaleur humaine, et aussi, bien sûr, les interminables discussions pour savoir si on avait mis la bonne mouche, si l'hameçon n'était pas trop gros, si la pêche était moins bonne que l'année précédente. Et quand on ramenait nos pièces, il y avait la compétition pour le plus grand, le plus lourd, le plus argenté, le plus brillant des saumons. C'est extraordinaire, cette camaraderie, dans le sport de la pêche! Il y a la pêche en mer aussi, qui est moins intime mais qui a un côté fort amusant, bien que ce soit le bateau qui pêche et pas le pêcheur, et que cela ne fasse pas beaucoup appel à l'adresse.

Et puis... il y a aussi ma passion pour la botanique. J'adore la botanique. C'est une des grandes joies de ma vie. Ici, certainement, un jour, je me ferai construire une petite serre pour pouvoir acclimater des graines, planter des arbres, des végétaux rares qui n'existent pas encore dans le pays, que je m'amuserai à importer peut-être, qui sait? J'ai découvert aussi dans la botanique des joies immenses parce qu'on y utilise la langue latine, c'est-à-dire la langue universelle: grâce à elle j'ai pu communiquer avec des hommes de tous les pays du monde.

– Vous connaissez toutes les plantes par leur nom?

– J'en connais un bon nombre, mais prétendre les connaître toutes... Il doit y avoir, par exemple, quelque chose comme trente-deux variétés d'eucalyptus; elles sont à peu près toutes représentées en Uruguay... Je reconnaîtrais sûrement un eucalyptus à deux cents mètres, mais quant à vous dire à quelle variété il appartient... c'est très difficile. Ici, c'est le pays de l'eucalyptus et du mimosa. Et quand on observe la structure botanique de l'Uruguay et qu'on la compare à celle de l'Afrique du Sud, on comprend très bien la dérive des continents, puisqu'on retrouve exactement la même végétation dans les deux pays. On retrouve la même terre, la même fertilité ; d'une manière assez étonnante, l'Afrique du Sud et l'Uruguay possèdent une terre à la fois acide et basique, une terre qui a des aspects argileux et siliceux sur laquelle tout, absolument tout peut pousser. Il n'y a rien que refuse la terre de ces pays. Bien sûr, il faut savoir placer l'hortensia ou le mimosa par rapport aux rhododendrons ou à l'azalée, mais on n'a pas besoin de faire un bac de terre acide pour l'azalée ou le rhododendron, ou un bac de terre basique pour l'amandier... L'hortensia, lui, aime le sable et pousse très bien dans la silice.

– Votre goût de la botanique prolonge un peu votre goût de la géographie ?

– C'est vrai. J'aime les confirmations géographiques à travers la botanique.

– Et il y a aussi la cuisine... C'est votre mère qui vous a appris à faire la cuisine ? Ou vous l'avez apprise tout seul ?

– Vous savez, dans le Midi, on a tous le goût de la cuisine. La plupart des grands chefs sont des Méridionaux. La pépinière des bons chefs, c'est le sud-ouest et le sud-est de la France.

– Votre père était cuisinier ?

– Oui. Et ma mère est une cuisinière fantastique ! Tout gosse, comme tous les enfants, je jouais avec mon frère aîné dans des cabanes de rondins qu'on se fabriquait. Mais quand elles étaient terminées, ces cabanes, la seule chose qui renouvelait un peu le jeu c'était de faire la cuisine. On la faisait sur un feu entre deux pierres.

– *Vous vous nourrissiez à midi de votre propre cuisine ?*

– Oui. Et il fallait avoir l'estomac solide, hein ! Quand j'avais dix ou douze ans, la cuisine que je faisais, ce n'était pas resplendissant. Mais enfin, j'ai résisté, j'ai survécu... Et je me souviens que nos parents venaient goûter nos plats et trouvaient ça très bon !

– *Et aujourd'hui, vous êtes spécialisé dans la cuisine niçoise ou dans la cuisine...*

– En cuisine, quand on passe le stade de l'amateurisme – disons de l'amateurisme occassionnel – et qu'on devient un amateur éclairé, parce que je ne suis pas un professionnel, on fait tout, on sait tout faire et on a envie de tout faire. Ça dépend du marché. On se balade au marché. On voit un poulpe. On se dit : « Tiens, je vais faire un poulpe à la niçoise... » S'il y a plusieurs poissons, on va faire une zarzuela de poissons à la manière de Valence en Espagne, ou bien, si se présente un très beau thon, on dit : « Tiens, je vais faire du sashimi à la manière japonaise ».

– *Vous connaissez aussi les secrets de la cuisine japonaise ?*

– Ah oui. Je fais n'importe quelle cuisine. J'ai une collection de livres de cuisine absolument hallucinante ! Dans chaque pays où je me suis rendu, je me suis efforcé de trouver un livre de cuisine édité en français ou en anglais... En Hongrie, j'ai trouvé un très bon livre de cuisine en français et je sais faire trois ou quatre plats... Une cuisine qui est merveilleuse, c'est la cuisine iranienne. J'ai ramené d'Iran des livres de cuisine qui me permettent de réussir d'abord le riz, ce qui est primordial, mais aussi de merveilleux pot-au-feu iraniens. Ils sont sublimes !

– *Ils sont constitués de pommes de terre et de viande bouillie comme les nôtres ?*

– Ah non. Pas de pommes de terre du tout! Dans le pot-au-feu iranien il y a de la tomate, et il est cuit avec une concentration un peu différente. Il y a beaucoup moins de liquide que chez nous... Il y a du mouton mélangé à du bœuf, et puis...

– *Le principe, c'est quand même la viande bouillie?*

– Oui, mais si vous faites bouillir un kilo de viande dans trois litres d'eau, vous avez une cuisson différente de celle que vous obtenez lorsque vous faites bouillir la même viande dans deux litres d'eau. Le pot-au-feu iranien fait appel à cette concentration. C'est-à-dire que la viande cuit dans un volume d'eau relativement restreint, mettons un litre et demi d'eau au départ. Quand vous allez au bout de deux heures ouvrir votre marmite, vous trouvez une louche ou une louche et demie de bouillon et, de ce fait, une forte concentration de sucs dans le bouillon. Cette concentration est voulue parce qu'il ne s'agit pas de noyer le riz dans le liquide, mais simplement d'avoir la valeur d'une cuiller à soupe de jus par portion de pot-au-feu pour donner au riz une saveur particulière. En plus, d'ailleurs, le pot-au-feu iranien comporte des épices comme le citron confit et le sumac. Le sumac est le grand aromate iranien, légèrement acidulé... On devrait pouvoir en trouver ici parce que des sumacs, il y en a en pagaille dans la nature. La peinture, l'aérographie, la botanique, la cuisine, tout cela prend un temps énorme: je n'ai pas le temps de m'ennuyer, voyez-vous!

– *Comment vivez-vous votre âge?*

– Je ne sais pas. Je me sens parfois plus jeune que je ne le suis réellement et il faut que je fasse un effort pour me souvenir que j'ai dépassé la soixantaine. Et il y a des jours où je me sens las... las... comme quelqu'un qui a déjà beaucoup vécu et qui se dit : à quoi bon se battre encore, à quoi bon faire un livre, à quoi bon essayer de témoigner? Mais dans l'ensemble, je ne suis pas gêné par mon âge. Je possède encore assez de vigueur, d'énergie, peut-être de séduction aussi : un homme a besoin de se rassurer de temps en temps sur lui-même à cet égard.

Mais il y a des fois où je reçois des grands coups sur la tête. Ainsi, il y a quelques jours, un Américain qui séjourne dans la région me voit sur le bord d'une piscine en compagnie de ma fille de neuf ans et dit : « Elle est contente d'être avec son grand-père, cette jeune fille. » Alors évidemment, là, je me suis dit que je devais avoir la silhouette qui s'épaississait et que j'allais devoir me surveiller un peu!

– Pourquoi ce livre ? Ne serait-il pas mieux d'oublier ou de vous faire oublier, puisque vous avez choisi de vivre, comme dirait Reagan, un « great new begining *»?*

– Parce que j'ai l'impression d'avoir des choses à dire. Et puis je suis quand même agacé par l'image de Médecin qu'on a imposée partout. Comme je n'ai plus rien à perdre et que je n'ai plus à affronter le suffrage universel, au moins que je laisse de moi, par ce témoignage, l'image qui correspond à l'homme que je suis.

Et puis, si j'ai fait ce livre, c'est peut-être pour dire aussi que je n'ai pas été malheureux de me battre comme je me suis battu... Don Quichotte au fond de son cœur devait être un homme plein de bonheur. Enfin, dernière raison et non des moindres, je voudrais par ce livre dire à mes collègues qui font preuve de tant de lâcheté devant l'agressivité et la mauvaise foi de la gauche que, s'ils se donnaient un peu le mal d'être des hommes de courage, ils pourraient du jour au lendemain renverser ces malfaiteurs qui sont en train de conduire la France au désastre.

– Est-ce que par-delà les clivages politiques, idéologiques ou autres, il y a des hommes avec qui vous vous sentez des affinités ?

– Oui. J'ai observé par exemple, récemment, le comportement de Maître Vergès lors d'une émission de télévision qui avait pour thème un film américain tout à fait caricatural sur l'antisémitisme. Et j'ai trouvé en Maître Vergès l'homme de la défense avec un grand « D ». J'ai découvert un homme d'une humanité et d'une compréhension tout à fait extraordinaires et il ne m'est pas venu une seconde à l'esprit que cet homme ait pu, à un moment ou à un autre, être en opposition complète avec les prises de position qui étaient les miennes... Je ne me suis plus souvenu du défenseur du F.L.N. ou d'Anis Naccache, ni de l'ami de Mao Tsé-Toung : je me suis dit qu'il y avait là un esprit extraordinaire qui d'ailleurs, depuis, a publié un livre dans lequel je retrouve des points de vue qui nous sont communs.

Il y a d'autres hommes de ce type, de ce calibre, pour qui j'ai une estime affectueuse; mais je dois dire qu'ils n'ont pas tous la même honnêteté ni la même transparence.

– Parlez-moi donc d'ici...

– J'ai fait le tour du monde je ne sais combien de fois, je vous l'ai dit. Eh bien j'ai décelé dans la population uruguayenne un état d'esprit, une mentalité particulièrement respectables, et une forme de pensée affectueuse qui a disparu du globe. Je me disais : ce n'est pas possible, je dois me tromper. Il ne peut exister un havre comme celui-ci, d'autant qu'il est cerné par des pays comme le Brésil où la violence règne, où le vol est une institution, et l'Argentine où les fièvres politiques le disputent au désordre de la rue.

C'est le seul pays du cône sud de l'Amérique qui n'ait pas de religion d'État. L'Uruguay est un pays laïc, je précise : authentiquement laïc, c'est-à-dire que l'on y respecte toutes les religions...

Le président de la République n'a pas besoin d'être catholique et marié comme le président argentin. Et la constitution est une constitution totalement démocratique où la séparation des pouvoirs est jalousement préservée.

J'ai découvert tout cela un peu par hasard et j'ai voulu vérifier. J'ai eu l'occasion de revenir approfondir la question à l'occasion du jumelage que la ville de Nice avait conclu avec Punta del Este. Ce jumelage est né de l'amitié d'une de mes amies, niçoise mais d'origine argentine, avec les propriétaires de l'hôtel de la Posta del Cangrejo, Ana-Maria et Javier Moya, qui sont devenus mes amis. Grâce à eux, j'ai fait la connaissance d'un architecte qui s'appelle Ariel Tarallo, de sa femme Marisol, de leur enfant Nicolas (c'est important car Nicolas a neuf ans, cinq jours de moins que ma fille, et qu'ils sont dans la même classe aujourd'hui à Punta del Este) et d'un troisième personnage, Germano Fogale, un italo-libanais venu ici il y a fort longtemps qui possède une agence immobilière de qualité. Ce sont les premiers amis que je me suis faits sur le territoire de Punta del Este.

Depuis, j'ai connu d'autres personnages plus ou moins importants ici et à Montevideo. Mais ça a été mon équipe de départ, celle qui m'a fait apprécier le pays. Il faut vraiment y vivre pour découvrir qu'on peut encore trouver sur la surface du globe un lieu où les gens restent amicaux, où les facteurs distribuent les lettres, où les marchands de journaux, à bicyclette, s'arrêtent pour vous vendre leur journal quand vous leur faites un signe, où les commerçants vous font crédit, où, dans les banques, les comptables travaillent derrière des parois de verre de deux millimètres seulement d'épaisseur et qui sont si basses que vous leur parlez par-dessus, où il n'y a pas cette artillerie lourde que l'on voit dans les banques de chez nous.

Je prie tous les jours pour que l'Uruguay reste ce qu'il est et que les gens de l'extérieur n'y viennent pas trop nombreux pour le corrompre. Ce pays ne connaît pas la drogue, et comme il n'y a pas de drogue il n'y a pas de criminalité. Il y a encore ici une certaine fierté, un certain respect de soi. Il n'y a pas de corruption des mœurs comparable à celle que l'on trouve dans certaines régions d'Amérique ou d'Europe. Les hommes sont encore des hommes, les femmes sont encore des femmes. Il y a une très forte moralité civique et les gens sont encore freinés dans leur comportement par le respect des règles morales qui font qu'ils se respectent mutuellement et entendent être respectés pour eux-mêmes.

C'est un pays rare. Il y a 98 % de lettrés... Et des lettrés qui lisent beaucoup! Les journaux ont un tirage étonnant pour un pays de trois millions d'habitants.

En plus, les Uruguayens sont des sages. Ils ont l'impression que les Argentins sont beaucoup plus dans le coup, mais ils ne les envient pas parce qu'on ne jouit pas de la même tranquillité en Argentine. Ils ont l'impression que les Brésiliens savent faire beaucoup de choses qu'eux ne savent pas faire, mais ils ne leur envient pas leur excitation permanente ni leur instabilité. Ce pays a été souvent comparé à la Suisse, mais il faut le comparer à la Suisse de l'avant-guerre, pas à la Suisse de maintenant.

– Vous étiez à la recherche de votre île déserte et vous l'avez trouvée?

– Oui et non. Je crois que tout homme se dit fatalement : un jour j'aurai envie de tout plaquer là et de partir vivre sur une île déserte. Ça existe encore, les îles désertes, et il m'est arrivé d'aller y passer la journée pour un pique-nique. Mais, vue de près, une île déserte perd vite ses charmes et l'on se dit : « Si je devais vivre ici pendant trois jours, je mourrais d'ennui... »

Eh bien moi, ici, j'ai trouvé mon « île déserte ». Mais c'est une île peuplée de gens que j'aime et où je ne m'ennuie pas.

– Lorsqu'on vous voit évoluer dans ce nouveau cadre de vie, entouré de l'affection, c'est vrai, de beaucoup, on a l'impression que vous vous êtes recréé un royaume miniature...

– Je vous l'ai dit : le royaume, on le porte en soi. Peu importe s'il a jamais existé ou s'il n'est plus de ce monde. J'ai beaucoup lu Saint-Exupéry.

– On dit que lorsque le Président Bush est venu ici, la propriétaire, qui est en même temps la cuisinière de la Posta del Cangrejo, a fait appel à vos conseils ?

– Elle hésitait sur la sauce à faire avec le saumon qu'elle devait servir au Président Bush. Ce saumon venait du Chili et je vais d'ailleurs, un de ces quatre matins, aller en pêcher et peut-être convaincre mes amis pêcheurs de venir refaire équipe avec moi ici. Ana-Maria hésitait donc entre plusieurs sauces devant ce saumon magnifique. Alors je lui ai indiqué mon idée d'une sauce verte, aromatisée à l'aneth. Elle l'a fait. Le Président Bush a donc mangé une sauce Jacques Médecin sans le savoir.

– Il a aimé ?

– Il a beaucoup aimé.

– A vous entendre, Punta del Este est un paradis; mais quelle est l'impression la plus originale que vous font ces lieux ?

– En retrouvant ici l'atmosphère dans laquelle j'ai été élevé avant la guerre à Nice, j'ai la sensation, avec la plénitude de l'âge, avec l'expérience, de pouvoir retrouver tous les bonheurs et toutes les joies de l'enfance dont chaque homme se souvient avec nostalgie. On dit toujours : « Ah, quand j'étais enfant, les choses étaient comme ci, les choses étaient comme ça... » Eh bien, ici, je ne dis plus : « Ah, quand j'étais enfant ! », parce que le monde que j'ai connu il y a cinquante ans, je le retrouve ici aujourd'hui. Et c'est assez enivrant...

– les Niçois vous oublient-ils?

– Non, à en juger par le courrier que je reçois et qui me tient au courant de la marche de la ville. Il paraît qu'un jour *Nice-Matin* a écrit : « Les " folies Médecin " (entre guillemets) coûtaient vingt mille francs par tête de Niçois et par an. » Le lendemain, l'adjoint aux finances a quand même fait le rectificatif qui s'imposait. Il a ramené les chiffres à la réalité : ce n'est pas vingt mille francs que la gestion de Médecin coûtait aux Niçois mais mille francs. Aussitôt des gens m'ont écrit. Une lettre disait : « Mais moi je signe tout de suite le chèque de deux mille francs pour ma femme et pour moi parce que, depuis que vous êtes parti, on s'aperçoit que ce qu'on a appelé des " folies ", c'était la vie de la ville. »

Je voudrais bien répondre à tous mais j'ai trop de travail. Je vais peut-être demander au nouveau maire de Nice de m'envoyer deux ou trois secrétaires à ses frais (car il en a les moyens) et, comme ça, je pourrais monter ici un petit secrétariat et travailler sérieusement depuis Punta del Este. C'est une idée, non? Je plaisante à peine car cela s'imposerait pour rectifier les contre-vérités des journaux. Par exemple, un jour, j'ai vu dans un journal que je nommais les conseillers généraux qui me plaisaient. Or jamais les conseillers généraux n'ont été nommés en France depuis l'Empire! Mais chaque fois que j'intente un procès à mes adversaires pour avoir écrit des choses calomnieuses, je subis, moi, les lenteurs infinies de la justice. Ainsi l'*Événement du Jeudi* avait écrit : « Monsieur Médecin est un caractériel et un fou. » Mon avocat a seulement dit devant les tribunaux : « Je suppose que l'avocat de l'*Événement du Jeudi* détient deux certificats médicaux : l'un prouvant que monsieur Médecin est un caractériel, l'autre prouvant que monsieur Médecin est un fou. » Bien entendu, le tribunal de Nice a jugé que les écrits de l'*Événement du Jeudi* étaient diffamatoires et injurieux, et il a condamné Jean-François Kahn. Celui-ci a fait appel. La Cour d'appel d'Aix-en-Provence m'a donné raison. Jean-François Kahn est allé en cassation et pour une question de forme la Cour de cassation a cassé l'arrêt d'Aix-en-Provence et nous a renvoyés devant le tribunal. Finalement, le jugement n'est devenu définitif qu'en novembre 1990, alors que j'avais introduit ma plainte en novembre 1986. Pendant quatre ans, les lecteurs de l'*Événement du Jeudi* ont donc pu avoir en tête que Médecin était un caractériel et un fou. A cet égard, il est bon de rapprocher la lenteur de ce jugement avec la rapidité de celui dont a bénéficié le fils de M. François Mitterrand contre le même *Événement du Jeudi*. Monsieur Jean-François Kahn n'a même pas eu, ou à peine eu le temps de prévenir son avocat...

Voilà la différence de traitement qu'il y a en France : « *Selon que vous serez puissant ou misérable, les jugements de Cour vous rendront blanc ou noir.* »

CHAPITRE XI

DERNIERS MOTS

– Ce qui se passe en France vous intéresse-t-il toujours?

– Très peu. Je vois les choses d'une manière beaucoup plus globale que je ne les voyais auparavant. Je ne suis pas au courant de l'actualité française parce que la presse française est assez inaccessible ici. Elle arrive avec un retard considérable, de manière tout à fait irrégulière, et elle est d'un prix déraisonnable. Les journaux français ne s'intéressent pas à l'Amérique du Sud.

En revanche, ici, on lit la presse britannique et la presse américaine. Pour ma part, je lis l'*Economist* de Londres, qui me paraît être le meilleur magazine mondial. Et à travers l'*Economist*, à voir le peu d'échos qu'ont les activités françaises dans les journaux étrangers, je m'aperçois que la France joue un rôle extrêmement réduit dans le concert des nations.

Quant aux journaux sud-américains, ils évoquent la France une fois tous les trente-six du mois, et ils n'en ont jamais autant parlé que depuis que je suis ici.

– Y a-t-il des jours où vous regrettez d'être parti?

– Pas du tout. Je suis parfaitement conscient d'avoir pris la décision qui s'imposait au moment où elle s'imposait. Après une dure période de résistance et de combat, aussi bien pour ma santé morale, physique et intellectuelle que pour ma tranquillité d'esprit, il était indispensable que j'en termine avec cette lutte inégale. On n'a jamais vu un fantassin détruire un char d'assaut à mains nues...

– *Avez-vous connu le désespoir ?*

– Oui, bien sûr. Mais je suis d'un tempérament très optimiste et, lorsque je sens venir le désespoir, je l'identifie ; et dès que je le reconnais, je réagis avec une très grande vigueur, quitte à changer complètement d'horizon, d'activités, de distractions... Alors rencontrer le désespoir, oui ; mais m'y abandonner, m'y complaire, non.

– *Êtes-vous homme à penser au suicide ?*

– Ah, certainement pas ! C'est une chose qui n'a jamais effleuré mon esprit. Même si un jour j'étais atteint d'un cancer affreux, même si j'agonisais sur mon lit de mort, je ne serais pas de ceux qui se suicident si je savais, par exemple, que l'expérimentation d'un remède peut non pas me sauver mais apporter des informations au corps médical qui sont de nature à sauver d'autres hommes après moi.

– *Soumis à un redressement fiscal estimé par l'administration à vingt millions de francs, inculpé d'un double délit d'ingérence en tant que maire et président du conseil général, menacé d'une destitution administrative pour extractions et maniements irréguliers de fonds publics, vous êtes, c'est vrai, dans une mauvaise posture. Mais d'autres hommes politiques comme Malvy, ou plus récemment Nucci, ont été autant maltraités sinon davantage que vous. Pourtant, eux sont restés. Ont-ils été plus courageux que vous ?*

– Ah non! Ils n'ont pas été plus maltraités que moi, n'exagérons pas! Nucci, Malvy ont été beaucoup plus coupables que je ne le suis. Moi je suis accusé de beaucoup de choses mais je ne suis convaincu de rien pour l'instant. Eux étaient coupables et, en dépit de leur culpabilité, la presse ne s'est pas acharnée sur eux... Si Nucci avait eu une campagne de presse comparable à celle que j'ai subie, je crois que lui aurait peut-être craqué, il se serait peut-être suicidé... Je vous ferai remarquer qu'il y a quand même des crapules qui paradent actuellement dans Paris, avec la bénédiction des plus hautes autorités de l'État. Et il y a des demi-innocents qui sont persécutés et des innocents complets qui le sont encore davantage.

– Cela vous ressemble-t-il de préférer la fuite au combat?

– Ce n'est pas une fuite du tout! Je pense que je suis un boxeur et que j'ai livré tous les combats de ma carrière avec courage, avec énergie, avec détermination et avec le désir de vaincre. Et puis, un beau jour, je me suis aperçu que les règles du marquis de Queensburry n'étaient plus respectées... Je me suis aperçu que les arbitres étaient vendus. Je me suis aperçu que les juges étaient pourris. Je me suis aperçu que l'organisateur du combat était une crapule. Je me suis aperçu que mes adversaires étaient manipulés par des voyous. Je me suis aperçu que le résultat du combat était prévu d'avance. Alors je me suis trouvé confronté non plus à ce qui a été la justification de ma vie – c'est-à-dire mon combat dans une lutte ouverte, à la loyale – mais à un piège, une embuscade. Je me suis battu pour mes idées. Je continuerai à le faire et il vaut mieux le faire en vie en Uruguay que d'en mourir sur le sol natal. De Gaulle l'a fait en 1940, personne ne lui a jeté la pierre. Victor Hugo l'a fait avant de Gaulle. Bon. Et il y a eu beaucoup d'autres gens, moins célèbres que Victor Hugo, de Gaulle ou Napoléon 1er, qui sont partis en exil.

– *Avez-vous peur des questions de votre fille Shawn?*

– Oh, pas du tout!... Je lui réponds sans cesse, et au contraire je suis homme à les solliciter parce que je pense que si j'ai quelque culture il me sera agréable de la lui transmettre.

– *Êtes-vous ce que l'on appelle un homme fini?*

– Non, je ne suis pas un homme fini. Loin de là! Je suis peut-être en cendres politiques mais, tel le phénix, je renais de mes cendres pour une autre existence... Quand j'évoquais les exilés, je pensais aussi, par exemple, à des hommes qui pendant la guerre sont partis pour l'Amérique pour des raisons évidentes. Je pensais entre autres à Bleustein-Blanchet. En tant que juif, Bleustein savait que la machine nazie le broierait, l'écraserait, et que rester en Europe ne lui apporterait rien du tout si ce n'est la promesse d'une mort atroce à Auschwitz. Il est parti. Il est venu résister en Amérique. Bon, on aurait pu lui dire : « Monsieur, pendant qu'il y en a qui vont se faire brûler dans les fours crématoires, vous, vous fumez des Lucky Stricke à New York. » Il est évident que c'eût été un aspect injuste du problème. Dites-moi s'il n'a pas été préférable pour lui – pour la France qu'il a bien servie, pour sa profession dont il fut un exceptionnel rénovateur, et finalement pour sa communauté (parce qu'il a beaucoup aidé, après la guerre, la communauté israélite douloureusement blessée) – dites-moi s'il n'a pas été préférable que cet homme sauve sa vie à l'époque où la lutte était devenue inégale et où le Juif n'avait plus aucune chance face à la machine de destruction nazie?

Eh bien moi, aujourd'hui, je ne me trouve évidemment pas dans une situation aussi dramatique, ni aussi horrible que celle-là. Mais je me trouve comme le... persécuté face à une machinerie socialiste qui a juré ma mort et qui veut l'obtenir par tous les moyens. Je suis frappé de l'hypocrisie gigantesque de ces socialistes qui, ayant tout fait pour me contraindre à la démission, ont eu l'air de s'étonner que j'aie préféré le sabordage et s'exclament maintenant : mais c'est disproportionné avec la situation, mais c'est un geste de lâcheté ou c'est un aveu de culpabilité! Allons... Depuis dix ans, ils ne rêvent que de me voir partir. J'ai résisté à leurs coups pendant dix ans, seul, parce que je n'ai pas trouvé beaucoup... je n'ai trouvé aucun concours amical, je peux dire quasiment aucun. Au bout de dix ans, fatigué de recevoir des coups que personne ne tient à partager avec moi et sans avoir personne pour panser mes blessures, je m'en vais. Et ce sont ceux-là mêmes qui m'ont infligé ces blessures qui viennent me dire : « Mais pourquoi partez-vous? » Sous-entendu : « On aimerait bien continuer à vous taper dessus, ça nous amuse beaucoup. Maintenant que vous partez, on perd notre principale tête de Turc... » C'est assez écœurant comme attitude. Mais les Français, eux, n'ont pas perdu tout bon sens. Quand le public de la salle de spectacles où la petite marionnette Tatayet m'a interviewé s'est mis à m'applaudir, je me suis dit que le peuple français est un peuple bon, un peuple de braves gens, de gens de bonne qualité. Malheureusement, il est totalement anesthésié par les étranges lucarnes dont les socialistes se servent sans répit.

– Malgré tout ce qui vous est arrivé, est-ce que l'homme que vous êtes vous convient?

– Absolument. Je me sens parfaitement confortable avec moi-même.

– Pouvez-vous devenir un autre homme?

– Je n'ai pas besoin de devenir un autre homme. Tel que je suis je peux continuer, mais continuer dans une autre voie, ça c'est sûr...

– *Avez-vous encore de l'ambition?*

– Je mourrai avec l'ambition d'aller au Paradis, à la droite du Père...

– *Monté très haut, vous tombez très bas. Pouvez-vous tomber encore plus bas?*

– Non, je ne tombe pas très bas du tout. Je ne pense pas que le métier de commerçant, par exemple, soit un métier méprisable. Je dirais même que, pendant des années, j'ai eu pour les commerçants un respect certain parce que je leur suis très reconnaissant de la dynamique qu'ils ont su imprimer à la ville de Nice. Je les ai admirés aussi de réussir à seconder les efforts que j'accomplissais. Depuis que j'exerce moi-même la profession de commerçant, mon admiration a grandi car je m'aperçois qu'ils font un métier d'enfer. Je ne crois pas que ce soit tomber très bas que d'être commerçant. Et puis demain je serai importateur. Et après-demain, je serai représentant d'une grande firme française et le jour d'après je serai autre chose... Non, je ne suis pas tombé bas. Je reste celui que j'ai été et je ne suis pas de ceux qui pensent qu'on cesse d'être grand parce qu'on a perdu les attributs de la grandeur...

– *Au cas où vous seriez blanchi ou amnistié, ou au cas où vous pourriez tout simplement rentrer tranquillement en France, est-ce que vous excluez a priori d'y rejouer tout rôle politique?*

– C'est fait : j'ai tiré un trait dessus. Si j'avais dix ans de moins, je ne vous répondrais pas de façon aussi catégorique, mais à soixante-trois ans... Si c'était pour être porté immédiatement à la présidence de la République, je ne dis pas que je ne tenterais pas de revenir en France, mais si c'est pour recommencer en bas de l'échelle, ce n'est pas raisonnable... Je laisse le soin aux vieilles gloires du music-hall de se ridiculiser en faisant des adieux bidons.

– Aujourd'hui, selon vous, sortiriez-vous vainqueur d'une élection municipale à Nice ?

– Sans aucun doute.

– Qu'est-ce qui a compté le plus dans votre décision de partir de France ? L'âge, votre fille Shawn, ou la peur de la prison ?

– Ah non. C'est plus que ça. Ma décision de partir de France a été par-dessus tout la décision de trouver la paix. Pour avoir été soumis pendant dix-huit ans (car les choses ont commencé en 1973 et nous sommes en 1991), comme je l'ai été, à un pilonnage incessant des médias de la gauche, il fallait des nerfs solides... Mes nerfs ont été martyrisés, pulvérisés, martelés, broyés pendant dix-huit ans... Dix-huit ans, c'est un bail. Eh bien, ce qui l'a emporté, c'est la recherche de la paix, de la tranquillité, de l'oubli de moi-même, de l'oubli des misères, de l'oubli de ces socialistes haineux. Ce n'est tout de même pas ma faute s'ils sont nuls ! Mais ça, c'est leur méthode : chaque fois qu'ils commettent une erreur, c'est la faute de Reagan, de Gorbatchev, de Margaret Thatcher, c'est la faute de Bush, c'est la faute du dollar, c'est la faute du mark, c'est la faute de l'Europe, de la guerre du Golfe, ce n'est jamais leur faute à eux...

J'en avais par-dessus la tête, vraiment ! Les nerfs à un certain moment sont prêts à lâcher, et ils ont lâché ; mais avant qu'ils ne lâchent, j'avais quand même imaginé qu'il pouvait y avoir un havre de tranquillité à la surface de la planète. Et je suis venu en Uruguay.

Alors, bien sûr, on a dit : « Ouais... Il est parti en Uruguay comme les nazis, comme les droits communs », alors que l'Uruguay n'a jamais accueilli particulièrement de nazis ni de droits communs. On confond facilement l'Uruguay avec la Bolivie ou avec d'autres pays. L'Uruguay est une démocratie. Bref, si je suis venu en Uruguay, c'est qu'il s'agit d'un pays pacifique, tranquille, calme, libre, où les gens peuvent vivre en se respectant les uns les autres, où la population est aimable et douce, généreuse, sympathique et où l'on trouve ces conditions d'existence qui sont devenues extrêmement rares à la surface de la planète. Si je prends tous les pays que je connais (et Dieu sait si j'en ai fréquenté, connu, découvert au cours de ma vie), que je les aligne sur une feuille de papier et que je leur attribue des qualités et des défauts, il n'y en a pas un seul que je connaisse qui ait autant de qualités que l'Uruguay. Je suis donc venu vers le pays qui était le plus à même de m'apporter la tranquillité d'esprit, le calme, la paix intérieure... et une certaine possibilité de me consacrer enfin à moi-même, de faire du sport quand j'ai envie de faire du sport, de méditer quand j'ai envie de méditer, de peindre quand j'ai envie de peindre, de cuisiner quand j'ai envie de cuisiner. Il y a trente ans que je suis l'esclave d'un métier qui ne m'a même jamais permis de jouir de ma vie familiale. Quand je vois aujourd'hui ma fille aînée qui a trente-sept ans, je la découvre à bien des égards parce que je n'ai jamais eu le temps de vivre avec elle. Quand je regarde ma dernière fille, qui a neuf ans, je me réjouis de pouvoir lui consacrer du temps et je déplore de ne pas pouvoir profiter autant de ma fille de vingt-trois ans qui vit en France. Je dirais simplement que j'ai trouvé ici enfin le temps de vivre pour moi-même et pour les miens. Après avoir fait ce que j'ai fait, après avoir démontré ce que j'ai démontré, après avoir prouvé que j'étais capable de faire de grandes choses, j'estime que j'ai le droit de me reposer.

– La condition de paria est-elle dure à supporter?

– Pour vous répondre, il faudrait que je la connaisse et je ne la connais pas. Être un paria, c'est être mis au ban de la société, c'est être quelqu'un à qui on n'adresse pas la parole et qui vit dans l'isolement le plus total... Alors que je me suis parfaitement intégré à la communauté de Punta del Este. Je suis adopté par les habitants de cette ville et ils sont heureux d'être de mes amis. Je fais partie de la famille... Par ailleurs, je vous le disais, ma propre famille se rassemble autour de moi mieux qu'elle ne l'a jamais fait... Et enfin, je reçois des tonnes de courrier auquel je ne peux pas répondre parce qu'il faudrait que j'y consacre mes jours et mes nuits et que je n'ai plus de secrétariat... J'en demande encore pardon à tous ceux qui m'ont gentiment envoyé des lettres de soutien... Des gens de tous les milieux, de tous les niveaux. Je ne suis donc un paria ni dans ma ville, ni dans le pays où je me trouve, ni, je crois, aux yeux d'une opinion publique française qui est encore une opinion silencieuse mais qui – messieurs les socialistes s'en rendront compte – se manifestera, je pense, avec beaucoup de force aux prochaines élections. Il reste que je suis le paria des socialistes. Mais ça c'est un titre de gloire, et ça me fait plutôt plaisir...

– L'opinion des Français à votre égard a-t-elle encore de l'importance à vos yeux?

– Elle a de l'importance dans la mesure où elle manifeste que les Français sont encore capables d'un sursaut. Par exemple, je vous disais que dans l'émission de Patrick Sébastien, lorsque l'interview que j'ai accordée à Tatayet a été applaudie par le public, j'ai pensé que les Français n'étaient pas encore tombés aussi bas que voudraient les faire tomber les socialistes, ces corrupteurs de l'esprit. Je me suis dit aussi que mes compatriotes avaient encore du ressort. Aujourd'hui, la fureur de l'opinion publique est peut-être assoupie, mais je ne doute pas un seul instant qu'elle se réveillera.

– Êtes-vous encore assuré de l'estime et de l'affection de vos amis?

– Alors là, c'est une question à laquelle je répondrai de façon plutôt humoristique... Qui sont mes amis? Sont-ils ceux qui n'ont plus pour moi ni estime ni affection, ou sont-ils ceux qui me conservent estime ou affection? Je crois, pour ma part, que j'ai eu beaucoup de faux amis. Comme tout personnage en vue, j'ai été courtisé par des masses de gens qui se prétendaient mes amis. J'ai toujours, d'une manière générale, détesté les lèche-cul et rejeté très loin les flatteurs et les flagorneurs. Mais certains, le sachant, m'ont approché en masquant ces défauts et ont employé d'autres arguments. Malheureusement, ces amis-là étaient de faux amis... Ils m'ont tourné le dos, comme certain entrepreneur grâce à moi très prospère.

En revanche, ceux qui avaient pour moi une amitié affectueuse et une estime profonde, ceux qui se sont battus pour moi, ceux qui sont allés au charbon, je crois qu'ils demeurent fidèles et je peux dire : « Oui, tous mes vrais amis restent mes amis. »

– Dans quel état se réveille-t-on au lendemain d'un départ que l'on veut définitif ?

– Oh, j'ai tellement pris de départs dans ma vie que la seule chose qui m'ahurit le lendemain d'un départ c'est de ne pas me réveiller dans mon lit habituel.

– Vous n'êtes pas un homme seul, vous l'avez dit. Mais vous sentez-vous un homme traqué ?

– Non, parce que je crois que je suis bien protégé par mes amis, et j'en ai de nouveaux qui sont proches de moi. Je suis bien protégé par ma famille...

– Vous êtes au bout du monde sans ce que vous possédiez, sans votre environnement habituel. Que vous reste-t-il ?

– Vous savez, l'environnement habituel, c'est ce qu'on se fabrique au cours d'une vie, et on s'aperçoit très rapidement que ça n'a aucune valeur. Le jour où mon père est mort, je me suis demandé ce que je pourrais bien posséder qui lui ait appartenu et qui soit pour moi une sorte de symbole de mon père, quelque chose de précieux, de beau, d'admirable, que je puisse conserver. Et en tout et pour tout, la seule chose que j'ai demandée à ma mère, c'est sa pipe, sa bouffarde qu'il avait fumée dans les tranchées de 14-18. C'est une vieille pipe, mal foutue, toute tordue. Elle a un côté attendrissant et puis... c'était à mon père à l'époque de sa jeunesse... Je me suis rendu compte qu'une fois mon père absent de son environnement que je connaissais bien, puisque j'y avais grandi, rien ne m'y attirait particulièrement. J'ai compris ce jour-là qu'il ne fallait pas s'attacher au décor. Et pour ce qui concerne les richesses, je les emporterai toujours avec moi parce que je les porte en moi.

– Y a-t-il des règles en politique et ne les avez-vous pas transgressées? En d'autres termes, avez-vous toujours l'impression d'avoir combattu à la loyale?

– Ah oui! j'ai la certitude d'avoir toujours combattu à la loyale comme j'ai la certitude d'avoir été combattu à la déloyale par le socialisme. Le gaullisme m'a combattu, et combattu ô combien durement et brutalement! Ils sont allés jusqu'à la limite de la déloyauté et du viol des règles démocratiques mais jamais, quand même, ils ne les ont enfreintes. Tandis que les socialistes les piétinent. Le combat politique est une guerre. Y a-t-il une règle des conflits? Oui, il ne faut pas employer les gaz, mais à part ça se gêne-t'on pour tout faire? Et il y a tant de choses que l'on peut faire... Toutes les tactiques, toutes les stratégies sont bonnes et je ne pense pas que celles qui sont dictées par le courage, même si elles paraissent audacieuses, même si elles paraissent provocantes, même si elles paraissent au-delà des règles habituelles, soient nécessairement mauvaises. Qu'est-ce que cela veut dire, les règles « habituelles »? Sont-ce celles tracées par les lâches? Parce que les lâches sont infiniment plus nombreux que les courageux. Certes, leurs règles sont habituelles, mais je n'ai aucune raison de me conformer aux règles des lâches!

– Vous auriez un conseil à donner à un jeune homme qui voudrait faire une carrière politique, que lui diriez-vous ?

– Je lui dirais : tape deux fois plus fort que moi...

– Est-ce que vous n'avez pas tendance, quelquefois, à vous jouer la comédie de la vertu outragée ?

– Pas du tout. Je disais un jour à ma femme : « Écoute, s'il y a quelqu'un au monde qui sait ce que j'ai fait, c'est moi ; et moi je sais que je ne suis coupable de rien. Je sais que je ne suis condamnable en rien. Je sais que j'ai fait dans ma vie tout ce qui était possible pour gagner le paradis. »

Vous savez, quand on est fils de bourgeois, élevé dans un milieu de bourgeois, que l'on a réussi une petite carrière de journaliste et que l'on a quelque culture, quelques diplômes, il est très difficile de se faire aimer par la masse... La masse a tendance à vous considérer comme une personne un peu méprisante, un peu hautaine. Eh bien moi, au contraire, j'ai la réputation dans la ville de Nice d'être un homme affable, généreux, qui se préoccupe de la vie de chacun, des soucis des uns et des autres, et qui essaie d'y porter remède... J'ai la réputation d'être un homme simple et accessible. En vingt-cinq ans, le peuple ne se trompe pas. Si cette impression était celle qu'il avait conservée de moi au bout de deux ans et demi ou de trois ans de présence à la mairie, on pourrait dire : « Oui, Médecin a joué la comédie pendant trois ans. » Mais on ne joue pas la comédie pendant trente ans. Je crois que c'est Lincoln qui disait : « On peut tromper quelqu'un toujours, tout le monde un jour, mais on ne peut pas tromper tout le monde toujours. » Mais j'ai donné pendant un quart de siècle à toute une population l'image de mon activité, de ma vie, de ma personnalité sous les projecteurs de l'actualité. Pour qu'au bout d'un quart de siècle 82 % de la population de la ville de Nice considèrent que mon départ est une perte, 70 % déclarent que j'ai été un bon maire ou un excellent maire et 47 % affirment : « Si Médecin rentre, on vote pour lui » (c'est-à-dire que je suis déjà assuré d'avoir 47 % sans campagne électorale ; avec une campagne électorale, je devrais faire 53 ou 54 %), bref, pour qu'on en arrive là, après toutes les campagnes menées par la socialie contre moi, après ma démission et mon départ qui ont été commentés de façon aussi odieuse que ridicule par les télévisions, les radios et une certaine presse, après mon silence qui fait l'effet d'un aveu, pour que cette population me reste attachée, il faut quand même qu'en vingt-cinq ans, un quart de siècle, je ne l'aie pas trompée ! Ainsi, j'ai reçu la lettre d'un architecte que je considérais comme un homme de qualité – très bon architecte au demeurant – qui me manifestait une certaine sympathie sans débordement et dont j'imaginais qu'il avait un comportement conforme aux besoins de sa profession. Eh bien la lettre qu'il m'a écrite et que personne ne lui demandait de m'écrire commence par ces mots : « Ici, aujourd'hui, le ciel est gris. D'ailleurs, à Nice, tout est gris depuis votre départ. » Après quoi, il me dit : « Avec vous c'était le dynamisme, maintenant c'est la médiocrité. Avec vous c'était la générosité, maintenant c'est l'égoïsme, etc. »

Je découvre aujourd'hui en quelque sorte une partie de mon image que je me refusais (non par modestie mais par absence d'orgueil) à considérer comme réelle. Beaucoup de gens me disaient : « Vous savez, vous êtes beaucoup plus populaire que vous ne l'imaginez. Vous n'avez pas de souci à vous faire, les gens vous adorent. » Et moi je me disais : tout ça, c'est bien exagéré... Aujourd'hui je m'aperçois, à la lecture du courrier que je reçois, que tous ces gens disaient la vérité. Je n'imaginais pas qu'ils m'étaient à ce point attachés : non par modestie, je vous le répète, parce que je ne suis pas modeste. On ne fait pas de la politique quand on est modeste. On fait de la politique quand on est orgueilleux, quand on est ambitieux, quand on a envie de devenir quelqu'un, quelque chose...

– Ce courrier vous rappelle Nice en permanence et vous empêche de l'oublier. Est-ce que Nice vous manque ?

– Quand on coupe les ponts, me disait le neveu du général Koenig, il faut les faire sauter tous sans possibilité de retour. Aussi, je ne regarde pas derrière moi pour savoir si Nice me manque. Je sais une chose : c'est qu'un jour je retournerai à Nice en touriste avec une grande barbe et des lunettes noires pour éviter d'être emmerdé par des gens qui, après m'avoir trahi, viendraient me faire des courbettes. Je me promènerai dans les rues. J'irai voir ce qu'ils ont fait de ma ville, sans émettre de critiques car je ne suis pas du tout homme à venir proclamer, même si j'en suis convaincu, que les autres ont été des incapables... De toute façon, si j'étais mort, ils auraient fait ce qu'ils auraient eu envie de faire ; le seul ennui, c'est que je ne suis pas mort et qu'étant vivant, ils craignent que je sois encore capable de porter sur eux des jugements sévères. Si je pense à Nice, à tout ce que Nice représente pour moi, Nice me manque. Mais Nice, pour moi, c'est aussi la merveilleuse ville de mon enfance avec le charme qu'avait la Côte d'Azur autrefois. Or, aujourd'hui, je dois dire que je retrouve ici, sur la côte uruguayenne, beaucoup de l'atmosphère du Nice de mon enfance. C'est-à-dire une ville sûre, sans danger, sans risque, la possibilité de se promener le nez au vent, librement, de vivre... de vivre à l'air pur, de conquérir l'espace, alors bon... je ne pense pas que l'on puisse dire que Nice me manque au point de m'empêcher de dormir.

– Ce n'est pas le langage d'une victime, en effet.

– Mais je ne suis pas une victime ! Pas du tout...

– Ce que vous avez vécu a-t-il modifié votre vie intérieure, sinon votre vie spirituelle ?

– J'ai toujours été croyant et je ne m'en suis jamais caché. Un jour, je m'en souviens, un de mes amis – qui est un de ces catholiques torturés, pénitent noir à moins qu'il ne soit rouge, qui doit porter sur lui le cilice et s'administrer le fouet, bref, qui n'est jamais bien dans sa peau – me disait : « Vous m'avez absolument bouleversé en faisant applaudir le Christ par cinq mille personnes. »

– Ah oui, quand ?

– Mais l'autre jour, quand vous avez dit dans une réunion publique que les révolutionnaires et les laïcs avaient inventé les droits de l'homme pour les violer et que, finalement, les droits de l'homme ne représentaient qu'une pâle copie du *Décalogue*, puisque même les constituants de 1789 ont été incapables de donner à la table des droits de l'homme une forme originale et qu'ils n'ont fait que prendre modèle sur les Tables de la Loi de Moïse. Vous avez dit aussi que si un pays était conduit par le *Décalogue*, beaucoup de lois n'auraient pas besoin de rappeler sans cesse les droits de l'homme, et vous avez terminé en disant : « Il vaut mieux s'inspirer de Dieu que des copies des hommes »... et vous avez fait applaudir cinq mille personnes.

– Oui, c'est juste, mais pourquoi cela vous étonne-t-il ?

– Eh bien parce que, n'est-ce pas, je ne vous croyais pas... euh... je ne croyais pas votre foi aussi évidente.

– Parce que je ne vais pas à la messe tous les dimanches ? Parce que je ne veux pas porter une robe de bure dans les défilés que vous organisez ? Remarquez, je ne vois aucun inconvénient à ce que vous continuiez à le faire, chacun exprime sa foi comme il l'entend. Moi, je suis un homme de foi, je crois en Dieu, je crois en l'Évangile. Oh, bien sûr, il y a dans l'Évangile des paraboles, des histoires qui demandent à être comprises et dont seule l'expérience de chacun révèle en définitive la signification.

Par l'Évangile, Dieu n'a jamais voulu nous dire : « Voilà, à telle heure, il s'est passé telle chose », mais simplement : « Méditez ce que peut être la volonté de Dieu face à la nature humaine dans telle ou telle circonstance. » Voilà ce que j'ai dit à mon ami.

Je peux apparaître un peu prétentieux en essayant d'interpréter l'Évangile, mais je ne l'interprète pas tout seul, je l'interprète avec le secours de mes lectures. Enfin, pour répondre très précisément à votre question, je ne suis pas entré dans une crise de mysticisme. Mais là aussi, j'ai trouvé plus de temps pour me consacrer à mes recherches métaphysiques. A Nice, j'avais renoncé à aller à la messe de minuit parce que c'était insupportable : on me demandait des H.L.M., on me demandait un job pour le petit neveu, on me demandait de fixer rendez-vous à la douairière... Remarquez bien, je n'en ai jamais voulu aux gens de me demander une H.L.M. ou un rendez-vous pour la douairière, parce que je me disais qu'ils avaient un problème et que celui-ci occupait finalement toutes leurs pensées. C'est une chose que l'on peut facilement admettre mais, en revanche, ils troublaient ma méditation, ils troublaient ma tranquillité. Je ne leur en ai jamais fait reproche, mais un jour je me suis dit : « A quoi bon aller à la messe de minuit ? Je ne vais pas à une messe, je vais à un défilé de têtes ! » et je suis donc resté chez moi. Mais ici, cette année, je suis allé à la messe de minuit parce que j'y étais entouré de fidèles qui ne savaient pas qui j'étais. J'ai donc pu tranquillement méditer et vivre la messe de minuit avec, je dois le dire, une... espèce de foi renouvelée.

– *Tout recommence, alors ?*

– Tout recommence. Je suis un optimiste né. Quand je regarde mon avenir, je me dis que soixante-trois ans, c'est seulement deux tiers de l'existence et qu'il me reste encore facilement trente ans à vivre... et que ces trente ans qui me restent, j'entends les vivre suffisamment actif, suffisamment éveillé pour les vivre bien. C'est pour cela justement que je m'astreins à des horaires qui ne sont pas des horaires de facilité. Vous savez, ce qui tient l'homme en vie, c'est le « challenge », comme disent les Anglais. Le défi...

TABLE DES MATIÈRES

Photo 1re et 4e de couverture : D. Goldberg-Sygma
Photos de rabats : D. Goldberg-Sygma
et Gérard Noël

Directrice littéraire : Huguette MAURE
Directeur artistique : Pascal VANDEPUTTE

Cet ouvrage a été réalisé par la
SOCIÉTÉ NOUVELLE FIRMIN-DIDOT
Mesnil-sur-l'Estrée
pour le compte des Éditions Michel Lafon
en juin 1991

Imprimé en France
Dépôt légal : juin 1991
N° d'édition : 3815 – N° d'impression : 18274
50-10-1002-01
ISBN : 2-908-65206-4
50-1002-03